창의 인성론

창의 인성론

THE THEORY OF CREATIVE PERSONALITY

양애경 · 장원동 · 최희양 공저

동 문 사

머리말

우리나라는 오랫동안 예의범절(禮儀凡節)과 충효사상(忠孝思想)을 중요시하여 부모님과 웃어른을 공경하고, 남을 배려하는 예절 바른 행동으로 동방예의지국이란 찬사를 받아왔다.

가정에서는 부모가 자녀에게 밥상머리 교육을 통해 예, 효, 배려 등을 가르쳤고, 학교에서는 학생들이 정직, 책임, 협동, 소통 등을 배웠다. 그러나 21세기 오늘날 대한민국은 세계 경제 선진국으로 도약하고 있지만, 세계의 불명예 1위를 기록하는 사건이 많다.

예를 들면 술 소비량, 음주운전, 흡연, 교통사고, 노인빈곤, 빈부격차, 자살, 낙태 해외입양, 이혼, 저출산, 성범죄, 학교폭력, 가출, 인터넷 중독, 사교육비 지출, 입시 경쟁 등이 그것이다. 그러나 보니 정작 중요한 행복지수는 꼴찌를 기록하고 있다.

이런 사회적 현상은 도미노처럼 이어져 사회 전체를 강타할 수 있다. 이것은 서로 유기적으로 연결되어 있기에 어느 하나만 해결해서는 안 된다. 근본적인 문제에서 해답을 찾지 못하면 임시 처방에 불과하다. 마치 기초체력이 떨어져 몸에 저항력(면역력)이 약화되면 수많은 병이 여기저기에서 생겨나는 것과 같다.

또한 매일 일어나는 사건사고의 사회적 문제들을 보면 그 중심에는 언제나 사람이 존재하고 있다. 문제의 요인도 사람이요, 문제의 해결도 결국 사람에 달려 있다.

그러면 어떻게 사람을 올바르게 육성할 수 있는가? 하는 것이 중요한 열쇠이다. 올바른 사람을 길러내는 것이 곧 나라를 바르게 하는 길이다. 그것은 평생교육을 통해서 이루어진다. 인간교육을 어떻게 하느냐가 중요한 키워드이다. 사람의 행동은 그 사람의 인격에서 나온다. 국가가 가장 최우선 가치로 두어야 할 것은 인간교육이다. 한 사람의 바른 인격은 한 나라를 위대하게 할 수 있지만 한사람의 잘못된 인격은 국가 전체를 재앙으로 이끌 수도 있다.

우리는 2014년 일어난 세월호 사건을 겪으면서 한 사람의 인성(人性)이 얼마나 중요한지를 새롭게 배웠다. 그리하여 '올바른 인성을 갖춘 시민을 육성해 사회발전에 이바지한다'라는 「인성교육진흥법」2015. 7. 21.)이 탄생되었다. 옛말에 "아이는 어른의 등을 보고 배운다."는 예가 있듯이 본보기 교육만큼 위대한 교육은 없다.

이 책에서는 가정에서 자녀의 인성교육뿐만 아니라 존경 받은 인물들의 실천 사례를 통하여 인성교육의 정답을 찾을 수 있을 것이다.

이 책은 대학생들은 물론 예비부모인 젊은이, 그리고 부모와 교사 등 모든 사람들에게 꼭 필요한 내용들을 저술하였다. 아무쪼록 이 책이 오늘을 살아가는 현대인들에게 가정의 인성교육을 위한 참된 지침서가 되어 훌륭한 인성을 갖춘 현대인이 될 자격을 누릴 수 있게 되기를 기원한다. 그리고 이 책을 집필하는 데 불미한 점이 허다한 점을 자인하며, 이제 여러분의 아낌없는 충고와 질책을 바라면서 계속 노력할 것을 다짐한다.

이 책은 세 사람이 분담 집필하여 10장으로 구성하였다. 4, 5, 6, 9장은 양애경 교수, 1, 7, 8, 10장은 장원동 교수, 2, 3장은 최희양 교수가 집필하였다. 아울러 이 책을 기꺼이 출판해 주신 동문사 이중수 사장님과 편집부 제작팀 여러분께 감사의 마음을 전한다.

2016년 3월

공저자 씀

차 례

1장 인성의 필요성

2장 태아기 자녀의 인성교육

3장 영유아기 인성교육

4장 아동기의 인성교육

5장 청소년기의 인성교육

6장 성인기의 인성교육

7장 노인기의 인성교육

8장 효(孝)를 통한 인성교육

9장 인성을 위한 독서교육

10장 인성함양을 위한 봉사교육

1장

인성의 필요성

최근에 일어난 세월호 사건을 겪으면서 인성이 얼마나 중요한지를 새롭게 배웠다. 사람이 갖추어야 할 것은 첨단시스템이나 물질적인 부유함이 아니라 인간의 됨됨이에 있음을 체험적으로 경험하고 있다. 매일 일어나는 각종 부정부패와 비리사건, 사기, 폭력 및 살인 사건은 알고 보면 모두 인간성 상실에서 비롯된 것이다. 그것이 바르게 갖추어지지 않으면, 언제라도 기회가 주어지면 국민을 슬프게 하는 사건과 사고가 계속 터질 수밖에 없음을 보여준다. 이것은 누구도 막을 길이 없다. 5천만 국민의 마음과 생각을 누가, 어떻게 바르게 세울 수 있는가? 결코 쉬운 일이 아니다.

종교 개혁의 마틴 루터(Martin Luther)는 "한 국가의 번영을 결정짓는 것은 풍부한 재정이나 튼튼한 요새나 아름다운 공공건물이 아니라 교양 있는 시민이 얼마나 많으냐하는 것이다. 즉 많이 배운 '깨어 있는' 인격자들로 구성되어 있느냐가 한 국가의 번영을 결정짓는다는 말이다. 한 국가의 진정한 이익, 진정한 강점, 진정한 영향력을 발견할 수 있는 것도 바로 이것으로부터이다."라고 말했다.

위대한 국가가 되는 조건은 단 하나다. 국민 한 사람 한 사람이 인격적으로 성숙하는 일이다. 남을 배려하고 정직한 민주시민이 되는 일이다. 그렇게 되면 특별히 정치하지 않아도 스스로 나라가 돌아간다. 이렇게 나라가 운영되면 가장 이상적인 국가의 모델이 될 것이다. 국민이 주인이 되는 국가는 바로 이런 국가를 두고 하는 말이다. 이렇게 보면 위대한 대한민국을 만드는 길은 멀리 있는 것이 아니라 국민 한 사람을 올바른 사람으로 육성하는 데 있다.

그러므로 본 장에서는 인성교육의 개념 및 내용, 인성교육의 목적 및 방법, 인성과 밥상머리교육, 그리고 인성교육의 실천 사례들을 살펴보고자 한다.

1 인성교육의 개념 및 내용

1) 인성교육의 개념

인성이란 말은 추상적이고 포괄적이며, 시대와 학자에 따라 다양하게 정의되고 있기 때문에 한마디로 정의하기가 어렵다. 인성의 희랍어 의미는 '효시하기(to mark)'로 도덕발달이 도덕적 행위에 의해 나타냄을 내포한다. 영어로는 'personality', 또는 'character'이고 성격, 인격으로 번역되어 문맥에 따라 다양하게 사용되고 있다.

일반적으로 심리학과 철학 분야에서는 다소 다른 의미로 사용하고 있다. 즉 심리학적 관점에서는 인성이란 말을 가치 중립어로 사용되는 '성격'(personality)을 의미하지만, 철학적 입장에서는 가치어를 '인격'(character)과 같은 의미로 사용한다.

특히 심리학에서는 인간의 건전한 성격을 다루는 성장 심리학을 중심으로 인성에 대한 논의가 활발하였다. 윤리학에서 사용하는 인성이라는 말은 한 개인이 있어서 실천적인 선택과 행동에 관련된 도덕적 특성을 뜻한다(황정규, 1998).

심리학적 관점과 철학적 관점의 다양한 인성에 대한 개념은 다음과 같다.

- 조연순(2007): 인성이란 자신의 내면적 요구와 사회 환경적 필요를 지혜롭게 잘 조화시킴으로써 세상에 유익함을 미치는 인간의 특성이다.
- 추병완(1999): ① 반인륜 행위의 폭발적 증가와 관련해 인성교육의 필요성을 주장한다. 이때의 인성이란 인간다움 혹은 인간으로서의 바람직한 성품이나 성향, 즉 도덕성을 의미한다. ② 지나친 주지교육에 반대하는 가운데 인성교육의 필요성을 주장한다. 이때의 인성이란, 지덕체를 고루 갖춘 전인(whole person)의 이미지와 결부된다. ③ 학교교육의 비인간화와 관련지어 인성교육의 필요성을 주장한다. 개성의 창의, 자율성을 함몰시키는 가운데 학생들을 도구화하는 경향 때문이다. 이때의 인성이란, 인간 중심의 의미를 내포한다.
- 문용린(2000): 인성은 개인의 심리적이거나 행위적인 성향이다. 인성은 사람마다 달라서 내성적인 사람이 있는가 하면 외향적인 사람이 있으며, 도덕적인 사

람이 있는가 하면 비도덕적인 사람도 있다.

- 윤운성(1998): 인성이란 지·정·의를 포함하는 마음과 가치 지향적인 행동을 포함하는 특정한 반응양식의 개념이다.
- 이윤옥(1998): 인성이란 다른 사람에게 주는 그 사람의 전체적인 인상으로 성품, 기질, 개성, 인격 등 가치 개념의 의미를 내포하는 것이다.
- 아리스토텔레스(Aristotles): 인성이란 자신뿐만 아니라 다른 사람과의 관계에서 바르고 옳은 행동을 하며 살아가는 것이다.
- 공자(孔子): 인성이란 지(知), 인(仁), 용(勇)이 합쳐진 인간의 완전한 상태이다.
- 맹자(孟子): 인성이란 인간만이 지닌 사회적·도덕적 속성이다.
- 순자(荀子): 인성이란 사람이 지닌 자연적인 도덕적 속성이다.
- 올포트(Allport): 인성이란 환경에 대한 개인의 독특한 적응을 결정하는 정신적·물질적인 모든 체계의 역동적 조직이다.
- 파빈(Parvin): 인성이란 다양한 상황에 대하여 사람들이 독특하게 반응하는 구조적이며 역동적인 특징을 말한다.
- 남궁달화(1999): 인성이란 사람의 성품을 나타내는 말로서 사람다운 사람이 가지는 품격이다.

이상의 다양한 동서양 학자들의 정의를 종합하면, 인성은 가치 지향적인 의미로 인간을 인간답게 만드는, 즉 인간으로서 지녀야 할 바람직한 성향을 의미하는 것이라고 할 수 있다.

한국교육학회(2001)는 '인성교육이란 기존의 인지적으로 편중된 교육 상황에서는 별로 다루지 않는 정의적 측면 및 인간의 본성과 관련된 것으로 학습자로 하여금 건강한 전인적인 민주시민으로 성장하고 생태적인 본성을 실현함으로써 더욱 풍부하고 자유로운 삶을 살 수 있도록 하기 위한 교육적 경험을 제공해 주는 것이다'라고 하였다.

즉 인성교육은 인간성을 기르는 교육 또는 인격을 함양하는 교육으로서 인간다운 성품을 기르는 교육이라고 할 수 있다.

2) 인성교육의 내용

인성교육은 인간성을 기르고 인격을 함양하여 사람다운 사람을 키워내기 위한 것이다.

한국교육학회(2001)는 인성교육을 전인적인 인간교육의 필수적인 과정으로 인식함으로써, 인성교육이 다루어야 할 구체적인 내용을 다음과 같이 정리하고 있다.

① 자신의 본성이나 본질에 대한 정확한 탐색과 인식
② 자기 이해
③ 자기 수용
④ 자기 개방
⑤ 인간관계
⑥ 도덕성 함양
⑦ 가치관 확립
⑧ 사회성 함양

이러한 내용들은 결국 자기를 바로 알기, 바르고 좋은 내가 되기, 다른 이들과 잘 더불어 살기, 즉 자기인식, 도덕성 실현, 사회성 함양으로 요약할 수 있다.

2 인성교육의 목적 및 방법

1) 인성교육의 목적

인성교육의 목적은 인성교육의 내용들을 학생들에게 가르치고 내면화시켜서 도덕적으로 실천하면서 살아가는 인간을 만드는 것이라고 할 수 있다. 인성교육은 실천의 이면을 이루고 있는 것으로서 인성교육은 바로 그 실천으로 인성을 표현하여 결과적으로 인성이 실현되도록 이끄는 것을 가리킨다(유한구, 2007).

한국교육학회(2001)는 인성교육의 목적을 다음과 같이 정리하였다.

① 무엇보다도 자기 자신을 바르고 정확하게 이해하도록 하는 일이다. 자기 자신을 올바르게 이해하는 사람은 가장 합리적으로 현실적인 행동을 선택하고 실행할 수 있기 때문이다.
② 자기 자신을 존중하고 수용하는 일이다. 이는 이기적인 품성과는 전혀 다른 성질의 것이다. 자기 존중이 없으면 자기를 비하하거나 학대하게 되고 반사회적인 행동을 나타내기도 한다.
③ 자기 자신의 일시적인 감정행동을 통제하고 조절할 수 있는 능력을 함양시키는 일이다. 바람직한 인성의 소유자는 자신의 본능적인 행동이나 감정을 생산적·창조적인 방식으로 승화시켜 표현할 줄 안다.
④ 올바른 현실 감각을 길러 주는 일이다. 이상이나 기대를 지나치게 앞세운 나머지 현실을 무시하고 행동하는 것은 타인과의 원만한 인간관계를 방해하나, 자신의 환경을 정확히 이해하는 현실에 기초한 사고는 건전한 인성의 필수적인 요소가 된다.
⑤ 자기 자신뿐만 아니라 타인에 대한 공감적 이해와 존중의 자세를 함양하는 일이다. 공감이란 타인의 감정을 공유하는 것으로 상대방의 입장을 이해하면서도 결코 자신을 잃지 않는 것을 말한다.

이와 같이 인성교육의 목적은 우리 공동체 안에서 인간다운 인간, 인간다움의 향기를 가진 인간을 길러내는 데 있다. 인간다운 인간은 결국 부드럽고 따스한 감성을 지니고 부끄러움을 알고, 감사할 줄 알며, 너그러운 성품으로 타인과 더불어 살아가는 사람이라고 할 수 있다.

2) 인성교육의 방법

인성교육의 방법에 대한 견해는 시대와 학자들에 따라 다양하지만 여기서는 본보기, 학습시키기, 실천하기의 세 가지 방법에 대해 살펴보겠다.

① 본보기는 역사적으로 실존했거나 현존하는 인물 가운데 덕행으로 본이 될 만한 사람들의 이야기, 덕이 있는 인물로서 공부할 만한 문학 작품 속의 인물들을 본보기로 제시하는 것이다. 용기, 근검절약, 희생을 통한 국가나 공동체 사랑, 위기 극복의 지혜를 보인 사람들, 일상생활이나 주변에서 새로운 발견이나 창의성을 발휘하는 사람들, 남다른 이상과 탐구정신으로 주변의 반대와 역경을 이기고 자기 뜻을 펼쳤던 의지의 사람들 등이 대표적인 본보기에 해당한다. 따라서 교사는 본보기의 역할을 담당할 수 있어야 하며, 인성교육에서 매우 중요한 역할을 담당한다.

② 학습시키는 것이다. 학습은 위대한 동서양의 고전, 정서적 양식이 되는 산문이나 시문학 작품, 시민정신의 발달사 등과 같은 정성 어린 양서를 읽고 그 내용을 습득하는 것이다. 이때 자료의 선택이 중요하다. 주인공의 특정 행동과 가치관은 그들이 처해 있는 역사, 문화적 상황과 연결되어 있다는 것을 알도록 해야 한다.

③ 배운 바를 실천에 옮기는 것이다. 실천은 공부한 것을 보다 확실하고 정확하게 한다. 실천은 제2의 천성을 형성한다. 인성교육은 이론이 아니라 실천위주가 되어야 한다.

이외에도 봉사활동, 명상, 감사 일기쓰기, 각종 체육활동, 문화예술 활동, 또래 상담, 농촌 일손 돕기, 혼자 사는 노인의 말벗되기, 고아원과 요양원의 자원봉사활동, 고대 문화유산 복구, 숲 가꾸기 및 산책로 만들기, 다문화가정 자녀들의 언어 지도 등을 들 수 있다(우영효, 2015).

3 인성과 밥상머리교육

1) 가정은 인성교육의 산실이다

오늘날 대한민국은 세계 경제선진국으로 도약하는 과정에서 수많은 사회문제와 갈등이 야기되면서 우리에게 해결해야 할 과제가 많이 발생하였다. 특히, 전통적인 사회체제의 붕괴로 핵가족화를 초래하여 가정에서의 자녀교육뿐만 아니라 인성교육이 제대로 이루어지지 않고 있다. 또한, 우리 부모들의 지나친 교육열과 학력지상주의로 인하여 자녀와 부모와의 대화가 점차 줄어들어 서로 간의 소통 기회가 현저히 줄어들고 있다. 또한, 우리는 2014년 일어난 세월호 사건으로 한 사람의 인성(人性)이 얼마나 중요한가를 배웠다.

이러한 인성문제를 해결하는 곳을 바로 가정이다. 가정이란 사람이 무엇을 해야 하는가(doing)보다 사람의 됨됨이(being)를 키우기에 적합한 곳이기 때문이다.

사람의 인성은 0~12세에 거의 완성된다. 그 뒤에는 성품과 성격이 달라지기 어렵다. 따라서 0~12세의 사람이라면 누구나 꼭 가져야 할 가치와 성품을 길러야 한다.

예를 들면 정직, 신뢰, 약속, 배려, 봉사, 나눔, 소통, 협동, 친절, 인내, 절제, 성실, 긍정, 공감, 자비, 책임, 질서, 사랑 등을 들 수 있다. 이것들은 가정과 사회생활을 하는 데 꼭 필요한 것이다. 이것이 무너지면 공동체는 파괴되고 나중에는 모두가 불행해진다. 사실 이것들을 학교에서 배우고 체득해야 하는데, 실제는 그렇지 못한 상태에서 학교를 졸업하는 경우가 많다. 사실 이런 인성을 갖추고 싶어도 주어진 환경과 여건으로 인해 몸에 습득하지 못한 안타까운 경우가 많은데, 이것들은 생활을 통해서 길러지는 것이므로 학교에서 배우는 것에는 한계가 있다. 가정이야말로 가장 좋은 인성 학교다.

공자(孔子)는 수신제가치국평천하(修身齊家治國平天下)를 통하여 '가정이 잘되어야 국가가 잘된다'고 하였다. 그러므로 인성교육의 출발은 가정에서 이루어져야 하며, 가정에서 부모로부터 아이들이 인정받지 못하면 사회에서도 아이들이 인정받기 어렵다. 따라서 가정은 인성교육의 중요한 산실이다.

2) 밥상머리와 자녀 교육

온 가족이 같이 보낼 수 있는 유일한 장소가 밥상머리다. 흩어져 자기 일을 하다가 밥시간이 되면 모두 함께 모인다. 그리고 거기서 모든 시작이 이루어진다(이대희, 2016).

여기서는 내가 어렸을 때 배웠던 할아버지의 밥상머리 이야기를 시작하려 한다.

> "우리 집은 서울에서 5대째 살고 있는 전통 가정이다. 내가 초등학교 다닐 때(11세) 할아버지께서 우리 식구들에게 밥상머리(머리는 서로 마주하다는 뜻이다) 교육을 하셨다. 우리 가족은 할아버지, 할머니와 부모님, 그리고 누님 세 분과 나와 동생 등 모두 9명이 한집에 살았다. 사계절이 뚜렷한 우리나라에서 아버님은 부모님의 방 온도를 매일 살피셨고, 아침 식사시간에는 온가족이 한자리에 모여 식사를 하였다. 최고 연장자인 할아버지께서 수저를 들어야만 식사가 시작되었고, 할아버지께서 식사가 끝나지 않으면 누구도 먼저 자리를 뜨지 못하였다. 우리나라에서는 식사시간에 말을 하지 않았지만 할아버지께서는 세상 이야기를 말씀하시며 우리가 지켜야 할 일과 하지 말아야 할 일에 대해서도 말씀해 주셨다. 집을 나가실 때는 가족들에게 행선지를 알리시며 돌아오시는 시간 약속은 꼭 지키셨다."

이와 같이 우리나라 밥상머리 교육은 유교적인 영향을 받아 수직적인 교육으로 이루어졌고, 수평적인 대화가 부족했다. 소통보다는 권위를 강조하다 보니 밥상머리에서 가장 중요한 요소라고 할 수 있는 말하는 것을 금했다. 이것은 밥상머리 교육이 지금까지 제대로 이루어지지 않게 한 이유이기도 했다. 아이보다 어른을 더 높은 지위로 보는 유교적인 사고는 결과적으로 여자와 아이들을 무시하는 경향을 보이게 했고, 신분과 성별과 나이 등 서열을 매기는 비인격적인 교육이라는 한계를 가지고 있다. 하지만 밥상머리에서 가족 중심의 교육은 앞으로도 계속 이어가야 할 좋은 전통적인 교육법이다. 그런데 지금은 가족이 함께하는 전통적인 밥상머리 교육이 사라지고 학교와 학원이 그 장소를 대체하고 있다.

아이들은 어른들이 하는 말과 행동을 그대로 따라 배운다. 부모가 자녀에게 해 줄 수 있는 효과적인 가정교육은 밥상머리에서 좋은 모범을 보여주는 일이다. 이것은 우리 모두가 추구해야 할 최고의 사교육이다. 국가가 밥상머리를 실천하는 국민운동본부를 만들어 가정과 기업, 이웃이 함께 만들어 나가야 한다.

3) 밥상머리 교육과 소통

요즈음 정보사회시대에 가족이 살아가면서 서로 대화를 하지 않고 지내는 경우가 많다. 아버지는 회사와 일로 아침 일찍 출근하고 저녁 늦게 들어오면 가족과 거의 만날 시간이 없다. 서로 가족과 같이 함께 밥 먹는 시간을 갖지도 못한다. 아이들도 마찬가지다. 학교와 학원 공부에 바빠서 저녁 늦게 집에 들어오는 경우가 대부분이다. 이렇게 모든 가족이 각자 자기 일에만 매달리다 보면 가족과 대화를 나눌 시간을 거의 갖지 못한다. 이것의 문제점은 가족 간에 소통이 잘 안 된다는 것이다. 보통 때는 문제가 없지만, 문제가 생기면 서로 대화가 잘 안 된다. 대화가 안 되면 가족 간에 갈등이 생기면서 점점 가족끼리 멀리하게 된다. 이런 시간이 오래 지속되면 가족 간의 대화가 사라지고 가족의 정체성마저 흔들린다.

여성가족부 조사에 의하면 우리나라 청소년 2명 중 1명은 아버지와 하루 평균 30분 미만의 대화를 나누는 것으로 나타났다. 이것은 우리나라 가족이 얼마나 대화가 부족한지를 바로 보여 준다.

부모와 자녀의 문제는 대부분 대화 부족에서 발생한다. 자주 대화를 나누고 심도 있는 대화를 나누면 서로를 이해하게 되고 관계가 돈독해진다. 의미 없는 일방적 대화보다는 깊이 있는 대화가 상호 오가면 비록 시간이 많지 않아도 마음으로 서로 통하는 기회가 저절로 마련된다. 이것을 이루기 위해서는 밥상머리 같은 정기적인 시간이 필요하다. 온가족이 함께 만나는 횟수와 시간이 늘어날수록 가족 모두를 행복하게 만든다.

가족 간에 소통이 된다면 다른 이웃과 친구들과도 소통이 잘된다. 하지만 가족 간에 소통하는 법을 배우지 못하면 사회에 나가서도 인간관계가 힘들어진다. 어떻게 보면 밥상머리는 가족뿐만 아니라 이웃과 사회, 직장도 행복하게 하는 비결이다.

작은 실천이 한 나라를 바꿀 수 있고 행복한 국가를 만들 수도 있다(이대희, 2016).

(1) 밥상머리 실천지침

사람이 0세 이후부터 12세까지 12년 동안 일주일에 한 번씩 밥상머리를 600회 정도 반복 실천하면 인간으로서 갖추어야 덕목과 성품이 거의 훈련된다.

인성은 책으로 배우는 것이 아니라 삶을 통해서 배운다. 학교에서 배우는 인성은 교과서적인 것으로써 지식 중심으로 배우므로 한계가 있다. 그러나 가족밥상머리를 통해서 배우는 인성교육은 생활 속에서 배우기에 학교에서 하는 것과 비교가 안 된다. 그리고 부모와 조부모가 같이 참여한다면 그 효과는 배가 된다. 밥상머리에서 배우는 인성교육은 기본적으로 부모의 사랑을 받으면서 배우기 때문에 학교에서 배우는 것과 차이가 있다. 인성은 머리가 아닌 몸으로 배우고 체험을 통해 직접 생활 속에서 배운다. 인성교육은 프로그램으로 되지 않는다. 이렇게 보면 인성교육은 가정이 최적의 장소이다. 일주일에 한 번씩 밥상머리에 모여 이야기와 대화를 나누며 시간을 보내는 것 자체가 최고의 인성교육이다.

밥상머리는 자녀에게 인성과 예절을 가르칠 절호의 기회다. 예를 들면, 물을 마실 때는 소리 내어 마시지 않고, 마시던 컵은 다른 사람에게 권하지 않고, 물을 한꺼번에 마시지 않으며, 조금씩 나누어 마시는 등 밥상머리에서 물을 마시는 예절을 가르칠 수 있다. 또 음식을 먹을 때는 음식을 준비한 분에게 감사를 드리고, 밥상에서 어른이 수저를 들 때까지는 기다린다든지, 식사를 마친 후에는 수저를 가지런히 놓고 일어날 때는 "먼저 일어날게요.", 식사를 시작할 때는 "잘 먹겠습니다.", 식사를 마친 후에는 "잘 먹었습니다."라고 말하게 하면서 식사 예절을 가르친다. 다른 사람에 대한 배려를 밥상을 통해 배우게 한다.

밥상머리 실천지침 10가지

가정에서 밥상머리를 실시할 때 가족구성원 모두의 시간 엄수와 협조가 전제되지 않으면 지속하기 어려우므로 참여의식을 갖도록 하자.

1. 일주일에 두 번 이상 '가족식사의 날'을 실천한다.
2. 정해진 장소에서 정해진 시간에 함께 모여 식사한다.
3. 가족이 함께 식사준비하고, 함께 먹고, 함께 정리한다.
4. TV는 끄고 전화는 나중에 한다.
5. 대화할 수 있도록 천천히 먹는다.
6. 하루 일과를 서로 나눈다.
7. "어떻게 하면 좋을까?"식의 열린 질문을 한다.
8. 부정적인 말을 피하고 공감과 칭찬을 많이 한다.
9. 아이의 말을 중간에 끊지 말고 끝까지 경청한다.
10. 서로 행복하고 즐거운 가족식사가 되도록 노력한다.

정용철은 "행복"을 이렇게 표현하고 있다(주용국 외, 2016).

행복한 사람

사랑하고 있는 사람은 행복합니다.
꿈이 있는 사람은 행복합니다.
시작을 생각하는 사람은 행복합니다.
정직한 사람은 행복합니다.
좋은 말을 전하는 사람은 행복합니다.
성실하여 일이 좋은 사람은 행복합니다.
부모님이 귀하고 가족을 사랑하는 사람은 행복합니다.
세상을 믿고 사는 사람은 행복합니다.
그러므로 나는 행복합니다.

4 실천 사례들

1) 인성교육의 덕목과 인성을 실천한 위인(偉人)들의 사례와 특징

2014년 세월호 사건 이후, 정부는 2015년 7월 21일 「인성교육진흥법」(법률 제13004호)을 제정하였다. 이 법에 의하면, 인성교육이란 '자신의 내면을 바르고 건전하게 가꾸고 타인·공동체·자연과 더불어 살아가는 데 필요한 인간다운 성품과 역량을 기르는 것을 목적으로 하는 교육'이라고 정의하였고, '핵심가치·덕목'이란 인성교육의 목표가 되는 것으로 예(禮), 효(孝), 정직, 책임, 존중, 배려, 소통, 협동 등의 마음가짐이나 사람됨과 관련되는 핵심적인 가치 또는 덕목이라고 하였다.

그리고 인성교육은 공정성, 도덕성, 리더십, 배려 및 존중, 정직성(신뢰성), 자신감, 책임감 등의 함양에 초점을 두고 있으며, 인성교육의 목표는 인성개발을 통한 봉사하는 인재육성이라고 하였다. 또한, 그 하위목표는 건전한 가치관과 윤리의식을 바탕으로 더불어 살아가는 인간 육성, 준법정신으로 원칙과 기본에 충실한 인재양성, 새로운 분야에서 변화와 개혁 선도능력 배양, 모험정신과 경쟁력, 강한 추진력을 가진 도전정신 함양, 최선을 다하는 주인정신과 책임정신 배양 등이다.

좋은 인성교육에 가장 많은 영향을 미치는 요소는 부모와 가정에서 신뢰를 바탕으로 나누는 인격적 대화이다. 부모와 자녀가 대화를 많이 나누다 보면 자연스럽게 부모를 닮은 인성이 길러진다. 또 다른 좋은 인성교육은 좋은 롤 모델(Role Model)을 만나서 그와 교제하는 것이다. 본받을 만한 위인(偉人)들을 닮고자 노력하는 것이다. 따라서 일반 사람들이 본받을 만한 인성(人性)을 지닌 위인들은 인성교육의 덕목 〈표 1-1〉을 전 생애 걸쳐서 실천한 사람들이다.

〈표 1-1〉 인성교육의 덕목

인성교육진흥법의 인성덕목	예(禮), 효(孝), 정직, 책임, 존중, 배려 소통, 협동
그 밖의 인성덕목	약속, 지혜, 나눔, 성실, 절제, 긍정, 자비, 질서, 사랑, 신뢰, 인내

여기에서 전 생애 걸쳐 인성의 덕목을 실천한 각계의 위인들의 실천 사례를 〈표 1-2〉에서 살펴보고자 한다.

〈표 1-2〉 인성의 덕목을 실천한 위인(偉人)들의 실천 사례

인성을 실천한 위인	직업 및 내·외적 환경	성공요인	명언
공자(公子) BC 551~ BC 479 73세 사망	• 아버지 숙량흘이 63세에 두 번째 부인인 16세 안징재와 결혼하여 낳은 아들로 가난하고 비천한 가정환경에서 출생하여 3세에 아버지를 여의고, 17세에 어머니마저 여의었다. 19세에 공무원이 되어 결혼하였다. • 공자는 과부가 된 젊은 어머니와 살면서 사회적 차별의 어려움을 이겨 내고 현재의 건설부장관, 법무부장관 자리를 역임하였다. • 공자는 어려운 환경에서도 독학으로 학문에 정진, 30세에 공자학교를 열어 3000명의 제자들을 둠 관직에서 퇴직하여 10명의 제자들과 13년간 여행, 공부를 실천하였다(최효찬, 2006).	어려운 가정환경극복, 뛰어난 암기력, 예법과 학문에 정통, 열정과 도전정신 탐구 정신, 제자들을 가르침	• 15세에 학문에 뜻을 둠, 30세에 학문의 기초를 확립, 40세에 모든 일에 현혹되지 않고, 50세 천명(天命)을 알았고, 60세 하늘이 준 사명에 순종하였으며, 70세 마음이 하고자 하는 대로 하여 법도(法度)에 벗어남이 없었다. • 인(仁)만 숭상하고 학문을 소홀히 하면 어리석게 되고, 지(知)만 숭상하고 학문을 소홀히 하면 방탕하게 되고, 신(信)만 숭상하고 학문을 소홀히 하면 사람을 해치게 되고, 정직(正直)만 숭상하고 학문을 소홀히 하면 사람을 해치게 되고, 학문(學文)만 숭상하고 학문을 소홀히 하면 남을 탓하기에 조급하여 융통성이 없게 되고, 용(勇)만 숭상하고 학문을 소홀히 하면 혈기에 날 뛰는 폐단이 있고, 강직(强直)만 숭상하고 학문을 소홀히 하면 미친 짓을 하는 폐단이 있다(논어, <양화>편).
세종대왕 (1397~ 1450년) 54세 사망 한국의 레오나르도 다빈치	• 세종 22세 왕위에 올라 32년간 다스린 뒤 54세 사망 • 집현전을 만들어 학자들을 우대하고 학문의 수준을 높인다. 1421년 중국의 선진 과학을 배우도록 윤상웅, 최천구, 장영실 등을 유학보냄 • 나라와 백성을 위하여 세계 최고의 문자 한글 창제하였고 물시계, 해시계, 측우기	• 사랑, 열정, 진리탐구, 개척정신 • 사서삼경, 사기(史記) 등 책을 좋아한 독서광 • 학문에 열정인 언어학자(음악, 천문학, 언어학, 과학, 수학) • 학자로서, 음악가로서 소통과 화합의 리더십 발휘	• 훈민정음 서문에서 "우리나라 말이 중국과 달라 한자와는 서로 통하지 않으니라, 그래서 어리석은 백성이 말하고자 하는 바가 있어도 끝내 제 뜻을 펴지 못하는 사람이 많으니라. 내가 이것을 가엾게 여겨 새로 스물여덟 글자를 만드니, 모든 사람들로 하여금 쉽게 익혀서 날마다 쓰는데 편하게 하고자 할 따름이니라." • 밥은 백성의 하늘이다.

인성을 실천한 위인	직업 및 내·외적 환경	성공요인	명언
	등으로 과학기술 발전시킴. 의료, 복지, 교육 분야에서도 백성을 위한 정책 펼침으로써 세계 유래 없는 태평성대를 염 • 저서로는 조선왕조실록, 고려사 농사직설, 향약집성방 의방유취, 용비어천가, 훈민정음해례본, 자치통감, 제가역상집, 효행록, 삼강행실도, 4군6진(四君六鎭) 설치		
성웅 이순신 장군 (1545~1598년) 전승무패의 해전명장	• 32세 무과시험합격. • 1591년 전라좌수사 임명. • 임진왜란(1592년), 한산해전, 명량해전, 노량해전 등 401여 회 해전을 모두 승리로 이끔 • 1598년 11월 19일 마지막 노량해전에서 전사함(54세) • 저서: 난중일기, 이순신행록	• 이순신의 병법 1.병력집중원리 이겨놓고 싸운다. 2.화력집중의 원리 3.주도권확보의 원리 4.지리이용의 원리 • 소통의 리더십 : 함께 밥을 먹고 함께 활을 쏘고, 뒷풀이로 장병들과 함께 술을 마심 • 인격의 리더십 : 부하와 백성을 진정 사랑하는 고결한 인격 갖춤	必死則生 必生則死 죽고자 하면 살고, 살고자하면 죽을 것이다(서경덕·김슬옹, 2014).
페스탈로찌 (Pestalozzi, Johann Heinrich, 1746~1827) 스위스 교육사상가	• 스위스취리히대학 졸업 • 목사, 정치 등의 희망 실패. • 1798년 프랑스혁명의 여파가 스위스로 밀려왔을 때 슈탄스에 고아원을 설립, 전쟁고아를 돌봄 • 그 후 부르크도르프, 이베르돈에 학교를 세워 독자적인 교육방법을 실천 • 그의 수많은 저서들을 보면, 전 생애를 통하여 온갖 고경	책임감, 헌신, 사랑	왜 인간은 올바르게 진리를 추구하지 않는가? 왜 인간은 인생에 기쁨과 행복을 가져다 주는 그의 본성의 필요를 알려고 하지 않은가?

인성을 실천한 위인	직업 및 내·외적 환경	성공요인	명언
	(苦境)을 참으면서 언제나 교사로서의 뜻을 굽히지 않고 교육이라는 외길을 걸었던 강한 실천성과, 교육에 의한 인류구제의 염원을 실현하기 위한 구체적인 방법론을 확립하여 소상히 전개한 교육적 천재의 풍성함을 느낄 수 있다. "모든 것이 남을 위해서였으며, 스스로를 위해서는 아무것도 하지 않았다."라고 새겨진 묘비명은 그의 교육에 대한 모든 것을 단적으로 나타냄 • 저서: 은자의 황혼(1780) 린하르트와 게르트루트(1781~1787) 게르트루트는 어떻게 그의 아이들을 가르치는가(1801)		
죤 듀이 (John Dewey, 1859~1952)	• 미국 콜럼비아 대학교수 • 「민주주의와 교육(Democracy and Education)」 • 학교와 사회(The school and society) • 경험과 교육(Experience and education) • Dewey교육사상은 자연주의, 경험주의 도구주의로 구성됨	• 용기, 공감, 성실 • 정직한 교육자 • 실용주의(Progmatism)주장	• 학습은 행하기를 통하여 일어난다(learning by doing). • 교육은 경험의 계속적인 재구성 또는 재조직이다. • 교육은 생활 자체이어야 하며, 그 준비가 아니다.
최현배 (1894~1970) 연세대 부총장 한글학자	• 외솔 최현배는 한성고등보통학교(현 경기중고등학교)를 졸업하고 그가 22세(1951년) 때는 일본 경도제국 대학에 유학하여 Pestalozzi의 생애와 사상을 연구하였다.	• 일제치하에서 국어학자로 끈질긴 인내와 정열로 민족을 개조 시킨 애국자로 국어를 통해 민족을 사랑한 한국의 Pestalozzi	• 그의 저서인 「조선민족갱도의 도」에서 "자기를 구하려거든 먼저 자기가 소속한 민족을 구하라, 세계를 구하려거든 청년은 모름지기 먼저 조선을 구하라, 조선을 구함으로 말미암아 세계에 진출하라."

인성을 실천한 위인	직업 및 내·외적 환경	성공요인	명언
	• 일제식민지 지배에서 그는 옥살이를 하면서도 조선어인 국어교육을, 해방 후에는 연세대학교에서 학생들을 가르쳤고, 한글학회, 문교부 편수국장 등을 지내며 한글사랑을 평생 동안 실천한 교육자이다.		• 외솔이 말하는 교육은 첫째는 정당한 방법으로 의식주를 구득하라. 둘째는 개인의 이익과 명예는 일치함을 깨닫게 하기 위한 것. 셋째는 교육이 "얻으려는" 교육으로만 그친다면 인생교육(인간교육)이 될 수 없으므로 "주려는" 교육이 따라야 한다. 이것이 곧 사랑의 사람, 섬김의 사람, 희생의 사람이 된다는 교육이다.
반기문 (1944~)	• UN사무총장 • 외교통상부 장관 • 어린 시절은 유복하였으나 아버지의 빚보증으로 경제적 어려움에 처하였으나 부모님의 적극적인 지지를 받으며 성장하였다.	끈기 있는 열정과 노력과 겸손함으로 모든 일에 최선을 다하는 성실한 삶, 부드러우면서도 강인한 리더십으로 인류평화와 행복을 추구하며 글로벌 마인드를 가짐. 독서를 좋아하고 외국어 능력이 뛰어남.	• 바보처럼 공부하고 천재처럼 꿈꿔라. • 부드러운 것이 강한 것을 이긴다(서정명, 2013).
김용 (1959~)	• 세계은행 총재, 다트머스대학교총장, (Dortmouth Univ. 2009) • 의학박사, 인류학박사로 아버지는 치과의사, 어머니는 철학박사(이퇴계연구)로 명문가 집안 • 미국으로 이민 간 교포	• 도전과 열정, 긍정의 힘, 경청, 소통, 공감, 이해 • 학업성적 우수, 운동두각을 나타냄, 리더십의 자질 • 20년 동안 아프리카에서 결핵과 에이즈에 걸린 사람들을 위해 봉사활동 • 김용 총장은 배움과 혁신, 봉사 등의 이념을 실천한 이상적인 인물	• 위대한 것에 도전하라. • 0.01초의 차이가 한 사람을 영웅으로 만들고, 다른 한 사람은 기억조차 나지 않도록 한다. • 어떤 한사람이 한 분야에서 성공을 이루는 데에는 1만 시간의 투자가 필요하다. • 책과 공부는 거지를 왕으로 만든다. • 마음을 열고, 사고를 넓혀라. 그리기 좋은 책을 읽어라(서정명, 2013).
전혜성 (1929~)	• 동암문화연구소 이사장 • 미국 예일대학교 교수 • 경기여고 이화여대 영문학 2년 재학 중에 미국 유학하여 보스턴대학에서 사회학, 인류학 박사학위 취득. • 보스턴, 예일대학 교수역	남을 돕고 베푸는 일, 자원봉사정신, 명확한 목표 세우기, 치열한 노력가	• 섬기는 부모가 자녀를 큰 사람으로 키운다. • 엘리트보다는 사람이 되어라.

인성을 실천한 위인	직업 및 내·외적 환경	성공요인	명언
	임. 고 고광림 박사(주미특명전권공사 및 UN대표역임)와 결혼하여 6자녀 모두 Harvard Univ., Yale Univ. 졸업 • 한가족이 11개 박사학위 취득(전혜성, 2006) • 1970년부터 40년간 이민 젊은이들에게 우리문화의 뿌리를 교육시킨 동암문화연구소를 운영함 • 미국에서 6명 자녀를 Harvard Univ. Yale Univ. 등을 졸업시켜서 2명의 미국행정 차관 배출한 장한 여성상 받음 • 2004년 미국에 가장 공헌한 100인의 인사에 남편 고 고광림박사, 두 아들 고경주, 고홍주, 전혜성 등이 선정됨		
Bill Gates (1955~)	시애틀의 은행명문가 Harvard Univ.대학교 중퇴 마이크로소프트 공동 설립	• 포기할 줄 모르는 끈기 • 창의적 꿈과 비존 • 기업의 복지의지	• 큰돈으로 물려주면 결코 창의적인 아이가 되지 못한다. • 부모가 나서서 아이의 인맥 네트워크를 넓혀준다. • 단점을 보완해 주고 뜻이 통하는 친구를 사귄다. • 어릴 때에는 공상과학소설(영화)을 많이 읽는다. • 어머니의 선물이 때로는 아이의 인생을 바꾼다. • 신문을 보며 세상 보는 안목과 관심 분야를 넓힌다. • 부잣집 아이라고 결코 곱게 키우지 말라. • 기회가 왔을 때 머뭇거리지 말고 과감하게 도전한다.

인성을 실천한 위인	직업 및 내·외적 환경	성공요인	명언
			• 어린 시절의 다양한 경험은 자라서 든든한 사업 밑천이 된다. • 부모가 자선에 앞장서면 아이들은 자연스럽게 본을 받는다. • TV는 현실이 아니다. 현실에서 coffee를 마셨다면 바로 가서 일을 시작해야 한다. • 인생이란 원래 공평치 않다. 현실에 불평하지 말고 받아들이고 적응해야 한다. 또한, 잘못한 것이 있다면 불평보다 교훈을 얻어라. • 학교선생님이 까다롭다고 생각된다면 사회에 나와서 직장상사의 진짜 까다로움을 느껴 봐라(최효찬, 2006).
닉부이 치치 (1982~) 희망전도사	• 사지 없는 장애아로 태어나 인생이 시작 • 왼쪽의 두 발가락으로 글 쓰고 컴퓨터, 타자를 침 • 학교 왕따로 우울증을 겪음 • 호주 로건 그리피스대학교에서 회계와 경영전공 • 스케이트보드를 타고 서핑하고, 드럼연주, 골프공 치고, 컴퓨터를 함 • 19세 때 첫 연설로 30개국 이상을 다니면서 많은 사람들에게 희망을 전함	• 매사 긍정적으로 생각하는 힘 • 뚜렷한 목표의 깨달음 • 실패에 도전하는 불굴의 정신 • 자신의 가치를 인정하기 • 성공의 미래를 그려보기 • 부지런함 • 믿고 의지하는 자세 • 나보다 남을 먼저 섬기는 소명감 • 하나님과 무한한 가능성을 신뢰하는 굳센 믿음	• 팔도 다리도 없고 한계도 없다. 전 세계의 불행한 청소년에게 영감을 주는 설교자가 되자. • 허그(Hug)해도 되나요. • 태도를 바꾸면 인생도 바뀐다(닉부이치치, 2010).

5 생각해 볼 문제

- 자신이 생각하는 내가 본받고 싶은 인물을 선택하여 자유롭게 기술하시오.
- 내가 부모가 되었을 때 자녀의 교육방법을 자유롭게 기술하시오.

2장

태아기 자녀의 인성교육

흔히 인간을 '사회적 동물'이라고 말하는 바와 같이 인간은 사회생활이 필요하다. 그러나 인간이 태어나면서부터 사회적인 도움으로서의 특징을 지니고 나오는 것은 아니다. 다만 사회성(sociability)을 발달시킬 가능성만을 지니고 나온다고 할 수 있다. 사회성이란 사회관계의 의식을 말하며 그 사회에 적절한 행동·가치관·지식을 습득함으로써 사회생활에 적응하는 성질이라고 할 수 있다. 이와 같은 사회성은 인간관계를 통하여 나타나고 발달한다. 한 사회집단이 어떤 성격·구조·기능을 갖게 되느냐 하는 것은 그것을 구성하고 있는 구성원의 인간관계에 의하여 결정된다. 이렇게 결정된 집단의 인간관계는 한 어린이의 성격발달을 결정하는 중요한 요인도 된다. 초기의 사회적 행동은 주위에 있는 가족, 특히 어머니와의 사이에서 이루어진다.

이와 같이 사회화 과정에서 부모는 아동을 사회화시키는 개인이며, 아동은 부모가 사회화시키려는 대상이 된다. 따라서 심리·사회적 발달과정에서 부모-자녀관계는 사회화의 상호작용관계로 볼 수 있다. 가족 내의 개인의 심리·사회적 발달은 주요 타인과의 상호작용에 의해 이루어진다. 가족 내의 성인은 자녀와의 상호작용을 통해 부모로서의 역할을 수행하도록 사회화되고, 아동은 부모에 의해 성인으로 사회화된다. 부모-자녀 간의 인성교육은 부모와 자녀 서로가 건강한 심리·사회적 발달을 성취하도록 한다.

본 장에서는 부모-자녀관계에서 자녀의 인성에 영향을 미치는 예비부모와 태아기 때부터의 인성교육에 대해 알아보고자 한다(한두현, 1999).

1 예비부모 인성교육의 필요성

예비부모교육이란 아직 부모가 아닌 사람에게 미리 부모교육을 실시하여 부모가 되었을 때 많은 시행착오를 거치지 않고 바람직한 부모의 태도와 역할을 감당할 수 있도록 하는 예방 차원의 교육이라고 할 수 있다. 아직 부모가 아닌 사람에게 생명존중과 양육에 대한 자신감을 갖게 하고, 자녀와 행복한 관계를 맺도록 돕는 교육이다.

한 인간의 성장에는 교육과 함께 많은 사람의 관계가 필요하지만, 부모는 자녀에게 가장 우선적이고 최초의 교사이다. 부모는 자녀의 인생에 있어 총체적인 책임을 지는 교사의 위치에 있다고 볼 수 있으므로 자녀에게 영향을 주는 환경에 대해서 잘 알아야 하며, 부모역할에 대한 훈련이 필요하다. Papalia와 Feldman(2007)은 부모-자녀관계는 자녀가 생긴 순간부터가 새로 생기는 것이 아니라 부모기 이전에 나타난 부모의 적응적 측면에 의해 상당부분 결정되므로 부모 역할은 자녀 출생 후부터가 아니라 자녀를 임신하기 전부터 시작된다고 할 수 있다(이문옥·심미영, 재인용).

영유아기에 일어나는 아동학대 연구를 통해 나타난 현실에서 부모의 무지, 좌절, 부모의 정신병리, 사회여건이 영유아 발달에 큰 영향을 미치게 되므로 예비교육의 필요하다.

자녀를 바르게 양육하고 교육해야 할 책임이 부모에게 있음을 누구나 인정하지만 훌륭한 부모가 되는 것은 타고나는 것이 아니기 때문에 많은 부모에게 자녀를 바르게 잘 키울 수 있는 부모교육이 필요한 것이다.

교육은 백년지대계(百年之大計)라 하여 중요히 여겨 교육자를 중요시하며 충분한 교육의 과정과 훈련의 기간을 걸쳐 교육이라는 한 분야의 전문가가 된다. 이처럼 인간은 사회의 구성원으로 살아가면서 일정한 부모교육과 삶의 체험이 필요한데, 인생 전반을 책임지는 부모는 어떻게 하다 보니 그냥 준비 없이 부모가 되는 경우가 있다. 따라서 부모는 한 인격의 일생을 책임지는 전문가로서 삶을 살아가기 위한 체계적이고 지속적인 부모교육이 필요하다(장원동·류현수, 2012).

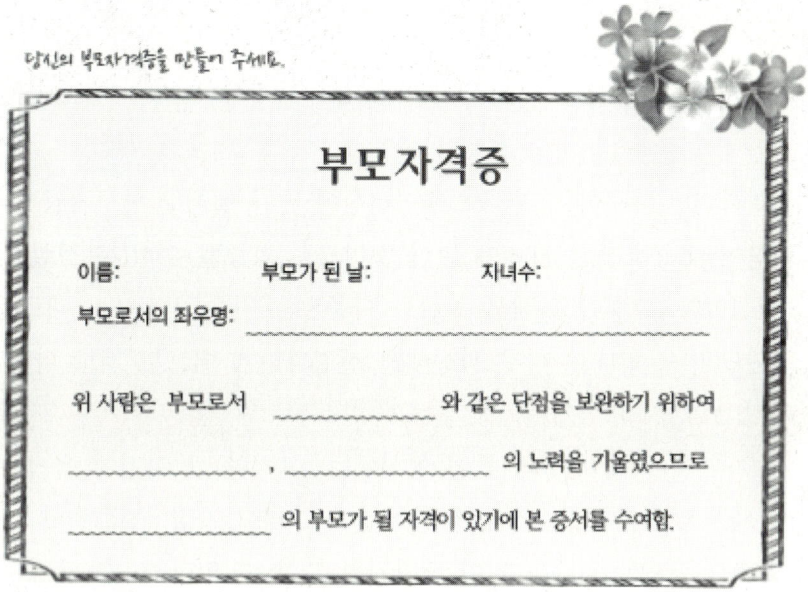
당신의 부모자격증을 만들어 주세요.

부모자격증

이름: 부모가 된 날: 자녀수:

부모로서의 좌우명: ______

위 사람은 부모로서 ______ 와 같은 단점을 보완하기 위하여

______ , ______ 의 노력을 기울였으므로

______ 의 부모가 될 자격이 있기에 본 증서를 수여함.

[그림 2-1] 부모자격증

출처: 행복한 아이를 위한 부모인성교육. 중앙보육정보센터

2 태아기 인성교육의 필요성

조선조 1803년 사주당(師朱堂) 이씨의 ≪태교신기(胎教新記)≫에서 "스승이 십년을 잘 가르쳐도 어미가 열 달을 뱃속에서 잘 가르침만 못하고, 어미가 열 달을 뱃속에서 가르침이 아비가 하룻밤 부부교합 때 정심(正心)함만 못하니라."라고 하였다.

이렇듯 태교를 중요하게 생각하고 실천해 온 우리나라와 동양에서는 수태(受胎)와 더불어 태아를 한 인간으로 대접해왔다. 그러므로 동양에서는 아기가 태어나자마자 한 살로 보아 왔던 것이다. 따라서 동양에서는 수천 년 전부터 인간의 교육은 뱃속의 아기가 태어난 후가 아니라 태아시절부터 해야 한다고 믿어 왔다. 그런데

20세기 후반에 들어와 과학이 발달하면서 서양에서도 태아에 관한 연구가 활발하게 진행되어 태아학(胎兒學, embryology)이라는 새로운 학문이 생겼다. 이제까지 증명되지 못하고 있던 동양 태교의 신비가 하나하나 과학적인 방법으로 밝혀지고 있다.

그러나 과학적인 연구라 할지라도 생명현상에 관한 것이고 연구기간도 아직 길지 않으며 더욱이 뱃속에 있는 태아에 관한 것이므로 확증될 수 있는 정설로 인정받기 힘든 게 현실이다. 그렇다고 해서 정설로 확증된 것만을 믿겠다는 태도는 매우 위험하다고 판단되며, 반대로 너무 과신해서 신경과민에 이르는 것도 바람직하지 못하다고 본다.

사람은 '교육'에 의해 정신의 틀이 형성된다. 그러나 그 이전에 음식, 즉 영양분에 의해 정신을 담을 수 있는 신체가 형성된다. 그리고 가장 중요한 시기는 또 언제로 봐야 할까? 두말 할 필요도 없이 태아기라고 할 수 있다. 이때 신체나 정신구조 대부분이 형성되기 때문이다. 기초가 제대로 되어야 튼튼하고 훌륭한 건물을 지을 수 있듯이 사람의 몸이나 정신도 마찬가지이다. 그래서 예로부터 태교의 중요함을 가르쳐왔던 것이다.

태교란 심신이 건강한 아기를 가지고 낳기 위하여 부모가 될 부부가 임신을 계획하고 준비하는 기간부터 아이의 출생에 이르기까지 필요한 모든 교육적 노력을 뜻한다(도민재, 2000).

태교는 크게 세 가지로 나눌 수 있는데, 첫째는 올바른 품성을 지니도록 하는 바른 마음가짐이다. 둘째는 신체를 건강하게 하는 음식물의 바른 섭취이다. 마지막 셋째는 태아를 올바르게 가르쳐야 하는 교육이라 할 수 있다.

3 태아기의 발달적 특성

태아 때부터 성장과 교육이 시작되므로 태아의 성장에 맞는 적절한 반응이 필요하다.

〈표 2-1〉 태아의 성장

기별	개월	키	몸무게	태아의 성장
임신 초기	1~3개월 (0~11주)	4~6cm	약10~20g	뇌세포가 대부분 완성된다. 근육조직도 대부분이 완성된 형태를 갖춘다. 내장이 거의 완성되며 얼굴 윤곽이 확실해진다.
임신 중기	4개월 (12~15주)	10~12cm	70~120g	눈과 코, 턱이 훨씬 사람 모습에 근접하다. 태아의 움직임이 활발해지며 온몸에 솜털이 나기 시작한다.
	5개월 (16~19주)	15~20cm	300g	머리가 몸 전체의 1/3을 차지한다. 심장박동소리가 강해진다. 간뇌가 발달해 엄마의 감정을 똑같이 느낀다. 망막이 발달해 빛의 자극에 반응한다.
	6개월 (20~23주)	25~30cm	500~600g	몸을 활발하게 움직이고 몸 방향을 자주 바꾼다. 뼈대가 갖추어져 X-선으로 태아의 골격을 확인할 수 있다. 양수를 마시고 뱉는다. 머리카락이 짙어지고 눈썹과 속눈썹이 자란다.
	7개월 (24~27주)	37~39cm	900g~1kg	밤과 낮을 구별할 수 있다. 특히 이 시기에 폐가 많이 성장한다. 청각이 발달해 엄마 목소리를 듣는다.
임신 후기	8개월 (28~31주)	40~43cm	1.5~1.8kg	골격이 거의 완성된다. 감각기관이 완전히 발달한다. 머리가 골반 아래로 향한다. 횡격막으로 호흡 연습을 한다.
	9개월 (32~35주)	45~48cm	2.3~2.6kg	피하지방이 늘면서 몸 전체가 통통해진다. 외부 자극에 반응하지만 움직임은 매우 둔한 편이다. 웃고 화내고 찡그리는 등 다양한 표정을 짓는다. 감각체계가 완성된다.
	10개월 (36~39주)	50cm	2.5~3.4kg	모체에서 항체를 받아들여 저항력이 강해진다. 내장이나 신경은 이미 완성된 상태이다. 몸에 살이 통통하게 오른다. 40분 주기로 잠자고 깨는 생체리듬이 생긴다.

출처: 행복한 280일 임신 가이드, 차병원

4 태아기 부모-자녀 간 상호작용과 인성교육

그런데 태교하는 말이 글자 그대로 태아교육의 준말이라 해서 태아를 교육하는 것이라고만 생각하면 안 된다. 태교의 원래 뜻은 임신 중에 태아에게 좋은 영향을 주기 위하여 임신부가 정신적인 안정과 수양을 도모하고 언행을 삼가는 것을 의미한다. 여기서 태교의 목적이 '태아에게 좋은 영향'이란 것을 분석해 보면 태아를 잘 자라게 해야 하는 태육(胎育), 태아를 잘 보호해야 하는 태보(胎保), 태아를 잘 가르쳐야 하는 태교(胎敎)의 세 가지 뜻을 내포하고 있다.

■ 자녀의 성장과 함께 부모 역할에도 변화가 필요합니다.

	아이는?	부모는?
태내기	신체기관이 형성되고 점차 기능이 정교해지며 외부의 소리에 반응을 보인다.	배우자와 함께 부모로서의 마음가짐을 가지고 준비한다.
영아기	안정된 애착을 바탕으로 세상에 대해 탐색하고 시도한다.	부모로서의 정체성을 확립하고, 아이와 안정된 애착을 형성한다.
유아기	자기 주장이 강해지고, 성취에 대한 욕구가 생긴다. 도덕과 규칙을 지키는 것에 익숙해지기 시작한다.	자녀에게 규칙과 한계를 설정하고 함께 지켜나가며 부모의 권위를 세운다.
초등학교시기	상황에 대해 도덕적인 판단을 하기 시작하고 또래들과 함께 하는 것의 의미를 배워 알기 시작한다.	자녀가 올바른 가치관과 자아개념을 확립하도록 대화와 여러 가지 방법으로 도움을 준다.
청소년기	자신의 정체성과 미래에 대해 고민하고 결정하는 시기이다.	자녀를 스스로 결정하고 생각할 수 있는 성숙한 존재로 인정해 준다.
성인기	부모의 보호로부터 독립하여 책임감 있고 성숙한 존재가 된다.	자녀를 부모로부터 독립시킨다.

출처: 행복한 아이를 위한 부모인성교육. 중앙보육정보센터, 2014. 8, 재인용.

1) 태육

우리 조상들은 지혜로워서 합궁 때부터 부모가 마음가짐을 바르고 경건하게 하였다. 또한, 임신 중에는 술이나 약은 물론 자극적인 음식은 피하도록 하여 태아에게 자극이 가지 않도록 하였다.

그러나 날로 복잡해지고 음식문화가 급격히 바뀌고 있는 현대에 이르러서는 출산에 대한 더 큰 부담을 안을 수밖에 없다. 최근에 어떤 통계에 의하면 현대에 이르러 산모의 96% 이상이 적어도 한 번 이상 기형아 출산에 대한 심리적 위협을 느낀다고 한다. 기형아 출산은 유전적인 요인이나 환경적인 요인도 있지만 음식물에 의한 요인이 가장 큰 것으로 나타났다. 산모에 있어 음식섭취, 즉 태육(胎育)은 그만큼 중요하다.

약 2천 년 전쯤 중국의 마왕퇴묘에는 '태산출'이라는 조각문이 있었는데 그 내용은 다음과 같다. "수태한 후 1~2개월의 태아는 젤리 상태로 있으니 임신부는 조용하게 지내며 부부생활을 금해야 한다. 3개월이 되면 지방 덩어리처럼 되니 토끼고기를 먹지 마라. 먹으면 언청이를 낳는다. 4개월이 되면 물이 들어와 혈관이 생기니 피를 깨끗이 하기 위해 쌀·보리·신선한 물고기를 먹어라. 6개월이 되면 금이 들어와 근육과 다리의 힘줄이 생기니 걸어 다니는 개나 말을 쳐다보라. 그러면 근육과 힘줄이 튼튼해진다."라고 쓰여 있고, 이어서 "임신부는 항상 화평한 기분으로 태아를 길러야 한다. 신 음식, 기름에 튀긴 음식, 너무 단 음식, 너무 찬 음식은 조심하여야 하며, 신 것을 너무 많이 먹으면 간이 상하고, 쓴 것을 너무 많이 먹으면 심장이 상한다. 단것을 너무 많이 먹으면 비장이 상하고, 비린 것을 너무 많이 먹으면 폐가 상하고, 짠 것을 너무 많이 먹으면 신장이 상한다. 음식은 먹는 것에 따라 각기 관련된 장기를 손상하게 된다."라고 쓰여 있다.

일본의 ≪증초≫라는 한의서에는 태교의 개념을 "임신한 줄 안 날로부터 만사에 조심하고, 티끌만큼이라도 나쁜 마음을 갖지 않도록 마음을 가다듬고, 입으로 하는 말이나 손발로 하는 행동에 과실이 없도록 하며, 순산할 때를 기다려야 하느니라."고 하였다. 또한, 민간 태교법에는 "불구경을 하면 얼굴에 붉은 점이 있는 아이를 낳는다.", "쌍밤을 먹으면 쌍둥이를 낳는다.", "꽁치·상어·가지는 먹지마라.", "오징어를 먹으면 아기가 떨어진다."라는 말이 있다.

일본인 태교의 독특한 것 중에 복대(腹帶) 착용이 있다. 복대는 아기가 아래로 처지는 것을 방지하고, 뱃속의 아기를 따뜻하게 보호하기 위한 것이다. 현재 일본인의 태교는 국가적인 차원에서 장려되고 있다. 우리나라의 ≪태교신기≫를 우리보다 먼저 자국의 언어로 번역·보급해 왔으며, FM 동경방송을 통해 태교음악을 수시로 내보내고 있는 실정이다(황혜성 외 2인, 1996).

태아를 잘 자라게 하는 데는 임신부의 섭생이 매우 중요하다. 태아는 모체로부터 영양을 공급받게 되므로 모체가 취하는 영양이 불충분하면 태아의 발육은 나빠질 수밖에 없다. 영양부족이 지나쳐서 조산이라도 하게 되면 미숙아가 태어나고, 신체·지능의 발달이 나쁘게 될 수도 있으므로 태보나 태교와도 밀접한 관계가 있는 것이다.

"아이는 작게 낳아 크게 길러라."라는 말이 있듯이 영양을 너무 많이 섭취하고 운동부족이 되어 출생 시 체중이 평균체중 3kg을 훨씬 넘는 것은 자연분만이 아닌 경우라 해도 바람직하지 못하다. 또한, 머리가 좋은 아이를 낳기 위해서는 육류보다는 곡류와 채소 및 해조류를 더 많이 먹는 것이 좋다는 연구조사도 있고, 모체영양이 부족하다 해도 태아는 자신의 생명을 영유하기 위해 오히려 더 많은 영양을 섭취하기 때문에 영양부족에 대해서 너무 과민할 필요는 없다고 생각한다.

2) 태보

태교에서 가장 중요한 것이 태보(胎保)이다. 태교의 목적 가운데 무엇보다 중요한 것이 태아를 잘 보호해서 건강한 아이를 출산하는 일이다. 만일 태아를 잘 보호하지 못했을 경우에는 태아가 사망하거나 유산하는 일, 태아가 기형아가 되는 일, 태아가 병에 걸리는 일, 태아가 조산하는 일 등이 일어날 수 있다.

따라서 이러한 사고를 방지하기 위하여 금기할 약품, 금기할 식품, 금기할 행동별로 대책을 살펴본다.

(1) 금기할 약품

전통태보	현대태보
오두, 부자, 반묘, 야갈, 수은, 파두, 우슬, 웅환, 삼능, 사향, 사퇴, 망초, 목단, 피, 계피, 반하, 통초, 건강, 별갑, 망사, 우황, 용뇌, 대황, 금박, 귀전우, 은박, 규자, 서각, 수지, 망충, 강수, 대극, 완화, 견유, 구맥, 의이인, 봉출, 도인	항생제, 항암제, 항경련제, 항갑상선제, 진통제, 환각제, 신경안정제, 수면제(탈리도마이드), 피임약, 니코틴, 스테로이드제, 키니네, 인슐린, 아스피린, 헤로인, 살바르산(606호) 등 태아에게 해로운 의약품은 무려 1,500종이나 된다. 따라서 약은 되도록 복용하지 않는 것이 좋고, 복용하려면 반드시 의사의 처방에 따라야 한다. 몸을 보하는 한방의 한약도 삼가는 것이 좋다. 만일 복용하려면 임신 3개월 후에 먹어야 한다.

(2) 금기할 식품

전통태보	현대태보
1. 과학적 근거가 있는 것 • 과일: 찌그러진 것, 벌레 먹은 것, 떨어진 것, 설익은 것, 시기가 아닌 것 • 음식: 찬 것, 상한 것, 냄새나 빛깔이 나쁜 것, 설 삶은 것, 설익은 곡식, 밥보다 더 많은 고기 • 술: 백 가지 맥이 풀린다. • 염분 2. 과학적 근거가 적은 것 • 공손히 주지 않는 것 • 던져 주거나 쑤셔 주는 것 • 밥상 아래 떨어진 것 • 초상집 음식 • 나귀, 말, 비늘 없는 생선, 뱀장어: 난산 우려 • 방게, 오리고기, 오리알: 아기를 거꾸로 낳는다. • 버섯: 경풍으로 죽는다. • 마의 뿌리, 복숭아, 메꽃: 태에 나쁘다. • 엿기름, 달랑이: 태가 삭는다. • 비듬나물 메밀, 율무: 태가 떨어진다. • 개고기: 소리를 못 낸다. • 토끼고기: 언청이가 된다. • 양의 간, 산양의 고기: 병 많은 아기가 된다.	• 술: 알코올의 나쁜 영향은 모체뿐 아니라 태아에게 직접 미침으로써 '태아성 알코올 증후군'을 일으켜 장애아를 낳는 원인의 하나가 된다. 정신박약아, 소두증, 발육부진, 기형아가 되기 쉽다. • 담배: 니코틴, 일산화탄소, 유화수소 등 유해물질이 모체에 흡수된 다음 태아의 핏속으로 들어가 태아의 심장박동수를 줄이게 된다, 출생 후 영아사망률이 높고, 발육부진, 학업성적 부진, 심리적 문제들이 많다. • 커피, 코코아, 홍차: 자극성 기호식품은 삼갈 것 • 당분: 칼슘을 소모시키므로 삼갈 것 • 염분: 부종, 임신중독에 걸리가 쉬우므로 적게 섭취할 것 • 고추, 후추, 카레 등의 향신료: 너무 과하게 섭취하면 장을 자극해서 유산이나 조산의 원인이 될 수 있다. • 수분: 과도한 수분흡수는 부종의 원인이 되고, 찬물을 다량 마시면 설사가 우려된다.

전통태보	현대태보
• 찹쌀과 닭, 달걀을 함께 섭취: 촌백충이 생긴다. • 참새고기: 아기가 음탕해진다. • 생강: 손가락이 많아진다. • 메기: 간질에 걸린다. • 오리고기: 손가락이 붙는다. • 문어, 낙지, 오징어: 뼈 없는 아이가 된다. • 가재, 게: 피부가 거칠어진다. • 닭고기: 닭살피부가 된다. • 명태껍질: 주근깨가 많아진다. • 노루고기, 말조개국, 홍당무, 누룽지, 국수꼬리 • 닭발, 생선의 눈이나 아가미 • 계피, 말린 생강가루 양념 • 우슬초나 횟잎나무의 나물 ※ 전통태교에서 금기로 하는 식품 중 과학적 근거가 적은 것은 너무 가릴 것이 못된다고 본다.	

(3) 금기할 행동

전통태보	현대태보
1. 보아서는 안 될 일 광대놀이, 난쟁이, 원숭이, 벼락, 번개, 일식, 월식, 별똥, 혜성, 무지개, 큰불, 큰물, 큰 나무가 부러지는 것, 집이 무너지는 것, 짐승의 교미, 병들고 상한 것, 더럽고 혐오스러운 것, 싸우는 것, 결박 짓는 것, 죽이거나 해치는 것 2. 들어서는 안 될 일 난잡한 노래, 시장의 잡소리, 술주정꾼 소리, 아낙네의 꾸짖는 소리, 욕지거리, 슬피 우는 소리 3. 해서는 안 될 일 부부동침, 찬데 앉거나 눕거나 자는 것 오래 눕는 것	1. 보아서는 안 될 일 깜짝 놀라게 하는 것 불안과 공포심을 일으키는 것 비통한 감정을 일으키는 것 2. 들어서는 안 될 일 소음은 태아의 맥박을 증가시킨다. 지나친 소음은 출생 후 노이로제 발생의 원인이 된다는 연구도 있다. 3. 해서는 안 될 일 무리한 자세, 깊이, 과격한 자극의 부부 동침, 산전산후 6주일 이내의 부부동침, 부부싸움, 하반신을 차게 하는 것 냉방장치 가까이 있는 것 의자에 털썩 앉는 것

전통태보	현대태보
몹시 춥거나 더울 때 낮잠 자는 것 묵은 사당집에 들어가는 것 깊은 우물이나 무덤을 들여다보는 것 높거나 깊은 데 가는 것 험한 데 건너는 것 건너뛰는 것, 기울어진 길을 가는 것 뛰는 것, 비바람 칠 때 나가는 것 무거운 것을 드는 것, 과로하는 것 찬물에 손 넣는 것 양잠이나 베 짜는 것 바느질 할 때 바늘에 손 다치는 것 그릇 떨어뜨리는 것 앉아서 높은 데 있는 물건을 내리는 것 서서 땅에 있는 물건을 집는 것 왼쪽의 물건을 오른손으로 집는 것 오른쪽의 물건을 왼손으로 집는 것 너무 덥게 입는 것, 너무 많이 먹는 것 산달에 머리를 감는 것 함부로 탕약을 먹는 것 침이나 뜸을 뜨는 것 4. 해서는 안 될 자세 앉을 때: 몸을 한쪽으로 치우치는 것, 벽에 기대는 것, 다리 뻗고 앉는 것, 걸터앉는 것, 마룻가에 앉는 것 설 때: 한발로 서는 것, 기둥에 기대어 서는 것, 위태로운 곳에 서는 것 걸어 다닐 때: 올라갈 때 서지 않는 것, 내려 갈 때 앉지 않는 것 눕거나 잘 때: 엎드려 자는 것, 송장처럼 눕는 것, 꼬부리고 자는 것, 문틈에 얼굴을 대는 것, 옷을 벗고 자는 것 5. 가져서는 안 될 정서 화내는 것: 태아의 피가 병든다. 두려워하는 것: 태아의 정신이 병든다. 놀라는 것: 태아가 간질에 걸린다.	누웠다가 급히 일어나는 것 계단을 너무 많이 오르내리는 것 넘어지거나 구르는 것 볼링 등 심한 운동을 하는 것 자전거 타는 것, 장거리 여행 무거운 것을 드는 것, 과로하는 것 재봉틀을 오래 사용하는 것 높은 곳의 물건을 들어 내리는 것 허리를 구부려 아기를 안거나 물건을 집거나 서랍을 열거나 설거지 등을 하는 것 꽉 끼는 옷을 입는 것, 뜨거운 욕조에서의 장시간 목욕 감기나 열이 있을 때 샤워하는 것 X-선에 노출되는 것(임신 중은 물론 임신 전 1년 이내) 연탄가스에 중독되는 것 배기가스 마시는 것 4. 해서는 안 될 자세 상체를 똑바로 하지 않고 앉는 것 한 발로 서는 것, 척추를 똑바로 펴지 않고 서는 것, 위태로운 곳에 서는 것 걸어 다닐 때: 높은 굽을 신고 걷는 것 척추를 똑바로 하지 않고 걷는 것 눕거나 잘 때: 엎드려 자는 것, 임신 후반기에 똑바로 눕는 것(복부 대정맥이 압박됨) 5. 가져서는 안 될 정서 모체의 정서상태는 태아의 성장·발달에 직접적인 영향을 미친다. 모체의 정서변화 → 교감 및 부교감신경계 자극 → 신경전달(아세틸콜린) 분비 → 부신피질 호르몬(아드레날린) 분비 → 태아에 영향(태반 → 태아의 순환계) 따라서 모체의 심한 불안과 걱정은 과다한

전통태보	현대태보
	아드레날린을 분비시켜 자궁이 경축되어 태반의 산소 부족으로 태아 사망이나 정신박약을 초래하기도 한다. 장기간 지속될 경우에는 출생 후 저체중아, 수면장애, 문제행동 등을 일으킬 수도 있다. 6. 걸려서는 안 될 질병 풍진, 볼거리, 매독, 수두, 당뇨병, 소아마비, 간장염, 결핵, 심장병, 신장병, 질염 등

3) 태교

"스승의 10년 가르침이 어미가 열 달 뱃속에서 잘 가르치는 것만 못하다."라는 말을 그대로야 믿기는 어렵다는 생각이 드는 것도 사실이다. 그러나 출생 후 20년이 넘도록 자식교육에 정열을 쏟아야 할 부모의 처지에서 보면 9개월도 채 안 되는 임신기간 266일 동안 모든 정성을 들여 태아교육, 즉 태교(胎教)를 하는 것이 현명한 일이다.

과학이 발달함에 따라 태아는 보고 듣고 느끼며 모체의 생각과 감정까지도 이해할 수 있고 정신활동까지도 하는 하나의 인격체라는 것이 점차 입증되고 있다. 이러한 현상은 우리 전통태교에서 아기와 모체는 희(喜), 노(怒), 애(哀), 락(樂), 애(愛), 오(惡), 욕(慾)의 7정(情)이 같아 모체의 기쁨과 성냄은 그대로 아기의 성정이 되고, 보고 듣는 것은 그대로 아기의 총명이 되는 등 태아를 하나의 인격체로 보아 교육을 시킨다는 것과 맥락을 같이 한다. 그러나 아직 태아에 관한 연구는 시작단계여서 미흡한 부분도 많고 반대되는 학설도 많은 실정이지만 태아의 능력을 믿고 정성을 다하여 존중하고 사랑하고 가르치는 것이 좋은 태교라고 본다.

유태인들은 세계적으로 수많은 핍박과 박해 속에서도 우수한 민족성을 유지해 온 것은 유명하다. 노벨상 수상자의 32%가 유태인이라는 사실이 이를 입증해 주고 있다. 그래서 유태인들의 태교법과 자녀교육법이 항상 관심의 대상이 된다. 유태인들은 전 국민이 종교생활을 하기 때문에 엄격히 절제된 생활을 하고 있다. 부부의 성생활도 일정한 규칙으로 통제하고 있는데, 부인의 월경기간인 5일 동안과 끝난 후의 7일간은 부부생활을 할 수 없도록 되어 있다. 이 기간이 지났을 때는 아내가 배란일에 임박하게 된다. 부인이 깨끗이 목욕을 하고 남편과 잠자리에 들면, 그 동안 참고 기다리던 남편의 정자는 부인의 배란일에 맞춰 사정을 하게 되므로 건강한 아기가 태어날 확률이 그만큼 높아지는 것이다. 임신 전부터 시작하는 태교법을 율법으로 정해 지키고 있는 셈이니 우수한 민족성과 관련이 전혀 없다고 말할 수는 없을 것이다. 또한, 유태인들의 ≪탈무드≫의 가르침에 따라 항상 경건한 생활을 유지하고 있을 뿐만 아니라 잦은 종교모임을 통해 항상 가르치고 배우는 기회를 갖기 때문에 온 국민이 태교를 생활화하고 있다.

태교할 줄 모르면 어머니나 아버지가 될 자격이 없다. 특히, 아기를 몸에 가진 여인은 10개월 동안은 자기 몸을 자기 몸으로 생각하지 말고 아기를 생각해서 행동해야만 한다. 모든 나쁜 것은 보지도 듣지도 말하지도 생각하지도 말고, 바르고 아름답고 좋은 것만을 생각하고 행해야 큰 인물을 낳을 수 있는 것이 선조들의 태교법이다. 또 태교는 임신부 혼자서만 하는 것이 아니고 온 집안 식구들이 항상 거동을 조심해야 한다. 임신부에게는 분한 일, 흉한 일, 급한 일을 들려주지 말아야 하며, 또한 임신부는 성내거나 근심하지 않아야 하는데 태중의 아기에게 나쁜 영향을 끼치기 때문이다.

전통태교와 현대태교를 정리해 보면 다음과 같다.

전통태교	현대태교
1. 좋은 것을 듣고 나쁜 것은 듣지 않는다. 좋은 시를 외게 해서 듣는다. 좋은 글을 읽게 해서 듣는다. 예악이나 거문고를 타게 해서 듣는다. 아름다운 말만 듣는다. 나쁜 말은 듣지 않는다. 2. 좋은 말과 글을 읽고 나쁜 말은 하지 않는다. 성현의 명구를 외운다.	1. 태교음악을 듣는다. 음악은 감정, 내분비순환, 호흡, 혈압, 기분 등에 영향을 주므로 좋은 태교음악은 모체와 태아에게 유익하다. 효과로는 출생 후 아기가 울음을 잘 그치고 정서적으로 안정되며, 머리도 좋아진다는 설이 있다. 태교음악으로는 태교음악용 클래식, 태교명상음악, 가곡 등으로 듣기에 편안하고

전통태교	현대태교
시를 읽는다. 소리 지르지 말며, 악담하지 말며, 남을 희롱하지 말며, 거짓말하지 말며, 근거 없는 말을 하지 않는다. 3. 좋은 것을 보고 나쁜 것을 보지 않는다. 잉태한 지 석 달 만에 아기의 기품이 형성되므로 주옥(珠玉), 명향(名香), 관대(冠帶), 패옥(佩玉), 종고(鐘鼓), 난조(鸞鳥), 봉황(鳳凰), 공작, 뿔, 신선그림, 성현의 훈계하는 글, 빛나고 아름다운 것들을 가까이 놓고 보도록 한다. 나쁜 일은 보지 않는다. 4. 착한 마음을 갖고 나쁜 마음을 갖지 않는다. 착한 마음을 가지면 아기가 착하고 재주가 있다. 모체 곁에 착한 사람을 두어 마음과 뜻을 기쁘게 하고 모범된 말과 행동을 하게 한다. 모체의 마음이 바르면 아기의 사람됨도 바르게 되므로 항상 공경하는 마음을 갖는다. 붓글씨를 쓴다. 살해할 마음 갖지 말며, 간교한 마음을 갖지 말며, 속이려는 마음 갖지 말며, 탐내는 마음 갖지 말며, 훔치려는 마음 갖지 말며, 험담하는 마음 갖지 말며, 투기하는 마음 갖지 않는다. 첩이나 동서의 임신을 시기하지 않는다. 마음속에 느낀 생각이 나쁘면 나쁜 자식을 낳는다.	안도감을 주는 것이면 좋다. 2. 태아와 대화를 한다. 태아와 애정 넘치는 이야기를 나눈다. 또한 동화책을 많이 읽어준다. 3. 좋은 그림을 많이 본다. 좋은 그림을 봄으로써 좋은 감정이 태아에게 전해져서 뇌에 좋은 자극을 준다. 4. 명상을 한다. 명상은 정신을 밝게 해 주며 마음을 편안하게 해 주므로 모체의 정신건강은 물론 태아에게도 좋다. 정신집중상태에서 태아와 교감을 시도해 본다. 원하는 용모와 성품과 능력을 갖춘 아기를 낳기 위하여 마인드 컨트롤 기법을 응용하면 염원하는 아기를 낳을 수 있다는 주장도 있다.

5 실천 사례들

요즘 결혼 전 예비부모 교육과 태교의 중요성이 강조되면서 어떻게 하면 더 좋은 방법으로 태교를 할 것인지에 대한 관심이 집중되고 있다. 다음의 사례들을 통해 태교의 중요성을 알아보고자 한다.

1) 조선시대의 태교

조선시대 왕실에서도 태교의 중요성을 느끼고, 태교를 실시하였다. 현대태교에서 실시하는 것처럼 좋은 음악을 듣거나 좋은 것을 보거나 좋은 책을 읽는 등의 다양한 태교 방법을 통해 건강하고 훌륭한 원자의 교육에 힘썼다는 것을 다음 기사를 통해 알 수 있다.

조선 왕실에서도 음악을 비롯한 예술행위를 활용한 태교가 있었다. 왕실 임산부의 처소는 정숙해야 하며 궁중악사를 불러 가야금과 거문고를 연주하게 했다. 산모가 아름다운 음악을 들으며 마음가짐을 편안하고 바르게 하는 데 도움을 주기 위해서다. 피리는 불어서는 안 되는데 피리소리가 임산부의 감정을 격하게 자극할 우려가 있기 때문이다. 임신 5개월째부터는 낮에는 당직내시, 밤에는 상궁과 나인 등을 시켜 천자문이나 동몽선습, 명심보감 등을 낭독하게 했다. 수양대군의 큰며느리이자 성종의 생모인 인수대비 한씨가 쓴 ≪내훈≫에는 "밤에 소경을 시켜 시를 외우게 하고, 교훈적인 내용들을 말하게 해 들었다."는 기록이 있다.

출처: 경북일보, 2013.08.30.

율곡 이이가 써서 선조에게 바친 ≪성학집요≫는 디테일한 태교방법을 일러주고 있다. "임신하면 옆으로 누워 자지 않고 비스듬히 앉지 않고 외발로 서지 않는다. 이상야릇한 맛의 음식도 먹지 않는다. 사특한 빛깔을 보지 않고 음란한 소리도 듣지 않고 밤이면 장님에게 시를 외우고, 바른 일만 말하게 한다. 장님에게 시를 외우게 하는 것은 그 소리가 정밀하기 때문이다. 그렇게 되면 아이는 얼굴이 단정하고 재주가 남보다 뛰어날 것이다."

태교는 옛 성인들의 가르침이었다. 공자는 "타고난 사람의 성품은 서로 비슷한데 습관에 따라 달라진다."고 했다.(〈논어〉 '양화') 주자는 이런 공자의 언급을 두고 "선을 익히면 선하게 되고 악을 익히면 악하게 된다."고 풀이했다. 태교는 태어나기 전에, 그것도 어머니의 소리와 행동에 감응하게 되는 임신 3개월부터 시작해야 인간의 기질을 변화시킬 수 있다고 여긴 것이다.

1744년 영조가 정조에게 "뱃속 아기에게 어떻게 태교하는 것이냐?"고 물었을 때 세손은 태교의 핵심을 찌르는 현답을 올렸다. "아기를 배어서 움직이거나 가만있을 때나 착한 일을 하면, 그 아들이 나서 저절로 어진 사람이 됩니다. 때문에 아기를 가졌을 때에 태만할 수 없음을 보인 것입니다."(〈영조실록〉 1766.5.27.) 즉, 태어날 자식을 군자로 만드느냐, 소인배로 만드느냐가 태교에 달렸다고 본 것이다.

출처: 경향신문, 2015.10.06.

2) 핀란드의 태교 연구

서양에서는 동양과는 달리 태어난 이후로부터 나이를 먹는다. 이는 뱃속에서부터 생명체로 보는 것이 아니라 태어난 직후부터 생명체로 인정하기 때문이다.

핀란드 연구팀이 뱃속의 태아가 엄마가 하는 말을 듣고 느낀다는 연구결과를 발표했다. 연구팀은 임신 29주 전후 산모 33명에게 특별한 음절의 소리를 들려주었는데 출산 후 5일 째 되는 날 모든 신생아들이 같은 단어에 대해 강렬한 뇌 반응을 나타냈다는 것이다. 이는 태아도 신생아와 마찬가지로 언어를 학습할 수 있다는 의미다. 태아 때 더 많은 말을 들려주면 태어난 뒤 말을 배울 때 도움이 될 수 있다는 뜻이라는 분석이다.

출처: 경북일보, 2013.08.30.

3) 지자체 예비부모교육 〈더 좋은 아빠 되기 위한 위대한 도전〉

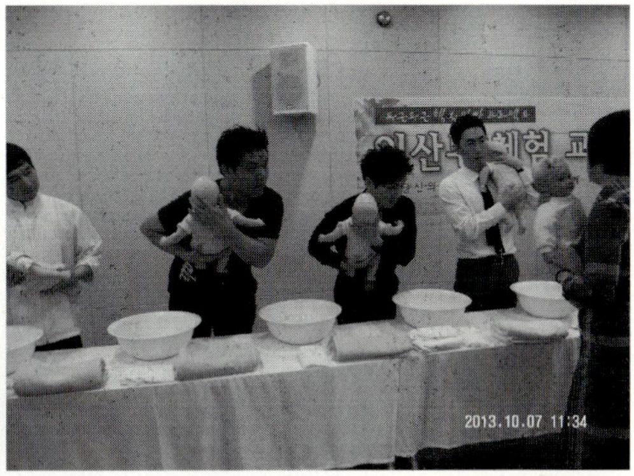

http://seochonews.tistory.com/1457

서초구육아종합지원센터는 출산을 앞둔 예비부부를 대상으로 '행복하고 건강한 아이와 부모, 가족되기' 교육 프로그램을 진행했다. '태아기부터 행복한 내 아이'는 출산예정인 예비 부모를 대상으로 임신과 출산에 대한 과학적인 정보를 제공해 임산부의 건강하고 행복한 출산을 돕고, 가족구성원의 정서를 돕는 목적으로 진행한다.(출처: 베이비뉴스, 2015년 7월 9일자)

6 생각해 볼 문제

- 생명 존중의 예를 기술하시오.
- 저출산과 연결하여 예비부모의 지원 방법을 논의하시오. 【토론】
- 태아기 다양한 부모의 역할 방법을 논의하시오. 【토론】

영화로 보는 인성 이야기

<table>
<tr><th>구분</th><th>인성덕목</th><th>영화 포스터</th><th>인 물</th></tr>
<tr><td rowspan="4">태아기</td><td rowspan="2">용서</td><td>
</td><td>
케빈(아들)</td></tr>
<tr><td colspan="2">영화줄거리 자신의 일을 사랑하는 에바에게 임신은 엄청난 고통이었다. 뱃속 아이에 대한 증오심, 절망감 등을 생각하며 임신기간을 보낸다. 이후 케빈이 태어나지만 엄마와 함께 있을 때면 날카로운 소리로 울어대고, 대여섯 살이 될 동안 기저귀를 차고, 반항적인 기질로 성장한다. 성인이 된 후에서야 서로를 이해하고 용서한다. 〈태아시절의 엄마의 마음이 태아에게 영향을 끼친다〉</td></tr>
<tr><td rowspan="2">이해
책임</td><td>
</td><td>
바바라(루이즈 보르고앙)</td></tr>
<tr><td colspan="2">영화줄거리 바바라는 니콜라스를 사랑했다. 그러던 어느 날, 아이를 갖게 된다. 그 날 이후, 여자에서 엄마가 되기까지의 과정이 나타나 있다.
〈딸과 함께 모든 게 바뀌었다. 내 삶을 뒤엎어 놨고, 날 궁지에 몰아 넣었고, 내 한계를 초월하게 했다. 날 맹목적으로 만들었다. 사랑, 희생, 애정, 포기. 날 혼란시키고 변화시켰다.〉</td></tr>
</table>

3장

영유아기 인성교육

1 영유아기 인성교육의 필요성

우리나라는 예로부터 타인을 공경하고 배려하는 '동방예의지국'이라는 부러움을 받았다. 하지만 현대에 들어서 정보화, 세계화 등으로 인한 급격한 사회변화와 가치관 혼란으로 인해 여러 사회 문제를 초래하고 있다. 각종 범죄에의 노출로 인한 불특정 다수의 살인, 테러, 아동학대, 가출, 이혼, 청소년 성매매, 교실 붕괴, 왕따 등과 집단 이기주의, 자본주의의 확산, 물질만능주의 등으로 인해 타인에 대한 배려와 존중은 이미 사라진 지 오래다. 이것이 비단 사회적 문제뿐만 아니라 이 나라의 미래를 짊어지고 나가야 할 우리나라의 청소년과 영유아들 사이에서도 개인주의 성향과 함께 타인에 대한 배려나 이해는 점차 찾아보기 힘들다.

이에 따라 인성에 대한 관심이 대두되면서 인성교육의 필요성을 느끼게 되었다.

미국 하버드 대학의 중국 출신 철학교수 뚜웨이밍(杜維明)은 유아기 때의 인성교육의 필요성에 대하여 "교육은 미래를 위한 유일한 희망이다. 아무리 과학 기술이 발전해도 아이들은 '양육되어야 할 필요(need to be natured)가 있다. 아무리 경제가 중요한 것이라고 해도 아이들은 인간으로 교육받아야 할 필요(need to be educated as human being)'가 있다. 자기 자신에 대한 이해, 타인과의 감성적 교류, 그리고 관계 속의 삶에 대해 아이들에게 알려주지 않으면 안 된다. 문제는 교육이다. 어릴 때부터 '덕'의 교육을 통해서 '성품 만들기(character building)'에 지속적으로 신경을 써야 한다. 미국의 경우를 보면, 1960년대에는 가정, 교회, 교육제도를 통해서 자라나는 아이들의 인격교육이 바람직한 방향으로 나아갔다. 그러나 1980년대에 들면서 덕(德) 교육의 중요한 기제인 교회와 교육이 붕괴되었고 현재에 들어서는 가정마저도 붕괴되고 있다. 인간으로서의 품위(human dignity)를 갖춘 인간들이 배양되지 못한다면 미래는 암울할 뿐이다."라고 했다(우영효, 2003).

이 말은 인성이란 것은 어린 시절부터 형성되는 것으로 영유아기의 인성교육이 매우 중요하다는 것을 강조하고 있다. 그래서 2014년에 인성교육을 법으로 지정하고 필수교육으로 지정하고자 지난 2014년 12월 29일 법안이 국회를 통과, 2015년 1월 20일 공포됨에 따라 2015년 7월 21일부터 「인성교육진흥법」이 시행되었다. 「인성교육진흥법」은 건전하고 올바른 인성을 갖춘 시민 육성을 목적으로 한다. 이 법에 명시된 인성교육의 정의는 "자신의 내면을 바르고 건전하게 가꾸며 타인, 공동체, 자연과 더불어 사는 데 필요한 인간다운 성품과 역량을 기르는 것을 목적으로 하는 교육"이다.

2 영유아기의 발달적 특성

1) 영아기의 발달적 특성

영아기의 아기는 신체적인 적응과 정서 및 사회성의 발달을 경험한다. 나이에 따라 나타나는 독특한 특징을 통해 영아의 행동 및 발달적 사건을 미리 예측할 수 있다. 또한, 영아기는 전 생애에 걸쳐서 보았을 때 짧은 기간이지만 발달속도가 빠르며, 양적·질적인 변화가 매우 큰 시기로 영아기의 발달적 특징을 살펴보면 다음과 같다.

(1) 신체적 발달

갓 태어난 아기는 평균 체중이 약 3~3.5kg, 신장이 약 50~51cm 정도이며, 사물을 식별하지 못할 뿐 아니라 소리도 구별하지 못한다. 그리고 생후 몇 주 동안은 하루에 18~22시간 정도 잠을 잔다. 그러나 생후 첫 1년 동안에 신장은 거의 두 배로 커지고 몸무게도 출산 시 체중의 약 세 배가량 늘어난다.

〈표 3-1〉 한국 소아 청소년 신체 발육 표준치

연령	남아		여아	
	표준 체중(kg)	표준 신장(cm)	표준 체중(kg)	표준 신장(cm)
출생 시	3.4	50.1	3.3	49.4
1~2개월	5.7	57.7	5.4	56.7
2~3개월	6.5	60.9	6.1	59.8
3~4개월	7.0	63.5	6.6	62.3
4~5개월	7.5	65.7	7.1	64.4
5~6개월	8.0	67.6	7.5	66.3
6~7개월	8.4	69.3	7.9	68.0
7~8개월	8.7	70.8	8.2	69.6
8~9개월	9.0	72.3	8.5	71.0
9~10개월	9.3	73.6	8.8	72.3
10~11개월	9.6	74.9	9.1	73.6
11~12개월	9.9	76.0	9.4	74.8
12~15개월	10.4	78.2	9.8	77.0
15~18개월	11.1	81.2	10.5	79.9
18~21개월	11.7	83.8	11.1	82.6
21~24개월	12.3	86.2	11.7	85.0

출처: 보건복지부(2007).

신체적으로 성장하면 운동발달에서도 보다 분화되고 중추신경계와 근육골격이 적당히 성숙되며, 적절한 자세로 자유롭게 움직일 수 있을 만큼 숙련된 행동으로 발달한다. 예를 들어 3개월쯤 되는 영아는 손을 뻗쳐 물건을 잡는다. 약 6개월 정도 되면 어떤 물건이든지 잡아서 가져가려고 한다. 7개월경이 되면 혼자 앉는 방법을 알아낸다. 8개월 째에는 손으로 붙잡아 주면 설 수 있다. 이는 반사적인 행동이 아니며, 상체근육을 조정하는 뇌 중추가 충분히 발달해야만 가능하다. 11개월경이면 혼자 설 수 있고, 음악에 맞춰 몸을 흔들기도 한다.

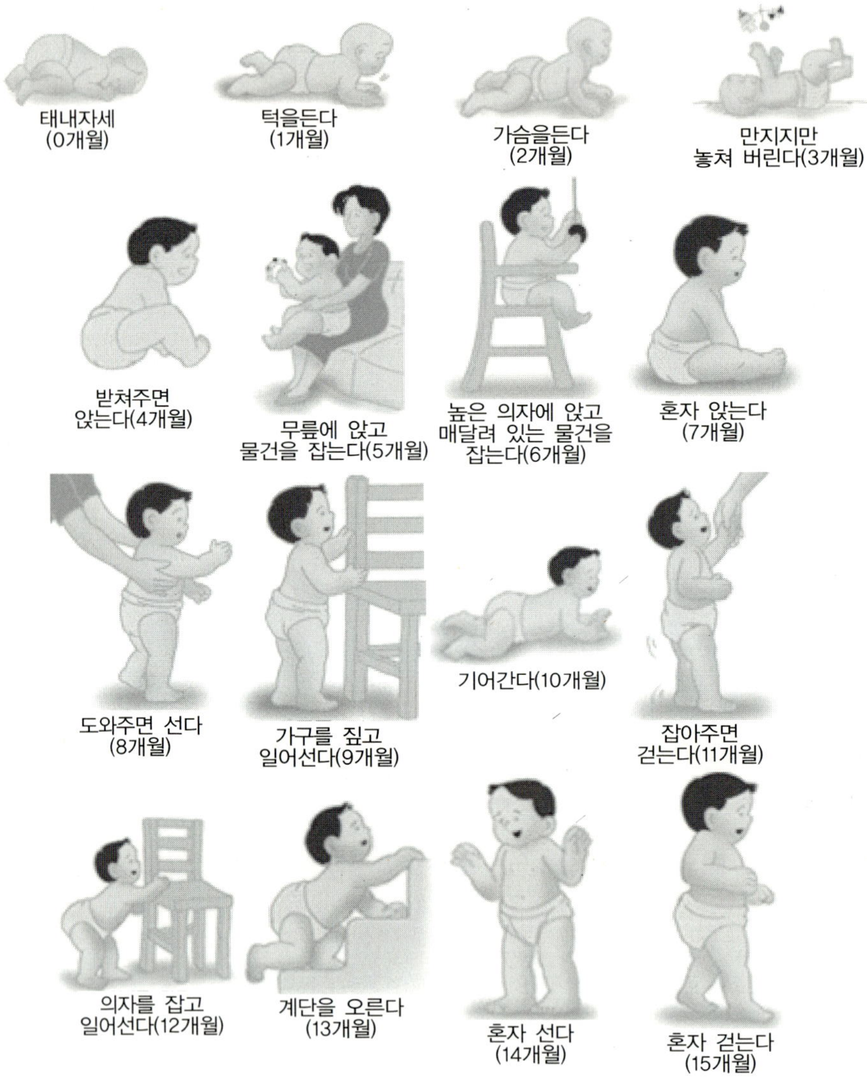

[그림 3-1] 영아의 신체 발달과정

인간은 앉기, 서기, 걷기와 같은 여러 활동을 수행할 수 있도록 유전적으로 예정되어 있는 것 같다. 아동들이 규칙적이고 예정된 형태로 전개되는 기술들을 실행하려면 먼저 특정수준의 생리적 성숙도에 도달해야만 한다. 그러나 대부분의 경우 다소 제한적일 때가 많긴 하지만 환경 또한 영향을 미친다.

고아원에 수용된 아동의 발달에 관하여 데니스(Dennis)는 부모의 손에 의해 돌보아지지 못한 아기들은 운동기능 발달에서 심한 지체현상을 보이며, 아동이 평균 7개월경이면 획득하는 혼자 앉기 등을 2세가 될 때까지 못한다고 했다(Dennis, 1960). 그러나 유아기 때 운동기능이 지체되었던 아동들도 학령기가 되자 정상적으로 공부하고 놀이하였다.

게젤(Gesell)은 한 쌍의 쌍둥이를 대상으로 발달적 활동들의 수행에서의 훈련효과를 조사하였다(Gesell, 1929). 일란성 쌍생아 중 한 명에게는 계단 오르기, 적목 쌓기, 그리고 손조작 협응을 훈련시키고, 나머지 한 명에게는 아무 훈련도 시키지 않았다. 그러나 연령이 증가하면서 훈련받지 않은 아이도 똑같이 숙련됨을 발견하였다. 이 결과에 따라 그는 유아의 행동유형은 성숙(maturation) 요인이 매우 강력한 영향을 미치는 것이라고 결론지었다.

(2) 정서·사회성 발달

2세경이 되면 영아는 '슬픈 표정', '기쁜 표정', '성난 표정' 등을 지을 수 있게 된다. 이는 영아가 태어난 이후 이러한 정서를 경험했기 때문이다. 인생 초기에 겪는 정서적 경험은 그의 성격을 결정하는 데 장기적인 영향을 미친다. 정서의 발달은 어린이를 양육하는 어머니와 상호관계의 기초가 된다. 따라서 사랑으로 주의를 기울여 일관성 있게 돌보아 주는 어머니로부터 어린이는 마음의 안정감을 얻고 아울러 다른 가족과의 관계에서 기본적인 정서상태와 대인관계의 태세가 이루어진다고 하겠다. 브리지스(Bridges)의 정서분화이론에 의하면 인간의 기본적 정서가 대개 24개월에 다 이루어진다고 한다. 흥분은 유쾌·불쾌로 분화하고 유쾌의 정서는 득의(得意)·애정(愛情)·희(喜)로 분화하고, 불쾌는 분노·혐오·공포·질투로 분화된다. 영아기 동안 발달되는 정서와 사회성을 살펴보면 〈표 3-2〉와 같다.

생후 6~8주가량 되면 주위 사람을 인식하고 영향을 받기 시작한다. 생후 1개월 동안 신생아는 사람이 목소리를 듣거나 안아 주었을 때 조용하게 반응하며, 두 손을 짝짝꿍하고 움직여 줄 때 미소를 지을 줄 안다. 생후 3개월이 되면 성인에게 반응을 보인다. 고개를 돌려 소리 나는 쪽을 향하고 미소 짓는 횟수가 더 많아지고 마주보며 웃을 줄 알게 된다. 생후 5~6개월이 되면 친근한 소리와 낯선 소리를 구별하고 낯가림을 하고, 9~13개월 사이에 다른 영아들에게 적극적인 관심을 갖는다. 15개월이 되면 성인들에게 관심을 점점 더 가지게 되며, 그들과 함께 있거나 그들의 행동을 모방하려는 강한 욕망을 보여 평행놀이 등으로 발전된다. 영아기 말쯤 되면 상당한 수준의 사회적 존재가 되어 돌보는 이와의 사회적 상호작용이 가능하다.

〈표 3-2〉 영아의 정서발달단계

나이	단계	특성
0~1개월	완전자극 장벽	영아는 비교적 무반응적이고, 외부의 자극에 대해 거의 반응하지 않는다.
1~3개월	주위환경에 대해 관심 갖기	영아는 자극에 개방되어 있다. 흥미와 호기심을 보이기 시작하고, 사람에게 쉽게 미소 짓는다.
3~6개월	긍정적인 감정	어떤 일이 일어날지를 기대하고 그 일이 실제 일어나지 않을 때 실망을 경험한다. 또한, 화를 내거나 불안스럽게 행동함으로써 실망을 나타내며, 자주 미소 짓고 웃는다. 이때가 사회적 각성의 시기이며, 아기와 양육자 간의 초기 상호교환의 시기이다.
6~9개월	능동적인 참여	'사회적 게임(social game)'을 하고 사람들로부터 반응을 얻으려 한다. 다른 아기들에게 반응을 하도록 말을 건네고, 치고, 부추긴다. 더 분화된 정서를 표현하며 기쁨, 공포, 분노, 놀람 등을 보인다.
9~12개월	애착	일차적인 양육자에게 강하게 몰두하고, 낯선 사람들을 두려워하고, 새로운 상황에서는 활발히 행동하지 않는다. 1세가 되면 정서를 더 분명하게 전달하는 데 기분(moods), 반대감정병존(ambivalence), 감정(feeling)의 심화 등을 보인다.
12~18개월	연습하기	가장 밀착된 사람을 안정기저(secure base)로 삼아서 환경을 탐색한다. 환경에 숙달될수록 자신을 주장하는 데에 더 자신감이 있고 더 열렬하다.
18~36개월	자아개념과 동일시의 형성	이따금씩 자기 자신이 양육자와 얼마나 많이 떨어져 있는가를 깨닫고 불안해한다. 환상에서, 놀이에서 그리고 성인과 동일시함으로써 자신의 한계에 대한 인식을 해결한다.

*여기서 단계란 단순히 기술적인 용어이며, 그 순서와 연령은 변할 수 있다.
출처: 이영·조연순 역(1988).

영아기 동안 아기는 미소와 몸짓을 통해 자신을 돌보는 이에게 자신의 의사를 표현하고 점차 더 발전된 형태의 신호를 통해서 사회적 환경을 통제하는 방법을 학습하기 시작한다. 민감한 부모는 아기의 신호에 우발적 강화나 피드백을 제공한다. 이러한 강화나 피드백은 아기가 자신의 능력을 확인하고 통제에 대한 자신감을 갖도록 해 준다.

사회화 과정에도 결정적 시기가 있다. 영아기에 결정적 시기가 나타난다는 것을 한 연구를 통해 알 수 있다. 병원에서 간호를 받던 조산아들이 집으로 돌아간 후 빈번히 다시 병원으로 돌아온다는 것이다. 이 아이들은 '자라지 않는 증후'나 '아동학대 증후'로 고통 받는데, 그 이유로는 조산아가 출생 후 곧 부모나 그 외 중요한 타인과 애착을 형성해야 하는 결정적 시기에 부모와 떨어져 있음으로 인해 애착이 형성되지 못한 결과로 추측되고 있다.

부모는 아기가 한 살이 되기 전에라도 영아에게 안정감을 줄 수 있는 애착의 대상이다(Lamb, 1975). 애착은 어머니가 다정하고, 세심하고, 아기의 신호에 반응적일 때 잘 발달된다. 아기의 애착강도는 어머니가 영아와 함께 보낸 시간의 양보다도 양육의 질을 결정함은 다음의 글에서도 잘 나타나 있다.

> …(어머니)가 얼마나 많이 도와주고 가까이 있어 주는가, 또는 어머니 외에 아동의 물리적 양육에 참여하고 있는 사람이 있는가에 따라 애착의 강도는 전적으로 좌우되지 않는다. 어머니가 양육활동에 얼마나 많은 시간을 보내는지 또는 얼마나 어머니의 양육이 능숙한지보다도 어머니가 아동과 보내는 긍정적인 상호작용의 내용(질)이 중요한 것이다. (Clarke-Stewart, 1977)

애착은 영아가 부모의 자극에 대해 최초의 진정한 사회적 미소를 보일 때 시작된다. 영아가 낯가림과 격리불안을 보일 때 애착이 확립되어 이때 결정적 시기는 끝난다. 애착이 발달에 중요한 역할을 하는 두 가지 요인으로 하나는 어린이가 울고, 응시하고, 웃고, 소리를 내면 이에 반응하여 어린이의 기분에 맞추어서 행동하는 것과 다른 하나는 부모의 특성으로 어버이의 부드러운 말씨, 점잖은 지시, 그리고 적극적인 칭찬을 아끼지 않는 성품을 보여줄 때 자녀가 확고한 애착을 느낀다.

(3) 인지발달

인지란 감각기관을 통해 받아들인 정보를 해석하고 파지해 두었다가 필요에 따라 인출·재생하여, 사고하며 추리하여 문제를 해결하는 데 활동하며, 환경에 대한 지식과 생각을 획득해 가는 과정이다.

11개월 된 영아가 일상적인 활동범위 안에서 자기 모습이 사진 속에 있는 것을 알아차리고 신나 소리를 지르거나, 자기 이름을 말할 수 있는 새로운 능력을 획득하는 것은 계속되는 인지발달에 대한 신호이다.

아기는 소근육 운동과 대근육 운동이 발달함에 따라 보고·듣고·느끼고·생각하는 일을 많이 하게 된다. 이에 따라 대뇌피질 속에 있는 뇌세포는 몸속의 다른 세포와 더욱 복잡하고 정밀하게 연결되며, 뇌는 더 높은 지능과 능력을 발휘하게 된다. 이와 같이 인지에는 사람이 지각하고, 학습하고, 사고하고, 기억하는 방식이 포함된다.

생후 18개월까지의 정상적인 영아의 인지적 발달을 이해하기 위해 다음과 같이 6단계로 나누어 살펴볼 수 있겠다.

① 1단계(출생~1개월)는 빨기, 쥐기와 같은 내적 반사가 지배적인 시기이다.

② 2단계(2~3개월)가 되면 빨기와 다리를 구부리는 등의 단순한 행동을 반복하게 되는데, 이러한 행동은 뇌 중추의 형성에 도움을 준다. 그러나 아직까지 신체적으로 성숙되지 못했으므로 목적으로 행동하거나 자신에 대해 지각하지 못한다.

③ 3단계(4~6개월)에 나타나는 행동은 더욱 목적을 가지고 진행되며 흥미 있는 행동을 반복하거나 자신의 행동을 수정할 수 있다. 또한, 인간관계를 이해하기 시작한다.

④ 4단계(7~10개월)에 와서 영아는 자신이 이미 발달시킨 기술을 사용하여 간단한 문제를 해결한다. 또한, 단어를 사용하여 의사소통을 하고자 한다.

⑤ 5단계(11~12개월)에 들어서면 특별한 목적을 달성하기 위해 시행착오를 거듭

하면서도 적극적으로 환경을 탐색해 나간다.

⑥ 6단계(18개월까지)에는 행동하기 전에 그 행위의 중요성에 대해 생각하는 것을 배운다.

피아제(Piaget)는 아동이 어떻게 사고하고 학습하는지, 즉 인지적 기능에 대해 알아보기 위해 기본적인 인지적 단위인 '도식'개념을 제시하였다. 동화와 조절은 영아가 주위 세계를 개념화시키고 주위 세계에 반응하는 데 끊임없이 작용하여 변화를 만들어 낸다. 또한, 평형 상태는 영아가 급격히 변화하는 주위환경에 접하여 조절하려고 시도할 때 지나치게 무리하지 않도록 보호해 주며, 새로운 경험과 정보에 의해 압도당하지 않도록 보호해 준다(Pulaski, 1971).

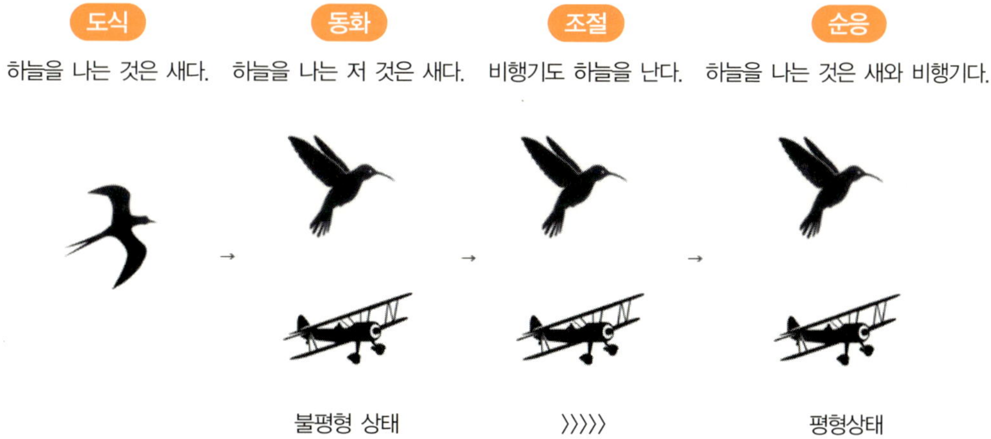

[그림 3-2] 도식과정

피아제는 지식을 습득하는 과정을 아동과 환경 간의 상호작용에 의한 능동적인 과정으로 보아, 영아는 외부세계와의 능동적인 접촉을 통해 외부세계에 대해 배운다고 하였다(Piaget, 1952). 그는 영아기를 언어발달 이전의 지적행동의 시기로서 감각운동기라 불렀다. 이 기간 동안 영아는 도식들을 형성한다. 감각운동기에 중요한 획득의 하나는 '대상영속성의 도식'이 발달하는 것이다. 대상영속 개념이란 대상물이 시계(視界)에서 사라진다 해도 그 대상물이 존재한다는 것을 이해하는 것이다. 외부세계는 영속적으로 존재하는 장소이고, 그 실제가 아동의 지각에 따라 좌우되지 않는다는 것을 깨닫는 것은 공간, 시간 그리고 인간관계와 같은 중요한 개념을 이해하는 데 기초가 된다.

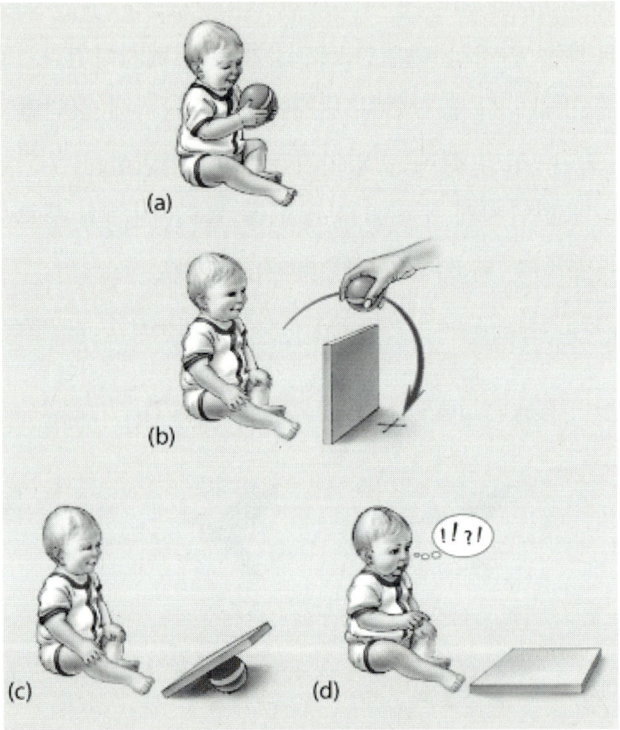

[그림 3-3] 대상영속성 관련 그림

2) 유아기의 발달적 특성

유아는 신장과 체중이 급속히 증가하는 한편, 대근육 운동기술이 발달되어 운동양상에 변화가 생기고 다양한 놀이 활동을 한다. 분화된 표현을 하는가 하면 적극적인 사회적 반응을 나타내기도 한다. 특히, 유아기는 언어를 습득하고 발전시키는 점에 의의가 있다.

(1) 신체적 발달

유아기는 걸음마기라고도 하며 이 시기에는 많은 변화가 일어난다. 운동 및 놀이 활동의 발달에서는 어린이가 처음으로 스스로 일어나 자기 발로 걸을 수 있다는 사실로 인해 외부세계에 대한 '탐색활동'이 시작된다. 어린이는 그칠 줄 모르는 탐색활동으로 인해 지식은 급격히 증가되고 지능도 현저하게 발달한다.

1세 이후 걸을 수 있게 된 유아는 점차 걸음걸이에 균형이 잡혀 걷는 속도도 빨라진다. 2~3세 유아는 뛰다가 멈추는 속도조절도 가능하며, 두 발로 모아 동시에 뛸 수도 있다. 자기 신체의 균형을 잡을 수 있으므로 계단을 기어오를 수도 있고, 공 같은 장난감을 던질 수 있다. 3~4세가 되면 미끄럼, 그네를 탈 수도 있을 뿐 아니라 세발자전거 타기도 가능하다.

유아들에게 있어서 대부분의 시간을 먹고 자고 목욕하는 기계적인 일상 활동이지만 그중 주목할 만한 것은 '놀이활동'이다. 유아기의 신체발달은 대근육 운동과 소근육 운동을 촉진시키고 세련되게 하는 놀이 활동에 의해 이루어진다고 할 수 있다.

놀이는 건전한 발달의 기초가 된다. 대근육 운동기술은 걷기에서 시작하여 달리기, 말뛰기, 높이뛰기, 오르기로 발달된다. 또한, 이 시기에는 소근육 운동기술이 세련되어 책장을 넘길 수 있고, 그림을 그리기 위해 크레파스나 연필을 잡을 수 있으며, 그림 맞추기, 적목놀이, 조립형의 장난감을 가지고 놀 수 있도록 손과 손가락 기술이 발달한다.

영아기 말부터 아기는 극놀이를 한다. 극놀이는 강아지 흉내를 내거나 인형에게 우유를 먹이고 옷을 갈아입히며 전화하는 척하는 것과 같은 일상생활 내용이 주제가 된다. 극놀이에서 아기는 자기가 동일시한 대상의 역할을 순간적이나마 해보려고 한다.

겉으로 보기에는 보잘것없는 놀이로 여겨지나 노는 과정에서 아기들은 새로운 능력을 열심히 배운다. 그러나 아기들은 성취 지향적이지 못해 주의가 다른 곳으로 옮겨지면 하던 일을 던져 버리고 다른 일로 옮겨 간다.

걸음마기를 지난 유아들은 신체의 크기와 비율에서 안정적인 변화가 나타남에 따라 운동양상도 변화된다. 운동발달에서는 지각이나 운동을 뒷받침해 주는 중추신경 및 대뇌의 발달이 5~7세경에 이루어지므로 유아기 말에 운동기능이나 근육 협응이 특히 정교화된다. 5~6세가 되어야 혼자서 옷을 입고, 단추를 채우고 지퍼를 열고 닫을 수 있으나, 약 3세가 지나면 혼자서 옷을 벗을 수 있고, 4세 이후에는 옷을 입을 수도 있다.

놀이의 형태에서도 유아기 동안 여러 면에서 변화한다. 걸음마기 동안 유아는 평행놀이를 하나 차츰 다른 아동과 같이 노는 데 즐거움을 느끼고 서로의 행동을 모방하고 싸움을 하면서 사회적인 상호교환을 한다. 이 시기에는 둘 이상의 유아가 동일한 놀이에 참여하여 무리를 지어 소리 지르며 공감을 표현하는 연합놀이를 찾아볼 수 있다. 그러나 이 놀이에서 지도자(리더)는 없다.

다음으로 유아들은 자기의 행동을 조절하는 것을 배우므로 협동놀이에 참여하게 된다. 이때 한두 명의 놀이 지도자가 지휘하며 팀을 조직하거나 각자의 역할이 주어지기도 하고 서로 의논하여 계획을 세우기도 한다. 유아기 말이나 아동기 초기에는 경쟁적 놀이에 참여한다.

유아기 놀이의 두드러진 특색도 극놀이다. 극놀이에서 유아는 처음에는 가족의 역할을 하다가 점점 외부세계로 확장한다. 극놀이의 대부분은 친숙한 성인행동을 모방하므로 어린이가 본 성인세계가 곳곳에서 나타나며 성인의 방식에 대한 어린이의 일반화된 지각이 드러난다.

(2) 정서·사회성 발달

18개월에서 3세 사이의 유아는 자신의 감정을 표현하고 조절할 수 있는 능력을 습득한다. 유아 초기에 자율성을 성취하고자 하는 노력의 표현으로 나타나는 보편적인 감정은 분노이다. 어린이가 목적을 달성하려고 할 때 부모는 적절한 행동양식을 가르치거나 안전을 위해 유아의 자율적인 행동을 좌절시키거나 방해할지도 모른다. 그 결과 부모로부터 독립하여 스스로 말하고 걸으며, 자신의 생활에 책임을 진다는 자신감을 가지고 자율성을 찾고자 하는 유아는 "내가, 내가", "싫어", "아니야"를 주장하고 울며, 소리치고, 바닥에 드러눕는 등의 분노를 나타내고 공격적인 행동을 한다.

한편 이 시기의 어린이들은 상상적 괴물이나 어두움·아픔 또는 해를 주는 물건이나 사건·꿈 등에 대해 공포를 느낀다(Jersild, Telford & Sawret, 1975). 공포가 유아생활에 중추적 역할을 하는 것은 놀라운 일이 아니다. 그는 과학과 신비, 기쁨과 현실, 알고 있는 것과 모르는 것이 뒤섞인 세상에 살고 있으며, 대처할 방안이 없이 끊임없는 환경의 위험에 직면하고 있다.

유아가 자율성 단계를 통해 발달함에 따라 부모들은 자녀에게 적당한 행동, 가치, 태도를 가르치고자 더욱 사회화시킨다. 사회적 관계에서 유아기는 성인과의 상호작용이 많이 이루어지는 시기이다. 유아 초기에는 다른 유아를 만났을 때 미소 짓고 껴안기도 하며 놀이 할 수 있으나 상호교류는 거의 없다. 약 2세경부터는 적극적인 사회적 반응을 보여 점차 협동놀이 및 집단활동의 지속시간이 길어진다.

생후 2년째의 사회적 놀이발달에 관한 연구(Eckerman, Whatley, Kutz, 1975)에 의하면 이 시기 아기들은 또래에 대한 관심이 커지고 부모와 있을 때는 미소·발성·모방이 증가한다고 보았다. 또한, 유아기에는 자기중심성이 강하게 나타나 고집이 세어지고 저항하는 경향이 생기게 된다. 이러한 자기중심성은 자라면서 사회적 경험을 통해 점차 감소하는데, 잘못 지도하면 유아의 반항적·거부적 경향을 조장하기 쉽다.

이 시기를 지나 유아기(幼兒期)가 되었을 때 분노·환희·공포 등의 정서는 환경과 밀접한 관계를 가지고 발달된다.

예컨대 애착이 형성될 시기에 애착대상이 적절하지 못하거나 혼란한 경험이나 환경에 처하게 되면 성장 후에도 애정의 정서발달에 지장을 겪게 된다. 유아기 정서의 특징으로 4세경에 특정대상을 두려워하는 공포가 심해진다. 5세경에 공포반응은 줄어들다가 6세경에 더욱 심해진다. 그 이유는 대체로 상상력의 발달, 관찰학습을 들고 있으며, 유아의 경험세계가 전보다 확장됨에 따라 불확실하고 불충분한 지식이 상상력과 결합되어 엉뚱한 공포가 생긴다.

유아의 기쁨은 애정과 밀접한 관계가 있다. 안고 귀여워하고 쓰다듬어 주면 유아는 기쁨을 느끼고 웃으며 자신의 애정도 표현한다. 4~5세경에는 가까이에서 잘해주는 사람과 상호적인 애정을 나누기도 하고 자기보다 어린 아기를 귀여워하고 보살펴준다. 애정을 많이 받은 유아가 그렇지 못한 유아보다 정서적·신체적 발육이 빠르다고 한다.

3~5세경의 유아는 주도성 발달을 경험한다. 이들 유아는 자기의 신체와 주변환경을 능숙하게 조절할 수 있을 때 성취감 또는 자발성감을 맛본다. 예를 들어, 대소변을 제대로 가렸을 때 자랑스러워하거나 쌓기놀이에서 제 뜻대로 잘 쌓으면 기뻐하고, 실패하면 몇 번이고 반복하여 능숙하게 성취하고자 노력한다. 이러한 태도는 어린이가 환경에 더욱 잘 적응하게 되고 상호관계, 목적과 행동을 성취하는 자신이 하는 일의 성공을 예견하고 자기에게 가치를 부여하려는 것이 곧 자존감이다. 자존감은 성취감을 느끼고 자신이 유능하게 무슨 일을 해낼 수 있다는 것에서 발달한다.

자신이 원하는 활동에 참여하고 어떤 목표나 계획을 세워 그것을 주도적으로 성취하고자 노력하는 유아들은 그들에 대한 부모의 지지도에 따라 주도성과 자발성을 갖거나 죄의식을 형성한다. 예를 들어, 죄의식은 어린이가 계속적으로 부정적인 강화나 벌을 받거나 부모나 다른 가족구성원이 주도록 행동을 하려는 어린이의 노력에 부끄러움을 느끼게 할 때 생긴다.

유아기의 주도성 발달은 양심의 발달과 관계가 있다. 유아기에는 초보적 양심, 즉 초자아가 나타나기 시작한다. 남근기에 이르러 유아는 오이디푸스 콤플렉스를 극복하기 위하여 동성의 부모를 동일시하게 되는데, 이때 부모의 태도, 가치 등이 유아에게나 가족에게 기대하는 행동에 반영된다. 유아는 부모의 이런 행동과 기대에 의하여 부모의 가치·태도를 자기 것으로 내면화하면서 초자아를 발달한다. 한편 유아기에는 가정에서부터 바깥세계로 서서히 사회관계를 변화시켜 나가기 시작한다. 이들은 계속 새로운 사람, 사물, 생각, 상황, 문제, 역할 등에 노출되는 기회가 많아진다. 따라서 동일시와 정체감 형성의 가능성은 커지고 그 양상은 복잡해진다.

(3) 인지·언어발달

한 살 아기와 세 살 유아의 지적 기능형태는 엄청나게 차이가 있다. 1세아는 학습능력이 미약하고 문제해결 능력이 없으나 유아기 동안에는 넓은 곳을 자유롭게 탐구하며 적극적인 실험에 의해 스스로 문제를 해결할 수 있는 기술이 나타난다. 유아는 환경의 단면을 알게 되어 환경을 유리하게 조정할 수 있으며 목적에 맞게 사용하는 것을 배운다. 그리고 수와 양에 대한 인식이 발달하여 유아 후기에는 대여섯 개의 블록을 높이 쌓거나 순서적으로 배열할 수 있다.

유아기 때 갖는 사물의 이름과 특성에 대한 관심과 흥미는 유아의 사고력 향상에 중요한 요소가 된다. 언어가 발달되기 이전의 영아기에는 울음·몸짓 등으로 자신의 의사를 전달하고자 한다. 걸음마기에 이르러 아기들은 의도하는 완전한 문장을 함축한 한 단어 문장을 사용한다. 만 2세 말경부터 유아는 두 단어 문장을 사용할 수 있으므로 훨씬 효과적인 의사소통을 한다. 언어는 사회화 과정의 중요한 매개물이며 수단이다. 따라서 의사소통기술의 발달은 효과적인 언어 사용에 달렸다.

허로크(Hurlock)는 유아기에 이르는 의사소통기술의 중요한 발달적 과업은 단어를 알고, 반응을 하며, 단어를 이어서 문장으로 만드는 것이라고 한다(Hurlock, 1975). 유아기에는 어휘수가 급격히 증가하여 만 2세경의 유아는 약 300단어의 어휘를 알고 있으며, 3세경에는 900단어 정도, 4세경에는 1,600단어로 급격한 어휘수의 증가를 나타내며, 4년에서 4년 6개월경에 어휘수가 가장 많이 증가하여 5세경에는 2,487개 정도의 단어를 알 수 있다.

문장 사용에서도 3세경의 유아는 2~4개 단어로 된 문장을 사용하고 4세경에는 3~7개로 된 문장을 사용하여 거의 완전한 문장을 만들어 언어를 구사하며, 5세경에는 성인 수준에 이른다. 언어발달에 관한 많은 연구는 아기의 초기 언어발달이 가정에서 사용하는 언어의 양과 질에 달려 있음을 보여준다. 부모는 언어의 모델을 보이고 아기들의 호기심 어린 질문에 수없이 반복해 답하며, 책을 읽어주고, 언어를 지적 발달의 가치 있는 도구로 생각하면서 유아와 서로 이야기하는 정도는 초기 언어발달을 촉진시킨다. 언어발달이 인지발달 수준에 미치는 중요한 영향으로 인해 부모는 유아와 상호작용할 때 더 많은 것에 주의한다.

3~6세경 유아 언어에서의 특징은 문법에 숙달된다는 점이다. 3세 이상이 되면 명사를 가장 빈번히 사용하며 부사나 형용사도 점차 사용할 수 있으나 관사와 대명사는 가장 늦게 사용한다. 이 시기는 매우 미묘하고 복잡한 문법적 기술을 획득하는 데 중요한 시기이다.

유아기에는 놀랄 정도로 많은 정보를 기억하고 있으나 순전히 암기력에 의존하여 기억하므로 실제로 내포된 의미를 거의 이해하지 못한다. 그러나 3~5세 유아는 무엇에 대해 "기억하라."는 말에 주의를 환기시킬 줄 알며, 6~7세경이 되면 비록 제한되고 초보적이지만 보다 효과적인 기억전략을 사용할 수 있게 된다. 예를 들어, '개-대문, 아기-사과'를 기억시켰더니 "개가 대문으로 도망쳤다. 아기가 사과를 먹었다." 등으로 문장화시켜 기억하는 전략을 사용하였다(유안진, 1997).

유아는 연령이 증가함에 따라 지각이 분화되어 어떤 자극의 전체적인 구성을 지각할 수 있게 된다. 그리고 변별력이 발달됨에 따라 여러 가지 개념을 학습한다. 예를 들면, 여러 색깔과 모양은 서로 다르나 모두 초콜릿이며, 사과와 수박이 서로 다르다는 것을 구별하는 등 사물이 가진 특징과 속성을 지각하여 그 차이를 변별할 줄 알게 된다. 그 외에도 피아제가 제시한 바와 같이 수와 양에 대한 보존개념을 점차 획득해 간다. 피아제의 인지발달단계는 〈표 3-3〉과 같다.

〈표 3-3〉 피아제의 인지발달단계

단계	연령	특징
감각 운동기	0~2세	• 감각과 운동을 통해 외부환경을 이해하고 적응하는 시기 • 아동의 행동은 자극에 대한 반응이고, 자극은 감각이고, 반응은 운동이라 함 • 자신의 눈앞에 보이지 않는 장난감은 이 세상에 존재하지 않는다고 인식함
전조작기	2~7세	• 언어가 급격히 발달하고 상징적 사고능력이 증가하는 시기 • 사물에 대하여 감각과 운동보다는 상징, 상상, 모방 등을 사용하는 표상 능력 증가 • 상징놀이, 자기 중심적 사고, 물활론
구체적 조작기	7~12세	• 논리적 조작이 가능한 시기 • 자기 중심적 사고에서 벗어나 사물 간 관계를 이해하는 능력 획득 • 보존개념의 획득, 유목포함, 분류화, 서열화 가능
형식적 조작기	12세 이후	• 추상적이고 논리적인 사고가 가능한 시기 • 새로운 상황에 직면했을 때 현재의 경험뿐만 아니라 과거와 미래의 경험 이용 • 체계적인 과학적 사고 가능 • 이상주의적 사고 가능

출처: 1. 곽노의 외 3인(2007), 영유아발달, p.51, 양서원.
2. 정옥분(2007). 발달심리학(전 생애 인간발달), p.42, 학지사.

3 영유아기 부모-자녀 간 상호작용과 인성교육

1) 부모의 역할

영유아기의 가장 기본적인 부모의 역할은 양육자의 역할이라고 할 수 있는데, 이는 영아의 신체적 요구와 관련된다. 영유아들은 생김새가 비슷할지라도 그들의 신체적 리듬과 요구는 제각기 다르기 때문에 부모는 영유아의 수면과 수유 및 배설 등 모든 것을 보살펴야 한다. 영아는 잦은 수유와 기질 차이로 수면 방식에 개인차가 있으므로 깨어 있는 동안 상호작용을 통해 몸을 활발하게 움직일 수 있도록 하거나 저녁 수면시간 직전에 목욕을 시켜서 밤에 길게 자고 낮에 깨어 있도록 수면 리듬을 자연스럽게 조절하도록 한다(이순형 외, 2012). 영유아기 보살핌을 위한 관심은 양육자에게 신체적 피로함과 정서적 불편함을 발생시키고, 부모로서의 양육이 어렵다는 인식을 갖게 한다. 예전과 달리 핵가족화되고, 아이를 키우는 일에 대한 이전 세대의 도움이 부족한 상황에서 부부는 시행착오를 통해 육아를 시작한다. 따라서 육아에 대한 서로의 정보를 공유하고, 육아에 도움을 줄 수 있는 정보를 제공하는 일이 필요하다. 이러한 목적을 위하여 초보엄마, 초보아빠를 위한 지역사회 모임이나 온라인을 통한 서비스 지원이 필요할 것이다.

부모는 영아의 물리적인 환경을 구성해 주어야 하는데, 영아가 다양한 감각경험을 할 수 있도록 자료를 제공해 주거나 여러 가지 장난감과 책을 마련해 주는 것을 말한다. 이때 부모는 많은 양을 한꺼번에 제공하기보다는 발달특성과 영아의 선호를 고려하여 필요한 만큼만 제공하는 것이 필요하다. 예를 들어, 장난감의 경우 한 번에 모든 장난감을 꺼내놓으면 곧 싫증을 내고 가지고 놀지 않게 되므로 갖고 있는 장난감의 반 정도는 보관하였다가 수개월에 한 번씩 바꾸어 주는 것이 좋다. 아울러 영아의 안전을 위한 환경 구성도 고려해야 한다. 아기가 기기 시작하면 집안의 어느 곳에도 갈 수 있으므로 굴러 떨어지지 않도록 계단 앞에 안전문을 설치하거나 삼킬 수 있는 작은 물건 등은 바닥에서 치우고, 가구 모서리에 안전장치를 설치한다. 잡고 서거나 걷게 되면 추락 사고를 방지하기 위해 난간 주변에 물건을 치우는 등 안전한 환경에 주의한다(이순형 외, 2012).

2) 출산 이후의 부부

출산 이후가 반드시 불만족스럽기만 한 것은 아니고, 아기의 탄생으로 결혼 만족도가 더 증가한 경우도 있다. 그러나 이 시기는 하나의 위기로 인식되기도 한다. 많은 여성은 부모로서의 자신의 역할에 대해 자신감을 갖지 못하며, 육아 기술 등의 미숙으로 인해 스트레스를 경험한다. 특히 취업 여성은 자녀에 대해 죄책감과 불안감을 느낀다. 남편에게도 마찬가지로 적응이 필요하다. 출산 전 남편은 전적으로 아내의 애정과 관심을 받았으나 이제는 아내가 대부분의 시간을 아기에게 할애하는 것을 보고 소외감을 느낀다(정옥분· 정순화, 2012). 따라서 부부간의 감정적 불안을 인정하고 해소할 수 있는 지원체계가 필요하다. 이는 임신과 함께 부부교육을 실시하여 육아를 준비하게 하는 단계로부터 출산 이후 달라지는 환경에서 경험하게 되는 배우자간의 감정을 교류하고 이해하고, 자신의 감정을 배우자에게 전달할 수 있는 의사소통양식을 배우는 교육 프로그램의 제공도 효과적일 수 있다. 또한, 육아나 가사로 인해 생기는 스트레스를 긍정적인 방법을 통해 풀기 위하여, 잠시 취미생활을 하거나 가벼운 산책, 친구 만나기로 기분전환을 하는 것이 좋다. 그러나 영아를 돌보는 경우 따로 시간을 내서 친구를 방문한다든가 자신만의 시간을 갖기 어려울 때에는 명상을 통해서 부모로서의 자기 효능감과 부모· 자녀관계를 다시 생각해 보는 것도 좋은 방법이다(이순형 외, 2012).

3) 유아기 언어 교육

유아기에는 운동능력이 급속히 발달하여 뛰고 달릴 수 있어 하루 종일 바쁜 나날을 보낸다. 또한, 자아의 발달로 '나'는 유일한 개체로 인식된다. 급속한 언어의 획득으로 사고의 범위가 넓어지고 부모와의 대화, 친구의 접촉으로 기본적 사회화도 이루어진다(조복희· 도현심· 유가효, 2012). 자녀의 언어가 발달하기 이전에는 부모가 자녀에게 말을 건네고, 반응을 이끌어냄으로써 자녀로 하여금 맥락에서의 적절한 표현을 배울 수 있는 기회를 제공하게 되고, 시간이 지나 자녀가 언어를 습득하고 사용하게 되면 잘못 사용되는 경우나 부적절한 경우에 대하여 애정을 가지고 수

정해 줌으로써 더욱 적절한 언어 사용을 학습할 수 있게 된다. 또한, 언어 사용에 있어 바른 언어를 사용할 수 있도록 지도해야 한다. 바른 언어 사용은 개인의 사고 발전도 촉진할 뿐만 아니라 친구관계 및 타인과 관계를 맺고 유지하는 데 중요하다.

이때 자녀의 잘못에 대해 엄격하게 지도하는 경우, 자녀는 자신의 존재가 존중받지 못한다고 느끼고 자신감을 갖지 못하게 될 뿐 아니라, 자신이 의지할 수 있는 존재가 없다고 느끼게 되어 정서적으로 불안정함을 느낀다. 의사소통에서도 자녀는 자신의 의도대로 되지 않을 경우 '싫다'는 표현을 하게 되고, 부모의 행동을 따르지 않게 되는 경우가 있다. 이런 상황에서 부모가 일방적으로 강요를 하게 되면 자녀는 순종적인 아이가 되지만, 아동의 주체성은 손실된다. 아이의 '싫어'를 무조건적으로 존중하면 아동의 주체성은 발달되겠지만, 아이는 자기성이 비대해져서 타인과의 갈등을 조정하고 관계를 유지하는 데 어려움을 경험할 가능성이 크다. 부모는 자녀에게 온정적이며 그들의 욕구와 바람에 민감하게 반응하고 들어줌으로써 자녀가 힘들 때나 즐거울 때나 언제나 돌아가 의지할 수 있는 든든한 안전기지로 유아 곁에 머무는 것이 중요하다. 유아의 행동과 성취에 대해 지속적으로 일관된 피드백을 주고, 부모가 자녀 곁에서 언제나 함께하리라는 믿음을 주는 경험적인 상호작용들이 유아의 자아존중감 형성에 중요하다(이순형 외, 2012).

4) 유아기 성 인지

성관련 인지구조가 견고해진 학령 전기에는 자신이 변함없이 항상 여아이거나 남아임을 알게 될 뿐만 아니라, 많은 성 고정 관념적 사고와 행동까지 학습하고 체계화된다(Kohlberg, 1966). 유아기 성(性) 인식의 시작과 관련된 부모의 역할은 현대 사회가 필요로 하는 균형 잡힌 성역할 인식과 행동양식을 유아가 자연스럽게 습득해 가도록 하는 것이다. 남성성-여성성은 서로 상반되고 분리된 차원이 아니라 한 유기체 내 공존 가능한 단일 차원으로 보는 입장이다(Constantinople, 1973). 그러므로 유아기 동성 또래집단 내의 놀이 활동에 대한 지지뿐만 아니라, 성별로 혼합된 집단활동을 통해 사회성은 물론 인지발달과 균형 잡힌 성역할을 인지할 수 있도록 하는 것이 좋다(김건일 외, 2011).

5) 유아기의 가족

유아기에 시작하는 집단생활과 또래와의 집단활동이 발달의 자연스런 경로이자 학습의 기회임과 동시에, 유아에 따라 갈등과 어려움, 스트레스를 유발하는 부담이 되기도 한다. 하루 일과를 마치고 돌아오는 유아가 가시적인 문제점이 보이지 않더라도, 가정에 돌아와 부모와 지내는 시간, 그리고 가족과 나누는 온정과 지지를 통해 자연스럽게 하루의 피로와 긴장이 이완되고 회복될 수 있도록 부모가 자주 안아주고 애정을 표현하는 게 필요하다(이순형 외, 2012).

유아기는 발달기재상 부모의 사회화 요구에 순응하여 학습하고 적응할 준비를 해 나가는 시기이다. 유아는 부모에 대한 전적인 의존에서 서서히 벗어나 자율성과 독립성을 확보하고, 그럼으로써 가정 밖 외부세계에 적응할 힘을 키운다. 이러한 유아의 발달적 요구에 부응하기 위해서 부모는 자녀가 영아기를 벗어나는 시점에서 학교에 입학하기 전까지의 유아기 동안 다양한 사회화 전략과 가치체계, 양육태도로 자녀의 적응과 자기조절력의 습득을 도와야 한다(이순형 외, 2012).

6) 유아기 훈육

다른 아이와의 쟁탈전이 발생하거나 갈등이 발생하게 되는 경우, 양육자로서는 행동을 바로잡고 싶은 욕구와 자녀의 편을 들어주고 싶은 마음이 공존한다. 때로는 자녀를 야단쳐야 하는 상황도 발생하는데, 이러한 상황들은 가정 안에서의 관계를 벗어나 관계가 확장되는 중요한 의미를 갖게 된다. 자녀는 부모가 자신의 감정을 존중하지 않고, 타인을 감싸거나 자신을 저지한다는 마음에 섭섭함을 느끼고, 감정적으로 호소하는 경우가 있다. 그러나 이러한 경험들은 자녀들로 하여금 무엇이든 자신의 생각대로만 되는 것이 아니라는 것을 배우는 기회가 된다. 부모는 상황을 바로잡기 위한 혼을 내고, 조금 간격을 두고 자녀의 감정을 달래줌으로써 자녀가 여전히 사랑받고 있음을 느끼게 해 주어야 한다. 이러한 부모의 이중적인 이미지를 통하여 자녀는 자신과 다른 사람이 분리된 별개라는 인식을 하게 되고, 혼이 나는 감정을 경험하고 사랑받는다는 감정을 경험하게 됨으로써 감정발달의 중요한 의미를 갖는다. 부모가 자녀의 행동을 금지하거나 저지하거나 단순히 규범이나 규칙을 알려주면, 자녀는 부모의 말을 잘 듣는 착한 아이는 될 수 있으나, 자신의 의견을 내세우지 못하는 약한 아이가 될 수 있다. 또한, 아이가 자신의 욕구를 억제하고, 착한 아이로서 양육자와 동일화시키고 자신을 독립된 주체로서의 자아를 구성하지 못하게 되면 규범을 깨기 위하여 급격한 공격성으로 발휘되기도 하고, 청년기까지 어려움을 경험할 수도 있다.

7) 부모 교육

부모는 교육되는 것이며, 부모의 사고방식이 자녀의 양육에 많은 영향을 미치게 된다. 빠른 사회의 변화에 적응하기 위하여 자녀의 능력발달과 학력지상주의적인 기준을 강조하여 아이를 숨 막히게 하거나, 자녀에게 지나치게 간섭을 하게 된다. 반면 아이가 하고 싶은 대로 내버려두면서 아동의 마음을 받아주지 않는 부모가 있다. 이런 부모는 자녀를 존중해 주는 것 같지만, 자녀에게 방향이나 한계를 제시해 주지 않고 결과만을 고려하는 경우가 있다. 부모양육방식은 부모의 어린 시절 부모로부터 받은 상처와 좌절된 욕구가 반영되어 다음 세대로 전달되는 경우가 많다. 따라서 자녀를 안정적으로 키우기 위해서는 부모가 자신의 내면을 검토하고, 자신의 욕구를 정확히 파악할 수 있는 기회가 제공되어야 한다. 또한, 부모 자신의 욕구와 자녀의 욕구를 분리하여 이해할 수 있어야 한다. 그리고 자신의 생활에서 벗어나 다른 가족은 어떻게 살고 있는지, 자녀를 어떻게 키우는지 정보를 교류하고 배우는 것이 필요하다.

4 영유아기의 주요 덕목

영유아인성교육은 지(知)·정(情)·의(意)의 조화로운 발달이 어우러진 전인적 인간의 육성을 교육의 이상으로 삼고 있다. 인성교육은 전인적 인간 교육을 위한 필수적인 과정이며, 인성교육의 목적은 오늘날 사회에서 요구하는 바람직한 인간상을 함양하는 것이다. 영유아기의 인성교육을 통해 영유아는 긍정적인 자아감을 형성하고 남을 배려하면서 서로가 다름을 인정할 수 있는 소양을 함양함으로써 더불어 즐겁게 삶을 영위할 수 있는 품성의 기초를 형성할 수 있다.

인성교육을 통해 영유아는 자신에 대한 이해는 물론 타인에 대해 배려하고 존중하면서 더불어 살기 위한 능력을 배양하도록 해야 한다.

영유아기에 제시된 국가적 차원의 교육과정인 누리과정과 표준보육과정에 기초하여 인성덕목을 자세하게 살펴보려고 한다.

바른 인성의 기초를 형성하기 위한 누리과정의 6가지 구체적 실천행동 덕목을 바탕으로 합니다.

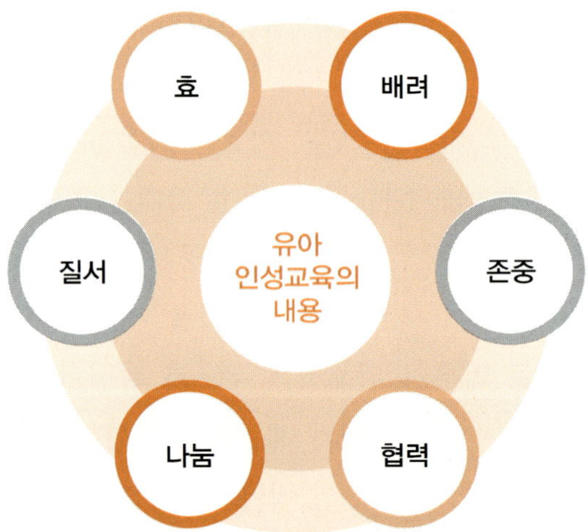

[인성교육의 내용 - 누리과정 6가지 인성덕목]

[그림 3-4] 누리과정 인성덕목

출처: 행복한 아이를 위한 부모인성교육. 중앙보육정보센터, 2014.

1) 배려

배려는 타인의 필요와 요구에 민감하게 반응하고 공감을 해 주고 타인을 도와주거나 보살펴 주려고 마음을 쓰고 실천하는 것을 의미한다.

기본적으로 타인과의 관계를 맺는 것에서부터 배려가 시작되는데, 이때 타인에 대한 관심과 이해를 기반으로 하는 돌봄과 보살핌을 배려라고 정의할 수 있다. 또한, 다른 사람과의 관계를 회복시키며 나아가 자신을 돌보게 하는 과정이다.

배려의 세부 내용은 다음과 같다.

① 친구에 대한 배려

또래 간에도 상대방의 입장을 고려하면서 나와의 다름을 인정하는 것이 필요하다. 급속한 사회변화와 방대한 양의 정보를 영유아들이 스펀지처럼 그대로 흡수하게 되면서 자기 자신만이 특별하고 소중하다는 것을 아는 영유아들이 늘어나고 있다. 하지만 급변하는 사회에 적응하기 위해서는 서로의 다름을 인정하며 또래에 대한 배려가 필요하다.

② 가족에 대한 배려

나와 가장 가까운 사람들이라는 인식으로 인해 정작 가족에게는 소홀해지는 점을 많이 찾아볼 수 있다. 이로 인해 가출, 이혼, 자식-부모 간의 살인 등의 사회적 문제를 야기하고 있다. 하지만 나와 가장 가까운 사람일수록 마음을 더 헤아려주고 대화를 통한 문제해결을 통해 가족 간의 배려를 실천할 수 있다.

③ 이웃에 대한 배려

과거에는 품앗이나 두레 등을 통해 이웃 간의 정(情)을 표현하는 방법이 다양하였다. 옛 어른들은 이웃집의 숟가락이 몇 개나 있는지 알 수 있다는 말을 많이 하였는데, 이는 이웃 간의 관계에서 무척 친밀했다는 의미이다.

④ 동·식물에 대한 배려

인간관계 속에서의 배려뿐만 아니라 영유아를 둘러싸고 있는 주위 환경에서의 배려 또한 필요하다. 작은 생명이라도 우리가 살고 있는 환경에 필요한 구성원이라는 것을 알고 소중히 여기는 태도가 필요하다.

2) 존중

존중은 다른 사람을 높이어 귀중하게 대하고, 사람이나 사물은 기본적으로도 존중할 가치가 있음을 인식하고 그 가치에 대하여 소중히 여기는 것을 의미한다. 존중은 영어로 'respect'인데 이것의 어원은 'respicere'라는 라틴어로 '바라보다'라는 뜻이다. 즉, 존중이란 그 사람을 있는 그대로 바라보는 것이며, 내가 바라는 방식이 아니라 그 사람 나름의 방식으로 성장하도록 기다려 주는 것을 의미한다.

존중의 세부 내용은 다음과 같다.

① 자신과 전통문화에 대한 존중

내 스스로의 존중을 통해 긍정적인 자아존중감을 실현하며 과거 우리 조상들이 남겨준 훌륭한 문화유산과 전통문화가 있음에 지금 우리가 현재 존재하고 있다는 것을 알아야 할 필요가 있다. 이것들을 통해 내가 세상에 존재하는 이유를 알아보고 과거의 것들을 낡고 필요 없는 것이 아니라 지금의 나를 있게 해 준 것임을 이해한다.

② 다른 사람들과 다른 문화에 대한 존중

이 세상은 나 혼자 살아가는 것이 아니라 다른 사람들과 다른 문화들이 어우러져 살아가는 것을 이해할 필요가 있다. 이는 서로의 다름을 인정하면서 다른 사람들과 다른 문화를 포용하여야 한다.

③ 생명과 환경에 대한 존중

내가 살고 있는 환경에 대한 고마움과 나를 둘러싸고 있는 여러 생명에 대한 소중함을 알고 그것을 존중하는 태도를 기를 필요가 있다.

3) 협력

협력이란 서로 힘을 합하여 돕는 것이다. 두 명 이상의 구성원이 공동의 목표를 설정하고, 이를 달성하기 위하여 개인적 책임을 다하고 서로 조언 및 조력을 주고 받는다.

협력은 단순히 함께 하는 활동이 아니라 공공의 목표를 위하여 집단구성원이 힘을 모으는 것이다. 개개인이 책임을 다해 맡은 역할을 충실이 하는 것이 가장 기본적인 협력의 태도이다. 함께 협력하는 과정에서 자신은 물론 타인에게도 이익이 되는 결과를 얻는다.

과거 우리 조상들을 살펴보면 두레나 품앗이 등을 통해 서로의 부족한 부분을 채워주고, 공동의 목표를 위해 열심히 노력하여 목표에 달성하는 모습을 쉽게 볼 수 있었다.

협력의 세부 내용은 다음과 같다.

① 긍정적인 상호의존성(도움주고 받기, 의견·정보·자료를 공유하기, 친밀감 형성하기)

다른 사람의 이야기를 경청하고 그에 따른 적절한 반응을 통해 친밀감 형성이나 정보 수집 및 의견 공유 등을 한다. 이때 영유아들이 긍정적으로 행동을 수행하게 되면 그에 따른 자존감 향상 등을 나타낸다.

② 개인적 책임감(내 역할 인식하기, 역할 완수하기, 책임감 갖기)

자신이 맡은 일에 대해 책임감을 가지고 목표에 달성하기까지의 과정을 통해 열정, 성공, 성취감, 실패, 좌절 등의 다양한 감정을 느낀다. 목표에 도달했을 때 성취감을 통해 자신이 사회의 구성원임을 인정받음을 느낀다.

③ 집단 협력(공동의 노력과정 평가하기)

사회라는 것이 개인 혼자로서 사는 것이 아니라 관계를 맺고 그 관계 속에서 이루어지는 것이기에 집단 협력을 통해 다른 사람을 존중하는 태도나 의견을 수용하는 방법을 배운다.

4) 나눔

나눔은 남을 돕기 위한 마음이 스스로 우러나와 대가를 바라지 않고 남을 보살피며 돕는 것으로 다른 사람과 더불어 행복하게 살아가기 위한 공동체 참여이다. 도움이 필요한 사람에게 자원, 시간, 노력, 재능 등을 나누어 주는 것이다.

나눔의 세부 내용은 다음과 같다.

① 나눔의 의미 알기

일상생활 속에서 이루어지는 나눔의 의미를 알아본다.

② 나눔 실천하기

내가 알아본 나눔을 직접 실행한다.

③ 나눔에 참여하기

타인과 함께 나눔에 동참하는 기회를 갖는다.

5) 질서

질서는 하나의 안전한 전체를 유지하기 위한 다수가 지키는 규칙으로 세상이 바르고 순조롭게 돌아가기 위하여 사회구성원이 지켜야 할 올바른 도리이다. 질서는 윤리나 도덕, 관습, 법규의 근원이 되며 인간의 양심을 실천하는 것이다. 즉 민주주의 사회에서 책임감 있는 민주시민으로 살아가기 위해 필요한 사회규범을 지키는 것이다.

질서의 세부 내용은 다음과 같다.

① 기초질서 (자기의 순서나 차례를 지켜야 하는 질서)

영유아 시기의 기본생활습관은 영유아들이 살아가는 데 훌륭한 밑거름이 될 것이다. 그러므로 영유아들이 올바른 습관을 형성하도록 기본생활습관을 반복적으로 행하는 것이 중요하다.

② 법질서 (교통질서와 같이 국가의 법률이나 규칙을 지켜야 하는 질서)

사회를 살아가는 데 있어 타인에게 해를 입혔을 때 그에 해당하는 조치를 실시하여 나라의 질서를 바르게 잡는 것이 필요하다. 고조선 때 역시 '8조법'을 통해 나라를 다스렸다는 것을 알 수 있다.

③ 사회질서 (사회의 여러 요소와 집단이 조화롭게 균형을 이루는 질서)

법으로 정해진 것이 아니더라도 사회구성원으로 지켜야 할 규율과 약속이 있다는 것을 알고 암묵적으로 모든 사회구성원이 그것을 지키기 위해 노력하고 있다.

6) 효

효는 생명과 보살핌을 받은 자식으로서 부모님에 대한 인간의 도리를 충실히 하는 것이다. 효는 부모님에 대한 효도하는 마음과 효도하는 행위를 의미한다. 즉 자식으로서 부모님의 은혜에 감사드리고 보답하고자 하는 마음과 태도를 실천하는 것이다.

효의 세부 내용은 다음과 같다.

① 부모에 대한 효

오늘날 자녀를 한두 명만 두는 가정이 늘어나면서 자식을 위해 희생하는 부모들은 많이 있으나 자식들이 부모를 위해 효를 실천하였다는 일들이 뉴스 기사로 나올 만큼 대단한 일이 되어버렸다. 그에 따라 효의 중요성을 알고 실천하는 것이 중요하다.

② 조부모에 대한 효

핵가족화가 진행되면서 조부모와 함께 사는 경우는 거의 드물다. 그러므로 웃어른을 공경하는 태도가 예전에 비해 많이 부족한 것이 사실이다. 그러므로 조부모에 대한 공경하는 마음을 알아가는 것이 중요하다.

③ 지역사회 어른에 대한 효

살면서 주위 이웃들에게 도움을 요청하는 일이 많을 것이다. 하지만 이웃에 대한 경계가 생기면서 이웃사촌이라는 말이 무색해졌다. 이웃에 대한 고마움을 알고 실천할 필요가 있다.

5 실천 사례들

1) 배려

① 층간소음에 대한 배려

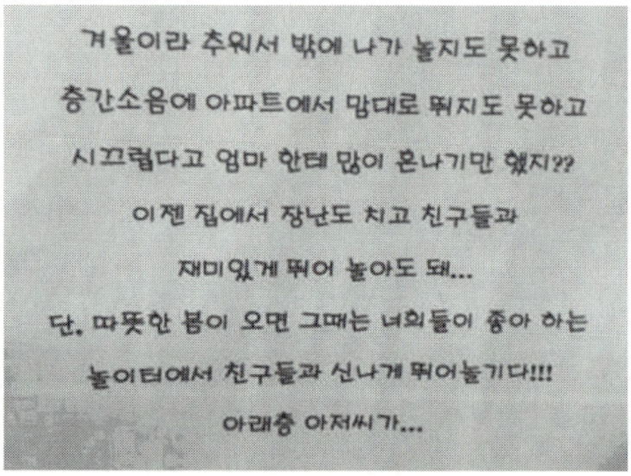

층간소음으로 이웃 간 흉기를 휘두르거나 복수를 일삼는 등 사회 문제가 이어지고 있는 가운데 갈등을 '배려'로 극복한 사연이 눈길을 끈다.

최근 소셜미디어(SNS)에는 충남 천안의 한 아파트 엘리베이터에 붙어 있는 글이 올라왔다. 본인을 '아래층 아저씨'라고 밝힌 글쓴이는 아이들에게 "겨울이라 추워서 밖에 나가 놀지도 못하고, 층간소음에 아파트에서 뛰지도 못하고 시끄럽다고 엄마한테 많이 혼났지?"라고 말했다. 그는 이어 "이젠 집에서 장난도 치고 친구들과 재미있게 뛰어놀아도 된다."며 "단, 따뜻한 봄이 오면 그때는 너희들이 좋아하는 놀이터에서 신나게 놀기다."라고 덧붙여 감동을 주고 있다.

실제 다른 계절에 비해 겨울철에 층간소음 문제가 더 심각하다는 조사 결과가 나왔다. 실내에 머무는 시간이 길어지는 데다 추워서 창문을 닫아놓는 경우가 많아져 층간소음을 더 민감하게 느끼기 때문이다. (출처: MK뉴스, 2015년 12월 23일자)

② 간디의 신발 한 짝

간디가 여행을 할 때 일어난 이야기이다. 기차에 올랐을 때 신발한 짝이 플랫폼으로 떨어졌고 기차는 이미 움직이기 시작했다. 그러자 간디는 지체 없이 나머지 신발을 벗어 다른 한 짝이 떨어진 곳으로 던졌다. 놀란 사람들이 왜 그랬냐고 묻자 간디는 "서로 나누어진 신발 한 짝은 누구에게나 쓸모가 없지요. 그렇지만 저렇게 두 짝이 되면 누구에게나 쓸모가 있게 되겠지요. 가난한 사람이 줍는다면 더욱 좋은 일이겠지요."라고 대답했다고 한다.

③ 유재석의 배려

지난 27일 트위터에는 유재석의 뒷모습이 나온 사진 한 장과 목격담이 올라왔습니다.

자신을 '2015 KBS 연예대상 시상식'에 참석한 관객이었다고 밝힌 이 작성자는 영상을 찍는 카메라 감독을 향한 유재석의 배려 있는 행동에 대해 전했습니다. 그는 "유느(유재석)가 물 마시라고 드린 거 감독님이 마시는 모습"이라며 물도 못 마시고 일하는 카메라 감독을 위해 손수 챙겨주는 모습을 목격했다고 밝혔습니다. 이와 관련해 KBS 연예대상 관계자는 한 언론매체를 통해 해당 ENG카메라맨 이외에도 스태프들을 잘 챙기는 유재석의 인성을 칭찬한 바 있습니다.

(출처: MBN뉴스, 2015년 12월 30일자)

2) 존중

① 매 맞는 교사

경기 이천경찰서는 교실에서 기간제 교사를 때리고 욕설을 한 혐의(「폭력행위등 처벌에 관한 법률」 위반)로 입건된 이천지역 모 고교 학생 5명 가운데 A(16)군 등 2명을 구속했다고 11일 밝혔다. 경찰은 구속된 학생 2명에 대해 빗자루로 기간제 교사를 때리는 등 폭행의 정도가 중하다고 판단해 구속영장을 신청하였고, 이날 발부됐다. A군 등 5명은 지난 23일 교실에서 기간제 교사를 수차례 빗자루로 때리고 욕설과 함께 손 등으로 머리를 밀친 혐의를 받고 있다.

폭행 장면을 촬영해 유포한 B(16)군도 「정보통신망이용촉진 및 정보보호 등에 관한 법률」 위반 혐의로 함께 불구속 입건했다(조선닷컴, 2016년 01월 12일자).

② 마이클 잭슨

세계적인 가수였던 마이클 잭슨의 일화가 있다. 공연 연습을 위해 열두 시에 모이기로 했었는데 거의 한 시간을 늦어버렸다. 그는 늦은 것을 너무 미안해하며 모든 세션에게 사과했다. 그때 스태프들은 영화에 대해 이야기하고 있었고, 얼마나 영화를 좋아하는지에 대해 이야기하고 있던 것을 알게 된 마이클은 다음날 거대한 바구니를 보냈다. 그 바구니에는 백 개쯤 되어 보이는 DVD, 팝콘, 캔디, 그리고 책과 영화가 가득 담겨 있었다. 그리고 바구니 안의 카드에는 다음과 같이 적혀 있었다. '당신의 시간을 존중하지 못해서 미안해요.'

③ 황희 정승

황희 정승이 어느 시골길을 걷고 있었다. 한 농부가 두 마리 소에 쟁기를 매어 밭을 갈고 있는 것을 보고 길을 멈춰 서서 물어보았다. "여보시오, 두 마리 중에서 어느 소가 일을 더 잘하오?" 그러자 농부가 밭을 갈다말고 황희 정승에게 다가와 귀에 대고 속삭였다. "누렁소가 일을 더 잘합니다요." 황희 정승은 왜 귀에 대고 속삭이는지 다시 물었다. 농부는 조용히 말했다. "아무리 하찮은 짐승이라도 서로 비교되는 것은 좋아하지 않을 듯 싶습니다." 황희 정승은 장난스럽게 다시 물었다. "짐승이 사람 말을 알아듣는 것도 아닌데 뭐 그렇게까지 조심하시오?" 그러자 농부는 "아무리 짐승이라도 하찮게 대해서는 안 됩니다. 내가 이끄는 대로 밭을 간다고 해서 말을 알아듣지 못한다고 어찌 장담하겠소." 황희 정승은 농부의 말을 듣고 크게 깨닫고 이를 마음깊이 새겼다고 한다.

3) 협력

① 두레와 품앗이

품앗이를 단순한 노동의 교환형태라고 보기에는 상대방의 노동 능력을 평가하는 데 있어서 '두레'나 '고지(雇只)', 또는 머슴의 '새경'처럼 노동력 산정에서 타산적이 아니다.

사람과 농우(農牛)의 품앗이를 보면, 소 한 마리가 하루 일해 준 데 대하여 한 사람이 하루 반의 노동으로 갚는 것과 같은 차이가 있는 곳도 있으나, 원래는 남성과 여성, 장정과 소년의 노동력이 동등하게 평가되는 일이 많았다. 즉, 인간의 노동력은 원칙적으로 모두 대등하다는 가정에서 품앗이를 짜는 경우가 많았다. 이러한 가정이 품앗이를 성립시키는 근본적인 가치관념으로 보인다.

두레가 촌락공동체 단위의 집단적 공동노동이라면, 품앗이는 개인적 교분으로 맺어진 촌락 내의 소집단 성원 간에 이루어지는 공동노동이다. 친지 간에 짜는 경우가 대부분으로 이렇게 품앗이를 짜는 개인이나 소집단 상호 간에는 그 선행조건으로 상호부조의식 또는 의리라고 할 수 있는 정신적인 자세와 때로는 처지가 서로 비슷해야 품앗이를 짤 수 있다는 믿음과 관념들이 바탕에 있는 것이다. 서로 '마을다니기'를 하는 집끼리 자주 품앗이를 짜는 것도 이 때문이라 하겠다. 결국, 품앗이는 서로 도움을 도움으로 갚아야 한다는 증답의례적 호혜의식(贈答儀禮的互惠意識)이 제도화된 협동체계라 하겠다.

품앗이는 시기와 계절을 가리지 않고, 또 작업의 종류에도 관계없이 농가에서 자가의 힘만으로는 노동력이 부족한 작업을 할 때 수시로 조직되었다. 그리고 자작농민·소작농민 또는 머슴들의 결합에서 이루어진 것이었다. 그래서 품삯을 위한 농업노동자는 이 조직에서는 배제되어 있었다. 품앗이는 오늘날에도 조직되고는 있으나 그 양상은 많이 달라졌다. 근대화되는 농촌사회에서 환금의식(換金意識)이 발달했기 때문에 품앗이의 바탕에 깔린 인력에 대한 평등의식은 보다 합리적인 타산성의 작용을 받게 되었다. 원래는 소 이외에는 사람 품앗이뿐이던 것이 소와 소, 대등한 노동력을 가진 사람끼리 또는 경운기 품앗이까지 등장하게 되었다(한국민족문화대백과, 한국학중앙연구원).

② 성균관대 연구실의 훌륭한 팀워크

연구실 책임자인 박재형 화학공학부 교수와 연구실 대학원생 20여 명이 6시간에 걸쳐 열띤 토론을 벌였다. 암 치료제의 효율을 높이기 위한 나노 기술과 관련해 각자의 연구 진행 상황을 발표하고 서로 조언을 나눴다.

이 연구실은 전국 대학원 연구실 가운데 가장 많은 '글로벌 박사 펠로십'을 배출했다. 글로벌 박사 펠로십은 정부가 세계적 수준의 박사 인재 양성을 위해 마련한 장학제도로 5년에 걸쳐 1인당 연 3천만 원이 지급된다. 항암제를 암세포까지 안정적으로 전달하는 물질을 연구하는 한화승 씨(27) 등 대학원생 4명이 여기에 잇따라 선정됐다. 이와 함께 소속 대학원생 19명 중 16명이 '대통령 포닥(박사후 연구원) 펠로십', '미래기초핵심리더 사업' 등 대형 프로젝트에 참여하고 있다. 대통령 포닥 펠로십은 국내 박사후 연구원이 받을 수 있는 가장 큰 규모의 장학제도로 연 1억3천만 원씩 5년간 지원금이 나온다. 지난해 글로벌 박사 펠로십에 선정된 엄우람 씨(26)는 "연구실 소속 대학원생 대부분이 지원금을 받으며 대형 프로젝트를 진행하는 것은 이례적"이라며, "이에 따라 4년 전 5명에 불과했던 연구실 소속 대학원생이 4배 가까이 늘었다."고 말했다. 이는 괄목할 만한 연구실적으로 이어지고 있다. 지난 4년간 <바이오머터리얼즈(Biomaterials)> 등 생체의료 분야의 세계적 학술지에 51편의 과학기술논문인용색인(SCI)급 논문을 발표했다. 연구실은 미국 존스홉킨스대 의대, 삼성의료원 등과 공동 연구를 하기도 한다. 연구실 소속 대학원생들은 이 같은 성과를 낼 수 있는 비결로 끈끈한 팀워크를 꼽았다. 매달 두 번씩 박 교수와 연구실 소속 모든 대학원생, 졸업한 박사 연구원들까지 모여 토론을 벌인다. 다른 연구실에서 흔한 교수와 대학원생 간 1대 1 지도 대신 연구실에 소속된 학생들이 연구 내용을 공유하고 연구 방향을 잡아간다.

박 교수는 "한국은 미국, 독일 등에 비해 연구개발비용이 부족해 신약 개발이 어렵다."며 "기존에 나온 약품의 효율성을 높이는 것을 목표로 학생들과 함께 연구하고 있다."고 말했다(한국경제, 2016년 01월 13일자).

4) 나눔

① 거상 김만덕

김만덕은 제주도의 가난한 가정에서 태어나 12세에 부모님을 모두 여의고 기생으로 살았다. 그러다 객주를 운영하게 되면서 제주도와 육지 물품을 교역하고 막대한 부를 축적하게 되었다. 김만덕이 상단을 운영하고 있을 때 계속되는 재해로 제주도에 기근이 발생하였고, 조정에서는 구휼미를 보냈으나 풍랑에 침몰되는 일이 발생하였다. 제주도민들이 굶어 죽을 위기에 처하자 김만덕은 자신의 전 재산으로 육지의 쌀을 구입하여 사람들에게 나누어 주었다.

당시 제주도 태생 여성은 제주도 밖 육지로 나갈 수 없었으나, 김만덕의 덕망이 높아지면서 임금도 그녀의 공을 치하하기 위해 금강산 유람을 시켜주었다고 한다.

② 착한 다람쥐택시

지난 2014년 세월호 침몰 사건의 발생으로 수많은 생명을 앗아가는 일이 발생하였다. 이때 모든 국민은 세월호 실종자 가족을 돕기 위해 생필품 택배, 무료급식봉사, 안산에서 진도까지의 구간을 무료로 태워주는 자원봉사 등의 도움을 손길을 내밀었다. 이중에서 다음 내용은 안산 택시들의 '착한 다람쥐 택시'에 관한 내용이다.

> 지난 17일부터 개인택시 안산시조합 소속 2천여 명 가운데 800여 명은 안산, 시흥, 수원 등 장례식장 16곳이나 임시분향소를 가는 유족과 학생을 무료로 태우는 자원봉사를 하고 있다. 특히 진도체육관과 팽목항, 목포 등에서 24시간 대기하다가 안산시 상황실에서 연락이 오면 유족을 태워 안산까지 실어 나르기도 해 눈길을 끈다. 목포에서 안산은 330여㎞, 진도체육관이나 팽목항에서 안산까지는 400여㎞에 이른다. 각각 4시간과 5시간 정도가 걸리고 유류비와 도로교통비는 13만~15만 원이 들어간다.
>
> 이에 대해 백용호 개인택시안산시조합장은 "지역사회에서 이러한 비극이 일어났는데 손 놓고 있을 수 없었다."며 "매일 자원봉사 지원자를 받는데 계속 늘고 있어서 다행"이라고 말했다. 또한, 안산지역 택시업체 5곳이 모인 전국택시산업

노동조합 안산지부도 업체당 2대씩 지원받은 택시 10대와 지부 소유 12인승 승합차 2대, 지부장 개인 승용차 등 모두 13대의 차량으로 안산과 인근 지역에서 무료운행에 나섰다. 안산지부 소속 900여 명의 택시기사가 돌아가며 하루에 40명씩 주·야간을 나눠 생업을 포기하고 유족들의 편의를 돕고 있다.

③ 따뜻한 포옹

미국에서 일곱 달 만에 태어난 쌍둥이 자매는 엄마 뱃속과 같은 환경으로 만들어진 인큐베이터 안에서 보살핌을 받아야 했다. 어느 날 쌍둥이 중 동생의 건강이 악화되어 위급한 상황에 이르자 자매를 돌보던 의료진은 다른 인큐베이터 안에 있던 좀 더 건강한 언니를 동생의 인큐베이터 안으로 옮겨주었다. 그때 언니가 마치 포옹하듯 동생을 감싸 안았고, 동생의 맥박이 정상으로 돌아오기 시작했다. 이렇게 마음을 나누는 작은 행동이 쌍둥이 모두를 건강하게 만들어주었다.

5) 질서

① 향약

조선시대 유교 예절과 풍속을 향촌사회에 보급하여 도덕적 질서를 확립하고 미풍양속을 지키기 위한 자치적인 약속을 향약이라고 한다. 또한, 각종 재난을 당했을 때 상부상조하기 위한 규약이라고 할 수 있다. 즉, 공동체의 상부상조 관계를 유지시키고 안정된 사회를 지속하는 데 기여하였던 질서와 규범이다.

향약의 내용은 다음과 같다.

㉠ 덕업상권(德業相勸): 좋은 일은 서로 권한다.
㉡ 과실상규(過失相規): 잘못된 일은 서로 규제한다.
㉢ 예속상교(禮俗相交): 예의를 지키며 서로 사귄다.
㉣ 환난상휼(患難相恤): 어려운 일은 서로 돕는다.

② 증자(曾子)의 약속

어느 날 공자의 제자인 증자의 아내가 시장에 가려고 했다. 그러자 어린 아들이 울면서 뒤를 쫓아 나왔다. 증자의 아내는 얼른 아이를 떼어놓을 요량으로 “자 빨리 집에 가 있어라. 시장 갔다 오면 돼지를 잡아서 맛있는 고기를 줄 터이니.”하고 말했다. 그 말을 들은 아이는 비로소 울음을 멈추었다. 그녀가 시장에서 돌아오니 증자가 돼지를 잡으려고 준비하고 있었다. 이 모습을 보고 아내는 깜짝 놀라서 이를 말렸다. “안됩니다. 내가 아이에게 농담으로 한 얘기에요.” 그러자 증자는 아내에게 “아이들에게 그런 농담을 해서는 아니 되오. 부모에게서 여러 가지를 배우려고 하고 있는 애들에게 거짓말을 하면 그 애들이 거짓말하는 법을 배우게 되는 게 아니오?” 하고는 아내가 아이와 약속한 대로 돼지를 잡아먹었다고 한다.

6) 효

① 10살 효자 정재수

1974년 1월 22일(음력) 아버지와 충북 옥천 청산면 큰집으로 약 40리길을 걸어서 설 쇠러 가던 중 보은군 마루목재에 이르렀을 때 눈길에 아버지가 쓰러지자 당시 10세였던 정재수는 옷을 벗어 아버지를 덮어주고 자신의 몸으로 아버지를 꼭 껴안았고, 추위에 부자 모두 동사하였다. 10세의 어린 나이에 아버지를 구하려다 숨진 정재수 군의 효행을 기리기 위해 기념관을 정재수 군의 모교인 구(舊) 사산초등학교에 조성되어 2001년 6월 12일에 개관하였다.

효자 정재수 기념관은 현대에 잊혀져가고 있는 “효” 사상을 재정립함과 효의 교육장으로 활용하고 있다.

② 효에 관한 동서고금의 이야기

나무가 고요하고자 하나 바람이 멈추지 않고, 자식이 효도하고자 하나 어버이가 기다리지 않는다. 〈한시외전〉

천하의 모든 물건 중에는 내 몸보다 더 소중한 것이 없다. 그런데 이 몸은 부모가 주신 것이다. 〈이이〉

부모를 공경하는 효행은 쉬우나, 부모를 사랑하는 효행은 어렵다. 〈장자〉

내 자식들이 해 주기 바라는 것과 똑같이 네 부모에게 행하라. 〈소크라테스〉

내가 어버이께 효도하지 않는데, 자식이 어찌 나에게 효도하겠는가. 〈강태공〉

우리가 부모가 됐을 때 비로소 부모가 베푸는 사랑의 고마움이 어떤 것인지 절실히 깨달을 수 있다. 〈헨리 워드 비처〉

6 생각해 볼 문제

- 영유아기 배려 덕목 교육의 접근 방법을 논의하시오. 【토론】
- 가족, 지인(부모, 친구, 배우자, 자녀)에게 배려 받고 싶은 것
- 자신이 하고 있거나 알고 있는 기부 재단 소개하기

영화로 보는 인성 이야기

<table>
<tr><th>구분</th><th>인성덕목</th><th>영화 포스터</th><th>인 물</th></tr>
<tr><td rowspan="4">영유아</td><td rowspan="2">희망</td><td>
</td><td>
니모</td></tr>
<tr><td colspan="2">영화줄거리 지느러미가 기형으로 태어난 니모가 잠수부에게 납치되어 수족관에 갇힌다. 니모는 포기하지 않고 탈출에 대한 희망을 갖고 수족관 탈출에 성공하여 바다로 향한다.</td></tr>
<tr><td rowspan="2">정직</td><td>
</td><td>
피노키오</td></tr>
<tr><td colspan="2">영화줄거리 홀로 외롭게 살던 제페토 할아버지는 나무인형을 만들어 '피노키오'라는 이름을 붙여준다. 그러나 피노키오는 말썽을 피우며 할아버지의 속을 애태운다. 그러던 중, 거짓말을 할 때마다 코가 길어지는 마법에 걸린다. 정직함과 약속의 중요성을 일깨워주는 애니메이션이다.</td></tr>
</table>

4장

아동기의 인성교육

1 아동기 인성교육의 필요성

아동기 혹은 학령기(school years)라고 칭하는 이 시기는 만 5세~만 11세까지로서 초등학교 6년간 시기의 아동을 의미하며 초등학교에 입학함으로써 새로운 사회집단에 속하게 된다. 이 시기의 특징은 성장잠재기로서 외적인 성장과 더불어 정서를 내면화시킨다. 또한 학교생활을 통한 경험과 또래집단 내에서의 상호작용은 아동의 사회적 기능습득에 큰 영향을 미친다. 교육관계지도, 세심한 학습지도, 근면성과 건전한 자아개념 발달을 위한 긍정적인 부모-자녀 상호작용 등이 필요하다.

아동은 가족이라는 작고 친밀한 세계를 벗어나 점차 또래집단으로부터 많은 영향을 받게 된다. 아동기에 또래집단에 참여하는 것은 사회화의 중요한 근원이 되며, 지나치게 어른을 따르기만 하는 아이는 또래와의 소중한 사회학습의 기회를 잃게 된다. 이 시기의 아동은 내면화된 정서로 발달되어 가는 시기로 아동기의 자녀를 둔 부모는 자녀의 성장에 따라 양육방식을 변화시켜야 한다. 신체적 양육형태를 벗어나 자녀의 발달적 특성을 고려한 심리적 양육형태가 요구된다.

가족에 속하고 싶은 마음과 동시에 가족으로부터 떠나고 싶은 두 가지 마음이 존재하며, 학교나 또래집단과의 관계가 순조롭지 못할 때 아동은 가족에 더욱 의존적이 된다. 부모는 자녀가 어떤 또래집단에 소속해 있는가에 대해 신경을 써야 하고 또래집단에 소속되지 못한 아동에 대해서도 대책을 세워야 한다(정옥분·정순화, 2012). 따라서 아동기의 인성교육은 매우 중요한 의미를 지닌다고 볼 수 있다.

그러므로 본 장에서는 아동기의 개념과 발달적 특성과 부모-자녀 간 바람직한 아동기의 인성교육, 아동기의 주요덕목, 그리고 실천 사례들을 살펴보고자 한다.

2 아동기 발달적 특성

6세 이후 아동이 초등학교에 입학하게 되면서 또래 친구들과의 관계를 통해 자신의 인지적·사회적 기능을 습득하는 시기가 된다. 초등학교 입학 전에 자신의 능력에 대한 믿음으로 생활하는 데 주도성을 발휘하였다면, 초등학교 생활에서는 동료들과의 갈등과 해결을 통해 자신의 능력을 적절하게 발휘하는 방법을 배우게 되고, 하나씩 성취를 이룸으로써 자신감을 갖게 된다. 또한 초등학교 시기에는 자신이 원하지 않고, 즐거움을 주지 않는 일이라 하더라도 참고 이루어 내야 함을 배워야 한다. 즉, 학교에서 제시하는 숙제나 시험과 같이 스트레스를 주는 활동도, 어려움을 참고 견디어냄으로써 성공 경험을 하게 되고 이러한 성공 경험이 아동의 긍정적인 자아존중감을 형성하는 기반이 된다. 이와 반대로, 자신의 욕구를 적절하게 조절하지 못하여 학교 공부에서 반복된 실패 경험을 하게 되면 열등감을 갖게 된다.

아동기에는 많은 행동이 형성되고, 신체적·심리적 의존상태에서 차츰 벗어난다. 아동기, 즉 학령기는 성장잠재기로서 이 시기의 아동은 유아기나 청년기에 비해 성장속도는 느리지만 상당한 성숙을 이루고 운동기술이 발달된다. 또한, 정서적으로도 보다 분화되어 정서표현방식이 달라지는가 하면 또래집단에의 애착이 형성되어 사회적 관계가 확대된다.

아동기의 발달적 특징을 심리적, 정서적, 사회적, 인지·언어적 발달로 나누어 살펴보면 다음과 같다.

1) 신체적 발달

저학년에서의 신체적 운동 프로그램은 아동들의 대근육 운동기술을 포함하는 활동으로는 도보여행, 스케이트 타기, 구기 운동, 자전거 타기 등을 들 수 있다. 한 가지 기술에 성공하는 것은 또한 새로운 다른 기술을 배우려는 의지를 북돋아 준다.

초등학교의 취학연령인 만 5세 이후 초등학교 시기에는 연령이 증가할수록 신장과 체중에서 현저한 증가를 보이고 외모에서는 유아 티를 벗어난다. 우리나라 남아의 경우 6세경에는 평균신장이 약 116.6cm이다가 12세경에는 약 151.8cm 가량으로 자란다. 여아의 경우는 6세경, 즉 초등학교 입학 무렵에는 평균신장이 약 115.4cm이던 것이 12세경에는 약 152.6cm로 자란다. 체중도 이 시기에는 크게 증가한다.

〈표 4-1〉 한국아동의 신체발육 치수

나이	신장(cm)		체중(kg)	
	남아	여아	남아	여아
6세	116.6	115.4	21.60	20.73
7세	123.7	122.3	24.84	23.92
8세	129.0	127.7	27.82	26.93
9세	134.2	133.4	31.32	30.52
10세	139.4	139.9	35.50	34.69
11세	145.2	146.7	40.30	39.24
12세	151.8	152.6	45.48	43.79

출처: 최신판 소아 · 청소년 표준 성장 도표(2007).
※ 표준치 제정 연구기관: 보건복지부 질병관리본부/대한소아과학회/소아 · 청소년 신체발육 표준치 제정위원회

6세 남아의 경우는 평균체중이 약 21.60kg, 여아는 약 20.73kg이던 것이 12세경에는 각각 남아 약 45.48kg, 여아 약 43.79kg 정도로 증가한다(〈표 4-1〉 참조).

이는 10년 전과 비교했을 때 5~6kg 증가하였다. 특이한 점은 11세 전후로 여아의 키가 남아의 키보다 1~3cm 정도 더 큰 것으로 나타났다.

윌리엄스(Williams)와 스티치(Stitch)는 스포츠나 게임을 하는데 필요한 기술의 습득은 아동기의 신체적 발달수준을 나타내 준다고 한다(장원동 · 류현수, 2012).

아동이 자신의 신체를 자유로이 움직이고 통제할 수 있는 능력이 증가함에 따라

주위의 환경에 통제력을 발휘하고 싶은 욕구도 커진다. 6세 미만 아동은 자신의 능력에 대한 믿음을 바탕으로 새로운 일을 찾아 도전해 보고, 시도해 보려고 노력한다. 따라서 아동은 적극적으로 외부세계를 탐색하고, 활동하기 위해 목표나 계획을 세우고, 달성하고자 하는 욕구가 강한 시기가 온다. 그런데 아직은 자신의 계획을 실천하는 데 미숙하기 때문에 주위의 성인(주양육자)에 의해 비판을 받거나, 아이가 주도적으로 행동하지 못하게 통제를 하게 되면 아동은 자신의 계획이 달성될 수 없음에 대한 위기감을 느끼게 되고, 자신의 욕구경험에 대한 좌절과 실패를 경험한 아이들은 자신이 원하는 것은 언제나 잘못된 것이라는 자책감을 갖게 된다.

모든 발달은 상호관련이 있으므로 신체나 감각기관의 발달결함은 아동의 전체적 인성특성에 영향을 미친다. 아동의 신체적 발달양상은 아동의 유능하고 책임 있는 사회적 존재로서 발달하는 데 있어서 기본이 된다. 이와 같은 신체발달은 매년 꾸준한 증가추세를 보이는데, 이는 국민경제가 향상됨에 따라 나타난 양질의 영양섭취를 비롯한 환경의 개선에 의한 결과라고 볼 수 있다.

아동의 운동능력 발달에서는 이미 획득된 운동기술이나 근육들의 협응이 보다 정교화되고 세련된다. 따라서 자기 몸을 통제하고 조정하는 정확성이나 효율성, 속도 등이 변화된다. 즉 쓰기기능, 읽기기능에서부터 전체 운동능력까지 다양한 활동에서 다양한 기능이 세련되고 정교해진다. 이 시기에는 운동조절 능력이 매우 좋아서 아동의 뛰기(jumping) 능력과 공놀이에서의 기능이 보다 크게 발달된다. 한 예로 아동은 아래위로 더 잘 뛰며, 공을 멀리 던지고 받아낼 수 있다.

2) 정서·사회성 발달

(1) 아동의 인성과 사회도덕성 발달

아동의 인성발달과 사회도덕성 발달은 매우 중요한 발달과업이고, 어린 시기부터 길러진 방식이나 사회적 기준의 내면화가 중요한 역할을 한다. 아동기의 애정의 정서는 단순한 감정상태로서 주변사람들로부터 사랑을 받음으로써 발달된다. 즉, 부모와 자녀 간의 애정관계가 원만치 못할 때 아동들은 문제행동·부적응·이상행동을 하여 애정을 갈구하는 반면, 자녀에 대한 부모의 애정이 익애적이면 아동의 사회성 발달을 지연시키고 자율성을 가로막는 결과를 가져 온다.

(2) 아동기의 질투 및 정서

아동기의 질투는 사랑하는 사람, 또는 사랑 받고 싶은 사람을 타인에게 빼앗길 때 혹은 자기의 재능·능력으로서는 도저히 불가능하여 타인에게 압도당할 때 일어난다. 따라서 아동의 외부적인 상태만을 살피는 것만으로는 불충분하여 아동의 욕구가 충족되고 있는가의 요구수준 정도와 자아의 구조를 아는 등 내부적 상태와 관련시켜 파악하는 것이 필요하다.

아동이 성장함에 따라 정서적 표현방법이 달라진다. 유아기의 정서는 미분화되며 직접적인 표현을 했으나 아동기에는 불쾌한 감정 등을 스스로 억제할 수 있으며 분화된 간접적인 표현을 한다. 즉, 내면화된 정서로 발달해 가는 것이다. 아동기에 나타나는 몇 가지 중요한 정서형태를 살펴보면, 아동기에는 공포보다 노여움이 더 자주 나타난다. 아동의 노여움은 욕망이 좌절되거나 실수했을 때나 놀림받거나 꾸중을 들을 때 나타나기 쉽다. 아동기에 공포는 처음에는 시각적·청각적 대상이나 구체적이고 직접적인 자극에 의해서 일어나지만 점차 상상적이고 가상적 공포로 변해간다. 예를 들어 시험성적, 지각, 부모나 교사로부터 꾸중을 듣는 것 등 걱정과 근심형태로 나타난다.

(3) 아동의 대인관계

사물을 이해하는 데 나타나는 자기중심성은 대인관계에도 영향을 미치기 때문에 타인의 입장이나 관점을 이해하는 데 한계가 있다. 즉 다른 사람도 자신이 세상을 보는 대로 본다고 믿게 되고, 타인의 생각, 감정, 관점이 존재하는 것을 알지 못하기 때문에 자신의 생각만을 전달하려는 의사소통양식을 보인다. 타인의 입장을 배려하지 않는 것이 아니라, 단지 타인의 관점을 이해하지 못하기 때문에 나타나는 현상이다. 그러나 7세 이후에는 자기중심적 사고가 급격하게 감소하고, 타인의 입장이나 감정이 다를 수 있음을 이해하고, 상호협력하고 협상하는 단계로 관계를 형성하게 된다. 초등학교 2학년이 지나면 사물의 보이는 모양이 달라지더라도 수, 양, 길이, 면적이 변하지 않는다는 사실을 알게 되고, 물체의 위계적 관계를 파악하게 되어 물체를 공통의 속성에 따라 분류하고, 물체의 관계를 설정할 수 있다. 또한, 물체의 속성에 따라 서열화할 수 있고, 사물 간의 관계를 유추할 수 있다.

(4) 아동기의 또래집단

학령기가 되어 초등학교에 입학하는 것은 많은 아동에게 하나의 새로운 경험이 된다. 여러 교사와 성인이 부모의 권위인 양육자로 대두된다. 또한, 학교에 입학하면 다양한 성격, 사고, 행동양식을 보이는 다양한 친구들의 또 다른 사회적 집단이 아동의 발달에 영향을 미치는 요인으로 대두된다. 또래집단으로 불리는 이 집단은 또래나 친구가 될 수 있는 연령이나 능력이 비슷한 아동들로 구성된다. 아동들이 학교생활을 해 나감에 따라 직접적인 상호작용을 하기도 하고, 간접적으로 상호관찰을 통해 이 집단은 점점 아동의 삶에 중요한 사회화 과정에서의 영향을 끼친다. 8세나 9세 정도에는 보통 또래집단에 참여하여 그 집단의 영향을 받는다. 아동의 또래집단에 대한 애착은 더욱 커지나 부모에게는 말이 없고 무뚝뚝하기 쉽다. 그러나 또래집단과의 애착은 주체성을 발견하는 데 있어 필수적이고 가치 있는 일이다.

또래집단 내에서는 일반적으로 사교적이고 활동적이며 생각이 풍부한 아동이 인기가 있고 지도력을 발휘한다. 때로는 용모나 힘, 재치, 그리고 성숙한 면에서 뛰어난 아동이 인기가 있고 지도력을 발휘하기도 한다. 이렇게 신체적으로나 재능·성격 등에서 뛰어난 아동 역시 사회성의 발달이나 성격의 발달 및 집단생활에 대한 여러 태도형성에 또래의 영향을 받는다.

아동의 자아존중감과 가치는 대부분 그들을 다루는 다른 아동과 성인의 방식에서 온다. 그러나 또래나 성인문화의 어느 하나만 영원하게 동일시하는 것은 바람직하지 못한 결과를 초래할 수 있다. 상황에 따라 동일시할 대상을 적절히 바꾸는 아동은 독립적인 주체로 성장하는 좋은 기회를 가진다.

3) 인지· 언어발달

(1) 아동기의 인지적 발달

아동기는 인지적 발달에 따라 옳고 그름에 대해 적극적으로 생각하게 되고, 사회적 상황에 대한 조망능력과 추론이 가능해지면서 사회도덕적인 이해가 향상된다. 학령기에 접어들면서 아동들은 심신이 발달하고 기존의 문화를 받아들여 학습함으로 인해 인지적으로 현저한 발달을 나타낸다. 이 시기의 아동들은 생활공간이 가정에서 학교, 사회로 확대된다. 가족 이외의 다른 친구들을 많이 사귀게 되며 집단생활을 하게 되므로 세상에 대해 흥미를 갖게 되고 지적 생활은 복잡· 다양하게 된다. 아동의 연령이 증가함에 따라 인지능력도 발달하게 되고, 외부 물체에 대한 개념을 확립하게 된다. 그러나 아동기 자녀의 인지는 우리 생활에서 접할 수 있는 구체적인 물체에 대해서는 개념화하고 자유롭게 개념을 사용할 수 있지만, 추상적인 개념을 이해하는 데 어려움이 있다. 따라서 죽음, 정의, 심리적인 상황에 대하여 언어적 설명을 통해 이해하기를 기대하기는 어려우며, 따라서 추상적인 개념에 대해서는 시간적이거나 체험할 수 있는 자료로 변환하여 제시하는 것이 필요하다. 제한적 인지능력은 아동의 판단에도 영향을 미치게 되고, 아동은 제시되는 자극이나 물건의 한 가지 두드러지는 특징으로 전체를 판단하게 되는 경향이 있으며, 자신의 입장에서 모든 것을 판단하는 자기중심성을 보인다.

(2) 구체적 조작기의 아동

점차적으로 아동의 행동은 자기중심성에서 벗어나고 다른 사람의 관점을 고려하는 능력이 커진다. 피아제는 인지발달적 관점에서 학령기를 구체적 조작기(concrete operational stage)라고 하였다. 이 시기가 되면 아동은 사건과 사물 사이의 어떤 원칙이나 관계를 이해하고 이용할 수 있다. 구체적 조작기에 나타나는 중요한 능력은 탈중심화(decentration)이다. 이는 어떤 한 상황을 하나의 관점이 아닌 여러 관점에서 동시에 고려할 수 있는 능력을 말한다. 또한, 물체가 공간적 배열을 달리하거나 모양을 다르게 해도 그 속성은 변하지 않는다는 보존개념(conservation)에 대한 이해가 발달된다. 보존의 판단은 가역성(reversibility)과 필연성(necessity)을 이해함으로써 가능하다. 즉 어떤 조작이 정신적 혹은 실제적으로 역전될 수 있음을 알고, 아무 것도 더하거나 빼지 않았다면 그 양은 필연적으로 똑같은 것이라는 것을 알게 된다. 예를 들어 물은 몇 가지 물리적 상태로 존재할 수 있는 속성을 가지고 있는데, 물이 녹아 액체로 되는 과정은 아동들이 가역성의 개념을 이해하는 데 도움이 된다. 또한, 4 + 3 = 7이면 7 - 3 = 4가 된다는 사실도 이해할 수 있다. 또 다른 구체적 조작기의 능력으로는 사물의 크기나 무게 등을 순서대로 배치하는 능력인 서열화(seriation)와 주어진 관계로부터 다른 한 관계를 추출해내는 능력인 전환성(transivity)이 있다.

구체적 조작기의 아동들은 사물을 분류할 수 있게 되고 대상 물체 간의 공통성이나 차이점 및 관계성을 이해하게 된다. 예를 들어, 7세가 되면 1000원이 500원보다 많으며, 500원이 100원보다 많다는 것을 알게 되어 자연히 1000원은 100원보다 많다는 것을 사고를 통해 알 수 있다.

(3) 아동기의 지각

또한 아동기에는 외부자극을 인지하여 의미 있는 지식으로 전환시키는 심리적 과정인 지각(perception) 조직을 분화시킬 수 있으므로 논리적 방식으로 지각정보를 구성해 나갈 수 있다. 복잡한 지각적 조직을 할 수 있게 되는 새로운 능력은 아동이 읽기를 한다거나, 셈을 이해한다거나, 창의적인 예술적 작업을 하는 능력이 점차로 증가하는 데서 찾아볼 수 있다. 예를 들어, 단어나 낱말 외우기에서 운율을 맞춰가며 암기할 수 있으며, 사물의 위치·방향·크기·부피·모양·운동 등의 공간지각이 발달하여 시범을 보인 체조를 따라 할 수 있다. 또한 사물을 공통된 특성에 의하여 유목화시키는 등의 논리적 구성능력이 발달된다. 또한, 아동기는 지금까지 주된 생활 중심이었던 가정에서 벗어나 학교라는 집단생활로의 변화를 맞게 된다. 초등학교에 다니게 되면서 학령기 아동들의 전반적인 생활은 달라지고, 학교 및 가정에서의 교육을 통해 학령기 아동은 성장하며, 이는 이후 발달의 기초가 된다(김명희, 2000).

(4) 아동기의 언어와 의사소통

아동기에서는 언어를 자신의 지적인 의사소통도구로 인식하고 학습도구로 인식할 정도로 언어능력이 현저히 발달한다. 일상생활에서 아동이 주고받는 언어를 통해 아동의 언어발달을 알 수 있다. 학령기의 아동은 대상으로부터 단어를 분리하고, 단어를 하나의 상징으로 볼 수 있는 인지능력을 갖게 된다. 언어능력은 이해(읽기·듣기)와 표현(쓰기·말하기)으로 구분할 수 있으며, 문자언어와 구두언어로 나누어 표현한다. 아동기 초기에는 이해와 구두언어가, 후기에는 표현과 문자언어가 발달한다. 또한 어휘력이 급속히 발달함에 따라 어휘의 사용량도 풍부해지고 동의어에 대한 이해도 가능하다.

아동기에는 특히 대상참조적 의사소통기능(referential communication skill)이 발달된다. 특히 대화하는 상대방의 연령·성별·이해 정도·사고방식 등과 같은 것을 어렴풋이나마 더듬어 알게 되고, 이런 여건에 맞도록 자기 언어를 선택·조절하여 구사할 수 있게 되는데, 이를 대상참조적 의사소통기능이라고 한다. 한 실험에서 성인과 7세 아동이 같은 장난감을 3세 아이에게 설명하는 경우 7세 아동이 성인보다 어린아이에게 쉽고도 많은 어휘를 이용하여 천천히 설명하는 것을 볼 수 있다.

대상참조적 의상소통 기능이야말로 상대방에게 필요한 정보가 무엇인가를 알고, 생각하고, 전달할 내용을 조절할 수 있는 탈중심화 능력발달의 기본이 된다. 이와 같은 기능은 이동의 사회성 발달과도 영향을 주고받으면서 계속 발달한다.

허로크(Hurlock)는 1·2학년은 문자능력, 3·4학년은 발표력과 문법능력, 5·6학년은 독해력이 발달된다고 한다(Hurlock, 1978). 언어발달은 지능수준, 신체적 결함유무, 남녀성차, 가정환경, 출생순위, 부모의 사회 경제적 지위(SES), 도시와 농촌, 가정의 언어환경, 문화결손, 언어적 자극 등에 의해 크게 차이가 있다. 따라서 언어발달의 중요한 시기인 아동기에 발달순서에 따라 정확하고 다양한 언어경험을 하도록 하여 표준말의 사용 등 좋은 언어습관이 형성되도록 주의 깊은 지도자가 필요하다.

3 아동기의 부모-자녀 간 상호작용과 인성교육

아동기 혹은 학령기는 6~12세까지로 이 시기의 아동은 외적인 성장과 더불어 정서를 내면화시킨다. 또한, 초등학교에 입학함으로써 새로운 사회집단에 속한다. 교우관계지도, 세심한 학습지도, 근면성과 건전한 자아개념 발달을 위한 긍정적인 부모-자녀 상호작용 등이 필요하다. 아동 초기에는 많은 행동이 형성되고 아동기가 됨에 따라 사회적으로 변화가 일어나는 시기이다. 따라서 아동지도에 더욱 세심한 배려가 필요하며 부모의 역할도 아동의 성장에 따라 변화된다. 아동기 자녀를 둔 부모의 역할을 살펴보면 다음과 같다.

1) 아동기 아동의 특징

아동기는 에릭슨(Erikson)의 심리·사회적 발달단계에서는 근면성과 열등감의 갈등을 겪는 시기이다. 에릭슨은 이 시기를 자아성장의 결정적 시기라고 보았다. 이 시기의 아동은 기초적인 인지기능과 사회적 기능을 습득하며, 가족이라는 좁은 세계를 벗어나 더욱 넓은 사회에서 통용되는 유익한 여러 지식과 기능을 열심히 배우고 이에 숙달한다. 이 시기에 순조로운 학습이 이루어지고 적응을 잘하여 부모·또래·교사로부터 인정을 받으면 근면성이 발달된다. 그러나 반대로 그렇지 못하고 학교학습에서나 놀이·또래관계에서 실수나 실패를 하면 부적절함이나 열등감을 갖는다.

따라서 이 시기의 아동을 둔 부모나 교사는 적절한 수준의 과제를 부여하여 다양한 작업경험에서 성취를 맛봄으로써 근면성을 발달시킬 수 있도록 도움을 주어야 한다. 아동기 동안의 긍정적인 자아개념 형성 또한 학업성취와 밀접한 상관이 있다. 아동의 자아존중감과 자신감은 학교성적, 중요한 타인에 의한 평가, 그리고 외부세계로부터 받은 피드백을 통해 형성된다. 그러므로 부모의 수용적 태도와 격려는 아동으로 하여금 자아개념을 긍정적으로 형성하도록 하는 데 도움이 된다.

2) 아동기의 부모-자녀관계

아동기의 부모-자녀관계는 상호 호혜적 특성을 가지므로 부모는 아동기 아동의 발달 및 적응에 중요한 역할을 해야 한다. 이 시기의 아동은 자신의 재능을 발휘하는 일에 몰두한다. 아동은 자신이 무엇을 할 수 있는지를 중심으로 자기평가를 하며, 그러한 기준에 합당하지 못하면 열등감을 가지며 부정적인 자아개념을 형성하게 된다(정옥분·정순화, 2012). 성공은 근면성을 야기하며, 자신과 자신의 능력을 긍정적으로 평가하게 하고, 실패는 부정적인 자아상을 형성하며 앞으로의 학습에 대해 부적절감을 갖게 한다. 이 시기에 아동들은 자신의 성취에 대해 인정받고자 하는 욕구와 자신의 능력을 확인하려는 욕구가 강하기 때문에 주위 교사나 부모에게 끊임없이 질문하고, 인정받기를 원한다. 그러므로 부모는 아동들에게 성취할 수 있도록 기회를 제공하고, 성취한 결과에 대해 인정하고 격려해 주는 일이 중요하다. 성취할 기회를 주지 않거나, 성취한 결과에 대해 무관심하거나, 너무 무리한 요구를 하면 아동은 실패라고 느끼고 열등감을 형성하게 된다.

아동은 재미를 느끼는 일, 자신의 재능에 맞는 일을 할 때 좋은 결과를 얻을 수 있으므로 우선 부모가 아동의 관심사와 재능을 파악하고, 그에 따라 아동이 할 수 있는 활동을 제시해 주어야 한다(김경중 외, 2012). 배우는 것이 단순한 지식의 습득이 아니라, 체험을 바탕으로 즐겁게 경험하여 몸에 익히도록 유도해야 할 것이며, 배우는 것 못지않게 자신이 주체적으로 노는 것도 중요하다. 학업성취에서 성공하는 경험을 할 수 있도록 학업성취를 위해 최선을 다하도록 격려하고 부모가 아동의 학습과정에서 조력자의 역할을 해야 한다. 또한 부모 자신이 바람직한 학습자 모델이 되어 자녀의 학습동기를 높여 주어야 한다(이순형 외, 2012).

자녀의 양육에 있어서 강제적이고 통제성이 높으면 부정적인 영향을 줄 수 있지만, 아동기에서 청소년기의 자녀의 경우 아직 인지적·정서적인 발달이 미숙한 상태이므로 어느 정도 한계를 구분 짓는 성인의 역할이 필요하고, 성인의 행동을 보고 학습하여 성인으로서 자신의 생활을 관리하는 방법을 배우는 기회가 된다. 부모의 애정적 양육태도에 의해 긍정적인 영향을 받는다. 부모가 자녀에게 다른 사람의 입장에서 생각하는 기회를 주거나 도덕적인 행동을 솔선해서 역할모델을 하면 사회도덕성 발달에 긍정적인 영향을 미친다(권건일 외, 2011). 부모가 신체적 처벌 및 심리적 통제와 같은 강압적 훈육방식을 사용할 때, 자녀의 적대감이 높아지고, 이러한 성향이 지속되는 것으로 밝혀졌다(Olweus, 1980; Catrin et al., 2005; 김재엽 외, 2010). 그러므로 부모는 강압적 훈육방식보다는 민주적인 훈육방식을 사용하여야 할 것이다.

3) 아동기의 또래집단

아동기에는 자기 이외의 또래집단과의 관계를 통해 자신의 여러 능력을 비교한다. 이러한 과정에서 만약에 아동이 자신의 수준과 같거나 자기보다 낮은 수준의 집단에 속해 있으면 근면성을 형성해 나가게 되지만, 자기보다 높은 수준의 집단에 속해 있으면 자신의 능력에 대해 의문을 가지게 되어 열등감을 갖는다. 이러한 열등감은 아동에게 무력감을 제공하여 이후의 학습이나 기타 상황에서 더 지체된 성취를 보이게 하는 요인이 된다. 열등감이 심해지면 아동은 아무 것도 할 수 없다고 생각하여 매사를 포기하고 의욕을 상실하여 게으름뱅이가 된다. 그러므로 아동기 기초학력의 중요성을 이해하고, 기초학력을 갖출 수 있도록 지도해야 한다. 그러나 기초학력을 강조하는 데 지나친 교육열로 인해 남과 비교하거나 경쟁심이 심해지면 열등감이 더욱 깊어질 수 있다. 따라서 부모는 아동에게 성취감을 맛보게 해 주는 적절한 수준의 과제를 제공해 줄 필요가 있다. 또한, 가급적 다른 아동과의 비교를 삼가고 남보다 앞서기를 강요하기보다는 남과 다르게 되라고 가르칠 때, 남이 갖지 못한 자신만의 강점을 인정하고 재능을 키워 나갈 수 있다(이순형 외, 2012).

또한 학생으로서 이 시기의 아동은 협응의 장이며 성취의 장인 학교생활을 즐겨야 한다. 학교생활을 즐기기 위해서는 학업 외에 다양한 체험활동을 통해 아동의 경험의 폭을 넓힐 수 있는 기회를 제공할 수 있어야 하며, 다양한 경험을 통해 아동 개인의 자질과 적성을 찾아갈 수 있는 계기를 마련해 주어야 한다. 또한, 즐거운 학교생활을 위하여 부모의 태도가 중요하다. 부모는 학교 출석이나 숙제, 교육제도에 대한 존경심을 강화시켜 줄 수 있다. 학교와 교사에 대해 부모의 태도가 긍정적이지 못하면, 아동은 학교생활을 의미 있고 가치 있는 것으로 여기지 않으므로 부모는 교사를 존경하고 학교를 긍정적인 시각에서 볼 필요가 있다(정옥분·정순화, 2012).

4) 부모의 역할

부모의 역할은 자녀의 성장에 필수적인 영양 공급에서부터 시작하여 자녀의 잠재 능력을 키워주는 것까지 포함하는 광범위한 개념으로, 이는 부모-자녀 간의 끊임없는 상호작용을 통해 이루어진다. 적절한 부모역할은 자녀의 성장, 발달에 필수적이다.

새로운 친구를 사귀고 학교라는 공적 장소에서 학습하며 또래와 비교되는 경험을 하게 되는 아동기에는 좌절감을 느끼기 쉽다. 좌절감은 특히 조심스럽고 자신감이 부족한 아동이 더 쉽게 느낀다. 부모는 아동이 경험하고 있는 문제를 새롭게 해석해 줄 수 있으며, 해결책을 찾아보고 성취하려는 노력을 하도록 격려해 줄 수 있다.

5) 학교 학업의 역할

이 시기 학교에서의 학업은 아동의 발달에 중요한 역할을 하므로, 아동이 자신의 욕구를 참고 자신이 해야 할 일을 이루어냄으로써 기초학력을 갖출 수 있도록 지도해야 하며, 결과만 강조할 것이 아니라 학업하는 과정의 중요성도 설명함으로써 학업동기와 태도를 길러주어야 한다. 자녀의 학습지도를 위해 우선 중요한 것은 학습의 기초를 만들어 주는 것이다. 학령기 아동들을 음악, 미술, 무용, 수영, 그리고 집단활동 프로그램 등과 같은 광범위한 영역의 학습에 참여하게 한다면 도움이 될 것이다. 이러한 경험들은 자신의 노력과 기술로 성취되는 자신의 능력에 대한 개념을 발달시키는 데 자신감을 준다. 어린이의 발달심리에 맞추어 학습동기를 유발시키고 스스로 능률 있는 공부를 할 수 있도록 환경을 조성해 주는 것이 가장 중요하다.

4 아동기의 주요 덕목

아동기에 다루어야 주요 덕목 중에 본 장에서는 에릭슨(Erikson, 1901~1980)의 자아심리학, 점성설의 원리, 심리·사회적 발달단계를 기본적 덕목으로 나누어 이론을 강조했다. 정신역동적 이론은 대체적으로 프로이트(Freud)의 이론에서 나온 것으로 근본원리는 같다. 아동기의 주요 덕목으로 자아존중감과 책임감을 강조하면서 이와 같이 대인관계, 책임감, 협동심, 근면성을 다루었다. 품성교육 동반자 그룹(CEP)은 11개의 원칙을 제시하는데, 좋은 품성의 기초를 형성하는 중요한 핵심윤리적 가치로서, 자신과 타인을 위한 존중, 책임감, 공정성, 정직, 배려를 중시한다(장원동·류현수, 2012).

스턴버그(Sternberg)는 사람의 성공을 예측하는 데 지능은 4~25% 정도이며, 다른 요인들이 더 크게 작용한다고 하였다. 그 주요 요인으로는 융통성, 창의적인 사고, 위험을 감수하려는 의지, 학습하고자 하는 욕망, 상호 지원 관계를 형성하는 능력 등을 포함하고 있다. 자신을 변화시키고 이를 위해 지속적으로 학습할 수 있는 능력은 현대와 미래사회에서 특히 요구되고 있다. 주도적으로 학습하고, 즐겁게 학습하며, 함께 학습할 수 있는 능력은 개인의 성장발달을 이끄는 힘이 될 것이다.

1) 대인관계

학교생활을 통한 경험과 또래집단에서의 상호작용은 아동의 사회적 기능습득에 큰 영향을 미친다. 아동기는 사회성 발달에서 또래집단의 역할이 보다 중요한 시기이고, 교우관계의 지도 또한 중요하다. 아동기는 정서적으로 비교적 안정을 이루는 시기이지만 학령기로서 가정을 벗어나 새로운 사회적 관계를 형성하므로 다양한 측면에서의 많은 변화가 일어난다. 학령기 아동은 특히 또래집단에 속하고자 하는 강한 욕망을 가지고 있음으로 인해 보다 구조화된 그룹활동에 적극적인 반응을 보인다. 아동기를 거치면서 아동들은 사회성과 도덕적 책임감을 발달시킬 뿐만 아니라 집단 내에서의 오락과 흥미 있는 활동에 참여할 수 있다. 이러한 시기에 학령기 아동을 위해 마련된 광범위한 집단활동 프로그램에 참여시킴으로써 보다 다양한 경험을 할 수 있게 한다는 것은 매우 중요하다. 형식적인 집단활동은 걸·보이스카우트, 4H클럽, 아람단, 적십자, 야외 캠프모임 등이 있으며, 구조화된 그룹활동에 적극적인 반응을 보인다. 아동기를 거치면서 아동들은 사회성과 도덕적 책임감을 발달시킬 뿐만 아니라, 집단 내에서의 오락과 흥미 있는 활동에 참여할 수 있다. 아동이 경험하고 있는 문제를 새롭게 해석해 줄 수 있으며, 해결책을 찾아보고 성취하려는 노력을 하도록 격려해 줄 수 있다.

아동기는 새로운 친구를 사귀고 학교라는 공적 장소에서 학습하며 또래와 비교되는 경험을 하게 되는 학령기에는 좌절감을 느끼기 쉽다. 좌절감은 특히 조심스럽고 자신감이 부족한 아동이 더 쉽게 느낀다. 아동의 노력이나 학업적 결과에 대해 부모가 비난의 말을 하는 것은 아동의 자신감을 저하시키는 요인이 된다.

2) 책임감

이 시기에 근본적인 것은 아동자신이 자기행동에 대해 책임지는 것을 먼저 배우도록 해야 한다. 아동기를 맞이하게 되는 많은 발달적 사건과 변화는 아동으로 하여금 자신의 행동에 대한 책임감을 길러 주며 아동을 성숙시킨다. 아동기는 창조와 시도의 특징을 보이고 그의 환경 안에서 다양한 역할을 배우는 데 관심을 가지고 많은 행동을 시도한다. 아동의 주도적인 행동에 대해 잦은 체벌과 실패를 경험하면 아동은 죄의식을 느끼게 된다. 죄의식은 충동이나 현상을 억제하는 데 도움이 되지만 수동적인 태도를 형성하게 될 수도 있다. 지속적인 죄의식은 소극적 성격으로 발전하므로 성인들도 아동이 환경과 가능성을 탐구하고 발견할 때 가능한 한 책임감을 갖고 자기주도적 행동을 하도록 강화해야 한다.

이 시기의 아동은 자신의 재능을 발휘하는 일에 몰두한다. 아동은 자신이 무엇을 할 수 있는지를 중심으로 자기평가를 하며, 그러한 기준에 합당하지 못하면(정옥분·정순화, 2012) 성취할 기회를 주지 않거나, 성취한 결과에 대해 무관심하거나, 너무 무리한 요구를 하여 아동은 실패라고 느끼게 되고 아동들은 열등감을 형성하게 된다. 아동은 재미를 느끼는 일, 자신의 재능에 맞는 일을 할 때 좋은 결과를 얻을 수 있으므로 우선 부모가 아동의 관심사와 재능을 파악하고, 그에 따라 아동이 할 수 있는 활동을 제시해 주어야 한다(김경중 외, 2012). 배우는 것이 단순한 지식의 습득이 아니라 체험을 바탕으로 즐겁게 경험하여 몸에 익히도록 유도해야 할 것이며, 배우는 것 못지않게 자신이 주체적으로 노는 것도 중요하다. 학업성취에서 성공하는 경험을 할 수 있도록 학업성취를 위해 최선을 다하도록 격려하고 부모가 아동의 학습과정에서 조력자의 역할을 해야 한다. 또한, 부모 자신이 바람직한 학습자 모델이 되어 자녀의 학습동기를 높여 주어야 한다(이순형 외, 2012).

3) 협동심

이 시기의 아동은 협응의 장이며 성취의 장인 학교생활을 즐겨야 한다. 학교생활을 즐기기 위해서는 학업 외에 다양한 체험활동을 통해 아동의 경험의 폭을 넓힐 수 있는 기회를 제공할 수 있어야 하며, 다양한 경험을 통해 아동 개인의 자질과 적성을 찾아갈 수 있는 계기를 마련해 주어야 한다. 또한, 즐거운 학교생활을 위하여 부모의 태도가 중요하다. 부모는 학교 출석이나 숙제, 교육제도에 대한 존경심을 강화시켜 줄 수 있고, 학교와 교사에 대해 부모의 태도가 긍정적이지 못하면 아동은 학교생활을 의미 있고 가치 있는 것으로 여기지 않으므로 부모는 교사를 존경하고 학교를 긍정적인 시각에서 볼 필요가 있다(정옥분·정순화, 2012).

아동의 연령이 올라가면서 사고능력이 발달하고 심동기술이 발달하면서 세상을 탐구하고 발달하게 되는데, 이때 아동은 자신의 행동에 대한 자기통제와 독립심에 대한 강한 욕구를 갖게 된다. 아동이 스스로 대소변을 가리거나, 걷기, 식사하기, 옷입기와 같은 행동에서 혼자 할 수 있을지 그리고 다른 사람에게 의존해야 하는지의 질문을 갖게 되고, 스스로 해 보려고 노력한다. 그러나 아동의 미숙함을 우려하는 부모는 규제하게 되고, 아동 스스로 하도록 기회를 제공하기보다 부모가 대신해 주는 경우가 많다. 혹은 자녀가 스스로 한 행동이 실패하거나 미숙하다는 이유로 조롱하거나 비난을 하게 되면, 아동은 자신의 능력을 의심하게 되며, 자신의 능력에 대한 수치심을 가지게 되어 매사 소극적으로 대응하게 된다. 그리고 이러한 수치심과 회의심을 극복하기 위한 의지를 발달시키기 어렵다. 따라서 이 시기에는 아동의 행동과 의지에 대해 격려해 주고, 아동 스스로 함께 협동하고 통합해 볼 수 있는 경험의 기회를 제공할 수 있어야 한다.

4) 근면성

5~7세부터 11~12세까지의 아동기는 자아성장에 결정적인 시기이다. 에릭슨은 아동기는 근면성이 발달되도록 도전받는 시기이며, 능력이 발달하는 시기라고 했다. 근면성은 자신감을 나타내는데, 이 시기의 아동은 기초적인 인지기능인 읽기, 쓰기, 셈하기 등과 사회적 기능을 습득하며 자기가 하고 있는 일을 스스로 결정한다. 학령기 아동은 근면성 대 열등감 발달이라는 심리·사회적 위기에 직면하는데, 에릭슨은 근면성의 발달이란 이 시기 아들의 일차적인 심리적 과업이라고 믿는다. 이러한 과업을 성취함으로써 아동은 건강한 자아개념을 발달시킬 수 있다. 이 시기에 부모는 자아를 형성해가는 자녀와의 계속적으로 상호작용하며, 아동의 변화에 따라 성인의 생산성이나 아동양육에 대한 개념을 변화시켜 나간다.

이 시기 아동은 '열심히 공부해서 훌륭한 사람이 되자'라고 생각한다. 학령기 아동들은 또래 아동들과 중요한 관계를 맺으며 또래의 아동들만큼 잘하려고 하여 경쟁적인 행동과 감정이 나타난다. 한편 학교학습이나 놀이에서 실수나 실패를 하게 되면 부적절감이나 열등감을 갖는다. 열등감은 아동 자신이나 학교, 가족, 그리고 또래집단이 기대한 것만큼 성공할 수 없다고 믿게 되어 학령기 동안 지속적으로 강화되며 부정적인 자아개념을 형성하게 된다. 이러한 열등감에 대한 공포가 계속된다면 성인에 대한 상반된 가치가 병종하여 위태롭게 된다.

5) 자아존중감

아동기는 적극적으로 외부세계를 탐색하고, 활동하기 위해 목표나 계획을 세우고, 달성하고자 하는 욕구가 강한 시기가 온다. 그런데 아직은 자신의 계획을 실천하는 데 미숙하기 때문에 주위의 성인(주양육자)에 의해 비판을 받거나, 아이가 주도적으로 행동하지 못하게 통제를 하게 되면 아동은 자신의 계획이 달성될 수 없음에 대한 위기감을 느끼게 되고, 자신의 욕구경험에 대한 좌절과 실패를 경험한 아이들은 자신이 원하는 것은 언제나 잘못된 것이라는 자책감을 갖게 된다.

또한 아동이 흥미 있어 하는 것을 공부와 연관시키며 좋아하는 교과목에 대한 자아개념을 높여 줌으로써 자신감을 길러 준다. 그리고 조그마한 진전이라도 노력하는 모습에 대한 대가로 칭찬을 통해서 강화시킨다.

특히 이 시기에는 아동들로 하여금 자신의 능력에 대해 현실적인 자신감과 긍정적인 자아개념을 갖도록 하는 것은 무엇보다도 중요하다. 아동들 중에는 자신감이 없고 자아개념이 낮으면서도 지능이 높은 아동이 있는가 하면, 자신의 능력에 대해 완전히 잘못된 자신감을 가지고 있으면서도 능력이 모자라는 아동도 있다. 자아개념과 현실 사이의 이와 같은 차이는 성장과정에서 부모로부터 자신이 한 일에 대한 적절한 피드백을 받지 못한 결과라고도 볼 수 있다. 아동들이 보다 신중하고 민감한 태도로 자신의 일을 성취해 나갈 수 있도록 부모는 적절한 강화를 통해 올바른 자아개념을 형성할 수 있도록 도와야 한다.

5 실천 사례들

첫 번째 이야기 마시멜로 이야기

미국 스탠포드 대학의 한 연구자는 하나의 실험을 하였다. 그 실험은 네다섯 살 또래 600명의 아이들을 한 명씩 각기 다른 방에 배치하는 것으로 시작되었다. 연구원은 아이들에게 마시멜로 하나를 주면서 "지금 마시멜로 하나를 먹을 수 있지만 내가 나갔다 올 때까지 15분 동안 먹고 싶을 것을 참으면 두 개를 먹을 수 있단다."라고 말했다. 그리고 아이들을 방 안에 둔 채 나와서 일방경을 통하여 아이들의 행동을 관찰했다.

참지 못하고 곧바로 먹어버리는 아이, 계속해서 마시멜로를 만지작거리는 아이, 혀로 핥아보는 아이도 있었다. 한편, 마시멜로에는 관심이 없는 듯 노래를 부르며 방 안을 뛰어다니기도 하고, 마시멜로가 놓은 탁자를 등진 채 눈을 감고 숫자를 세는 아이도 있었다. 실험시간 15분을 모두 기다린 아이에게는 하나의 마시멜로를 상으로 주었다.

실험결과, 아이들의 참는 시간은 평균 512초로 9분이 채 되지 않았다. 15분을 끝까지 채운 아이는 3분의 1 정도였다.

10년이 지난 후 연구진은 실험에 참가한 600명의 아이들 중 200명을 찾아내었다. 15분을 기다려 마시멜로를 한 개 더 상으로 받은 아이들과 15분을 참지 못해 탁자 위 마시멜로를 먹은 아이들의 10년 성장과정을 상호 비교한 연구결과는 흥미 그 자체였다.

15분을 참았던 아이들이 그렇지 못한 아이들보다 학업성적이 뛰어났고, 미국 대학수학능력시험에 210점이나 더 높은 점수를 받았으며, 친구나 선생님들에게 인기 있는 사람으로 성장해 사회성이나 대인관계도 좋았다. 사회적으로 좋은 상황에 처해 있었고 성공적인 사회인으로 성장하였다. 또한, 친구들과의 관계도 훨씬 원만하고 스트레스를 효과적으로 관리하고 있다는 사실이 밝혀졌다.

놀랍지 않은가? 겨우 15분이었지만, 눈앞의 마시멜로에 만족한 아이보다는 한순간의 유혹을 참고 기다렸던 아이들이 성공적으로 성장하고 있었다.

– '만족유예' – 아이들의 욕망과 자제심에 관한 실험

두 번째 이야기 미국의 래리버드 - 농구선수이야기

미국 프로농구단 보스턴 셀렉스에서 활약한 래리버드는 은퇴 후에도 여전히 사랑을 받고 있다. 그 자신만의 별난 습관 때문이다. 그는 수준 이하의 팀과 경기할 때도 자신만의 '의식' 습관이 있었는데, 시합시작 2~3시간 전에는 경기장에 미리 가서 연습하고 준비를 한다.

코트를 이리저리 뛰어다나며 운동장 바닥을 여기저기 살피며 오가곤 한다. 그런 래리를 보고 기자가 물었다.

"무엇을 하고 있죠?"

"보시다시피 연습하고 있어요."

"단순히 몸풀기가 아닌데 왜 바닥을 살피는 것이지요?"

래리는 방긋 웃으며 코트로 사라졌다. 래리가 말한 '의식'이란 바로 다름 아닌 코트점검이었다.

드리블 연습도 아니고 슈팅 연습도 아니었다. 코트 바닥에 혹시나 흠이 있는지, 그 흠이 공을 어떤 방향으로 튀게 하는지 샅샅이 점검하는 것이었다. 이것이 미리 준비하는 모습이고 연습인 것이다. 경기 도중 불규칙한 방향으로 튈 모든 가능성을 점검하는 것이다.

'농구경기의 승리는 0.1초에 달려 있다' 경기 도중 결정적인 기회를 물거품으로 날려버릴지 모를 '흠'을 점검하는 일이 진지한 표정으로 다가왔다. 마음속에 감동이 일었다.

6 생각해 볼 문제

- 아동기의 부모 양육태도에 대해 논의하시오. 【토론】
  1) 권위주의적 양육태도, 2) 권위 있는 양육태도, 3) 방임적인 양육태도
- 아동기 인성의 덕목에 대하여 논의하시오. 【토론】
- 아동기에서의'인성교육 활용방안'에 대해 자유롭게 기술하시오. 【글쓰기】

영화로 보는 인성 이야기

<table>
<tr><th>구분</th><th>인성덕목</th><th>영화 포스터</th><th>인 물</th></tr>
<tr><td rowspan="4">아동기</td><td rowspan="2">정직
예절</td><td>
</td><td>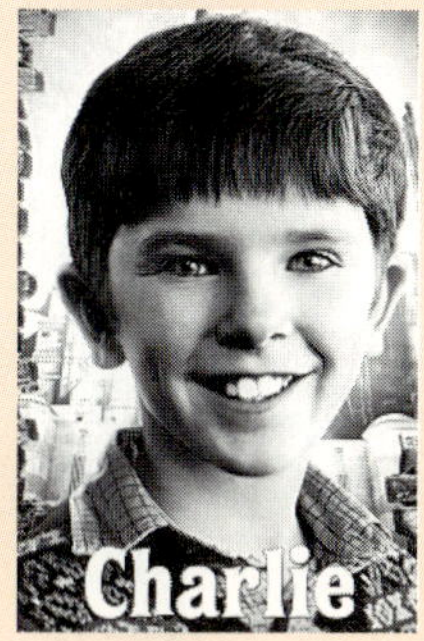

찰리</td></tr>
<tr><td colspan="2">영화줄거리 찰리의 초콜릿 공장에 초대된 다섯 명의 아이들 중 네 명의 아이들이 저마다의 욕심과 이기심으로 사고를 당하게 되고, 인성이 바르고 순수한 찰리가 최종우승을 한다.
〈저는 초콜릿과 거대한 공장보다 우리 가족이 더 소중해요〉</td></tr>
<tr><td rowspan="2">약속</td><td>
</td><td>
하쿠</td></tr>
<tr><td colspan="2">영화줄거리 터널을 지나자 인간에게는 금지된 신들의 세계로 오게 된 치히로. 신들의 음식을 먹은 치히로의 부모님은 돼지로 변해버린다. 겁에 질린 치히로에게 다가온 정체불명의 소년 하쿠. 치히로는 하쿠와 함께 인간 세계로 돌아가기 위해 미션을 시작한다.
〈걱정 마, 내가 꼭 구해 줄게〉</td></tr>
</table>

<table>
<tr><th>구분</th><th>인성덕목</th><th>영화 포스터</th><th>인 물</th></tr>
<tr><td rowspan="4">아
동
기</td><td rowspan="2">효/
책임</td><td>
</td><td>
예승(갈소원)</td></tr>
<tr><td colspan="2">영화줄거리 여섯 살 지능의 아빠를 둔 예승. 항상 아빠를 챙기고, 예절 바르게 행동한다. 하지만 살인누명을 쓰고 아빠가 감옥에 갇히게 되고 그 속에서 피어나는 용구와 예승이의 부녀 간 사랑이 나타나는 영화이다.
〈아빠! 오늘은 꼭 빵 먹지 말고 밥을 사먹어야 해〉</td></tr>
<tr><td rowspan="2">소통</td><td>
</td><td>
안나(동생)</td></tr>
<tr><td colspan="2">영화줄거리 왕국의 공주 엘사에게는 모든 것을 얼려버리는 신비로운 힘이 있다. 엘사는 자신의 힘이 두려워 왕국을 떠나고, 얼어버린 왕국을 풀기 위해 '안나'는 언니를 찾아 나선다. 언니를 찾아 소통하려 노력하는 안나의 모습이 나타나는 영화이다.
〈언니 날 보호하려 할 필요 없어. 난 두렵지 않아. 제발 날 외면하지 말아줘 제발 문 닫지 마. 이젠 나랑 거릴 두려하지 마〉</td></tr>
</table>

5장

청소년기의 인성교육

1 청소년기 인성교육의 필요성

청소년기(adolesence)는 학령기가 끝나는 12, 13세에서 성숙이 완료되는 18~20, 21세까지를 말한다. 이 시기의 청소년은 생식기능이 급격히 변화되며, 이성에 큰 관심을 갖는다. 한편 자아정체감과 역할혼미의 갈등을 겪으며 '자아'를 찾고자 노력한다.

사춘기와 청소년기를 포함하는 '십대'(teen age years)는 성적으로 성숙해지고 생리적으로 급성장하는 시기이며, 제2의 탄생기(second nuisance)라고 하여 중요한 자아발견을 하는 청년기의 특징을 나타내기도 한다. 미성년의 단계에서 성인(adult)으로 넘어가는 단계로서 개인의 사회와의 적응, 인생의 성패가 달린 중요한 발달상 과도기(transition age)이다. 정서적으로 질풍노도기(storm and stress period)로 표현하기도 하며, 심리적으로 독립을 하는 심리적 이유기(psychological weaning period)라고도 한다. 전통사회에서는 청년기에 아동기를 끝내고 성인으로 들어서는 시기로 성년식을 치른다.

심리적인 독립에의 요구, 부모의 권위적인 양육태도 등은 부모-자녀관계에 많은 갈등을 유발시킨다. 인간발달에 있어 청소년기는 중요한 발달을 경험하는 시기로 교육적이거나 개인적 측면에서 거대한 기회의 시간이다. 이 시기에는 급속한 신체적 성숙을 이루게 되며, 자아정체감을 갖게 된다. 청소년기의 중요한 발달과업인 자아정체감 형성은 장기간 많은 노력이 필요한 작업이다. 자신이 어떤 사람이며 앞으로 어떻게 살아가야 하는지 자신의 인생에서 중요한 것은 무엇인지를 찾아가며 삶의 방향을 잡아 나가는 일이다. 이런 과정에서 필요한 것은 다양한 체험을 하며 자신을 시험해 볼 수 있는 기회를 갖는 것이다.

청소년기가 되면, 사고는 실제적이고 구체적인 것에만 한정되는 것이 아니라 가상의 것과 심지어 불가능한 것에 대해서도 논리적으로 생각할 수 있다. 청소년들은 가설을 설정하고 그 검증을 통해 결론을 도출하는 가설 연역적 추론을 할 수 있게 되므로 구체적이고 현실적인 아동기 사고의 한계에서 벗어나 가능성에 대해 생각할 수 있고, 이것이 청소년기 사고를 지배하게 된다.

청소년기의 정체성은 향후 진로와도 밀접한 관련성을 가지므로, 구체적으로 다양한 분야에 대한 정보를 수집하고, 분야 종사자들을 만나 실질적인 현장이야기를 들을 기회와 체험의 기회를 제공해 주어야 한다. 여러 환경에서의 경험을 통해 자신이 미처 깨닫지 못했던 자신의 모습을 발견할 수 있기 때문이다. 부모는 자녀가 정체감을 형성해 가는 과정에서 자녀에게 다양한 경험의 기회를 마련해 주거나 자녀가 다양한 경험을 하려고 할 때 그것을 제한하지 않고, 또한 미래에 적절한 진로를 선택할 수 있도록 격려해 주고, 필요한 정보를 제공해 줄 수 있어야 한다(이순형 외, 2012).

그러므로 본 장에서는 청소년기의 개념과 발달적 특성, 부모-자녀 간 상호작용과 인성교육, 주요 덕목, 그리고 실천 사례들을 살펴보고자 한다.

2 청소년기 발달적 특성

청소년들은 아동기와는 반대로 먼저 가능한 것에 대한 가설을 설정하고, 가능한 것으로부터 현실적인 것으로 사고가 진전된다. 청소년기의 가능성에 대한 가설설정 능력은 물리적 현상에 대한 과학적 사고에 국한되지 않고 사회, 정치, 종교, 철학 등 전 영역에 걸친 이상주의로 확대된다. 청소년들이 보다 나은 사회를 만들기 위해 기존의 사회를 파괴하고 개혁하고자 하는 성향을 갖는 것은 이러한 이상주의에 기인한다. 이 시기의 발달적 특징은 다음과 같다.

1) 신체적 발달

아동으로부터 청소년으로의 이행을 가장 명확하게 나타내는 것은 신체적 발달상의 변화이다. 생리적 청년기는 뇌 속에 있는 성장조절 내분비선인 뇌하수체(pituitary)의 활동이 증가하면서 시작된다. 신체의 외형적 발달은 물론 내면적 발달이나 운동기능 그리고 생식기능에서도 급격한 변화가 보인다.

12~14세경까지는 여자가 남자보다 성숙속도가 약간 빠르며, 여자는 여성다운 체형(feminity)으로, 남자는 남성다운 체형(masculinity)으로 바뀌어 성차(性差)가 뚜렷이 나타난다. 신장과 체중의 급격한 발달과 발달시기의 개인차는 청년으로 하여금 자기 신체에 관심을 높이게 하고, 성적 성숙으로 말미암은 새로운 행동변화, 새로운 자아상의 형성에 중요한 기초가 된다. 중학생이 되는 13세 남아의 키는 159cm이고 몸무게는 50.66kg이다. 중고등학교 시기에 해당하는 청소년기는 신장과 체중이 급속도로 성장하여 18세가 되는 고등학교 3학년 시기에는 남아의 키가 15cm 이상 자라서 173.3cm인데 비하여 여아의 키는 5cm 내외로 성장하였음을 알 수 있다.

〈표 5-1〉 한국 청소년기의 신체발육 치수

나이	신장(cm)		체중	
	남아	여아	남아	여아
만 13세	159.0	156.6	50.66	47.8
14세	165.4	158.52	55.42	50.93
15세	169.0	159.42	59.4	52.82
16세	171,8	159.98	62.41	53.64
17세	172.8	160.42	64.46	34.69
18~19세	173.3	160.74	65.76	54.12

출처: 최신판 소아 · 청소년 표준 성장 도표(2007).

※ 표준치 제정 연구기관: 보건복지부 질병관리본부/대한소아과학회/소아 · 청소년 신체발육 표준치 제정위원회

청소년기에 나타나는 가장 현저한 변화는 생식기능의 발현이다. 이 시기에는 성기관의 발달이 뚜렷하며 뇌하수체의 활동이 시작되어 전엽에서 분비되는 호르몬의 작용으로 이차 성징(secondary sexual characteristics)이 나타난다. 남녀 모두 변성(voice changes)되나 남자의 경우 특히 심하고 독특하다. 음모가 나기 시작하고 남자에게는 턱수염이 생긴다. 또한, 피지선의 발달로 여드름이 나고 피부에 광택이 난다.

청소년기는 급격한 신체발달이 이루어지는 시기이며, 이차 성징이 발달되면서 독립적인 성인으로서의 삶을 위한 정신과 신체를 준비하는 시기이다. 성인과 유사한 신체적인 조건을 갖추면서 이들은 세상의 모든 것을 안다고 여기며 영원히 살 것이라고 착각한다. 성에 눈을 뜨면서 어른스러운 행동을 하고자 하고 부모가 이해해 주기를 기대한다(조복희 외, 2012).

성에 대한 관심은 놀라움과 일종의 죄책감을 갖게 하여 비밀에 부치고, 성에 대한 정보수집을 한다. 여자의 경우 유방이 융기되고 골반이 커지며 월경이 시작된다. 초경의 경우 농촌보다 도시가, 추운 곳보다 따뜻한 곳이 빠른 경향이 있어 성숙과 자극에 따라 달리 나타나며 근래에 와서 더 빨라지고 있다. 청소년기에 큰 성적 발달로 인해 점차 남녀 모두 이성에 큰 관심을 갖게 되므로 이 시기에 성교육이 중요하다.

그리고 청소년기는 흡연, 음주, 폭력, 성행동 등의 방황과 청소년의 위험행동을 최소화하고, 성공적인 발달을 이루기 위해 부모의 역할이 중요하며, 자녀 자신의 신체변화를 긍정적으로 지각할 수 있도록 지원해 주어야 한다.

2) 정서·사회성 발달

(1) 정서발달

청소년기의 정서는 과격하여 질풍노도의 시기라고 하였으나 점차 자기애(narcissism)상태 또는 자기중심성(egocentrism)에서 벗어나 정서적으로 성숙된다.

청소년기에 이르면 자신과 가정, 학교와 사회 등에 대해 골똘히 생각하며, 과거를 돌아보고 미래의 이상을 설정한다. 그러나 현실과 이상 간의 모순을 발견하고 더욱 더 이상의 세계를 동경하는 한편 불만스러운 현실에 반항적이 된다. 또한, 이상을 실천하기 위한 능력이 부족하며, 실천방법의 미숙함으로 인해 번민하고 우울증에 빠져들기 쉽다. 그러나 정서적으로 성숙됨에 따라 기본적인 욕구·양심·이상과 현실과의 관계를 균형 있게 조절할 줄 알게 되어 정화되고 세련된 안정적인 정서상태를 나타낸다.

정서적으로 성숙했음을 나타내는 정도는 첫째로 자기도피에 빠지는 일 없이 어떠한 현실이라도 직시할 수 있게 되고, 둘째로 자기의 주관을 객관적으로 평가할 줄 알고, 셋째로 자기 능력의 한계를 인정하여 더욱 노력의 의욕을 가질 수 있게 된다는 것이며, 넷째로 현재와 미래에 대한 생활의 설계를 할 수 있게 된다(민영순, 1990, p.198)는 것 등을 통해 가늠할 수 있다.

청소년기 초기에는 이 시기의 중요한 정서적 특징 중의 하나인 자기중심성으로 인해 자신을 우상화하고 타인을 상상적 관객으로 여기는 현상이 나타난다. 자신만이 특수한 존재이고 자신의 감정이 특이하고 유일하다고 생각하므로 일기를 열심히 쓰며 일기에 자신의 사고·경험·애착과 좌절을 의식하여 타인들이 모두 자기행동을 평가할 것이라고 여겨 행동과 옷차림에 과도한 신경을 쓴다. 그리고 동료의 관심이나 반응에 신경이 예민해진다. 동료의 반응을 의식하여 자신의 경험과 반대되는 행동도 하지만 자신의 생각과 상대의 실상이 다르다고 느끼면 곧 실망하고 관계를 단절하므로 대인관계가 길지 못하다. 이러한 자기중심성도 청소년기 후기가 되면 점차 사라지고 서로의 흥미를 존중하는 안정된 상호관계를 확립시켜 나간다.

(2) 사회성 발달

청소년기는 그 사회에 어울려 살아갈 수 있기 위해 그 사회에 적절한 행동, 가치관 등을 습득해 나가는 사회화 과정을 거치면서 맺게 되는 인간관계를 통해 사회생활에 적응하는 성질, 즉 사회성이 발달된다. 청소년기 사회성 발달의 중요한 특징으로는 첫째로 소속집단의 변화와 그에 따른 하위문화 형성, 그리고 자아정체감(ego identity)의 확립을 들 수 있다. 레윈(Lewin)은 아동이 청소년으로 변해 간다는 사실은 먼저 자기 소속집단이 변화해 가는 것이라고 하였다. 즉, 소속집단(groupbelongingness)의 변화는 사회적 이동을 의미하며 그때의 위치에 의해 청소년의 행동은 의존된다고 하겠다. 청소년 대다수가 동의하고 일체감을 형성시킬 수 있는 가치관 등 청소년들은 집단구성문화(group identity)를 갖고자 한다. 청소년 대다수가 동의하고 일체감을 형성시킬 수 있는 가치관을 나타내는 집단구성문화이다. 이 시기에는 부모·교사들의 의견에 귀 기울이기보다 친구들의 의견을 따르게 되며, 그들로부터 많은 것을 배우고 서로 영향을 주고받음으로써 사회적 통찰력을 발달시키는 계기가 마련된다.

교육심리학자 에릭슨(Erikson, 1901~1980)은 12~18세까지의 청소년기가 개인이 자신의 기본적인 자아정체성에 대한 의문을 갖고 심사숙고하는 시기라는 점에서 중요하다고 생각하였다. 에릭슨은 개인이 자신의 정체감을 형성하고 받아들이는 것은 매우 어렵고 불안한 자아정체감의 과업이라고 여겼다. 왜냐하면 청소년기에는 자신에게 가장 적합한 것을 결정하기 위해 여러 다른 역할과 이데올로기와 시험해 보아야 하기 때문이다. 에릭슨은 청소년기를 아동기와 성인기 사이에 있는 시기, 즉 역할과 자아상형성을 위해 절대적으로 필요한 심리적 유예기간으로 보았다.

다음은 에릭슨의 심리발달단계이다.

〈표 5-2〉 에릭슨의 심리발달단계

시 기	적응 대 부적응	덕 목
0 ~ 1세	신뢰감 대 불신감	희 망
1 ~ 3세	자율성 대 수치심	의 지
3 ~ 5세	주도성 대 죄책감	목 적
6 ~ 11세	근면성 대 열등감	유능감
12 ~ 18세	자아정체감 대 역할혼돈	충실감
18 ~ 35세	친밀감 대 고립감	사 랑
35 ~ 55세	생산성 대 침체감	배 려
55세 이후	자아통합 대 절망감	지 혜

3) 인지발달

피아제에 의하면 청소년기는 인지적 발달단계에서 형식적 조작기(formal operational stage)에 해당한다. 인지적 발달의 마지막 단계인 형식적 조작기는 사춘기가 시작되는 11~12세경 이후부터이다. 청소년기에는 지적 발달이 완숙되어 가설을 세우고 추론할 수 있는 고도의 추상적 사고능력이 발달한다. 즉, 이 시기의 청소년들은 논리적 사고를 표현하는 데 구체적인 사물이나 대상에 의존하기보다는 언어적 주장을 할 수 있으며 추상적 개념을 사용하여 논리적으로 사고할 수 있는 능력이 생긴다. 청년기의 언어는 압축되고 내면화되어 있다. 비록 그들이 그 법칙을 공공연히 표현하지 않아도 규칙을 정하고 많은 양의 자율학습에 들어간다. 언어의 광범위한 사용은 청소년기의 지적 기능에 중요한 역할을 한다.

또한 그들은 현실을 넘어서 미래의 가능성에 대한 사고까지도 할 수 있다. 따라서 미래 사건이나 사상에 대한 가설을 설정하여, 이들 사고를 통해 검증하여 그 결과의 가능성을 예견할 수 있게 된다. 미래를 생각하고 살아간다는 점에서 청소년 시기에는 자기와 인생에 대한 생각으로 꽉 차 있으며, 미래의 자기와 사회에 대한 계획을 생각하며 현대의 상황을 넘어 앞으로 다가올 상황에 대한 생각을 한다. 뿐만 아니라 청소년들이 자기의 사고에 대하여 논리적으로 평가할 수 있는 능력을 갖춤에 따라 자기 자신에 대해서도 비판적이 되며 기성세대의 가치관이나 행동에 대하여 비판적으로 분석한다. 또한, 인생 의미의 불확실성, 자아위기에 따른 갈등을 겪는가 하면 청소년의 이상주의 등도 경험한다.

따라서 이 시기의 청소년들이 가지는 가치관은 이들의 행동을 결정하는 데 매우 중요한 요인이 된다. 청소년기의 사고는 전체적으로 왕성하고 논리적이며 추상적이다. 그러나 실제적이면서도 이상적인 특성에 따른 비판적이고 독단적인 주관에 의해 부정적 경향을 보인다. 그러므로 부정적 감정을 인정하고 수용해 주며 정리해 줌으로써 긍정적인 행동의 변화를 가져오도록 지도해야 한다.

3 청소년기의 부모-자녀 간 상호작용과 인성교육

1) 청소년기의 특징과 부모 역할

청소년기 자신의 부모들에 대한 부정적 또는 긍정적 감정은 사상적·인지적 동일시에 중요한 결정요소가 된다. 쿠퍼(Cooper)와 블레어(Blair)는 부모들에 대해 긍정적으로 느끼는 청소년은 그들의 부모들과 매우 비슷한 사상적 표현을 한다고 한다. 자녀가 청년기에 들어서면 대부분의 부모들은 자녀교육, 특히 학교교육에 관심을 갖는다. 자녀의 학교생활에 대한 적응, 교우관계, 자아개념 형성 등의 문제에도 직면하게 되는데, 이것이 부모-자녀관계에서 갈등을 일으키는 원인이 된다.

이 시기의 부모에게는 보다 성숙된 부모의 역할수행이 요구된다. 단순한 양육자로서의 역할이 아니라 보호자로서, 동일시 대상으로서, 그리고 상담자이며 때로는 친구관계로서의 역할을 담당한다. 그러므로 독립된 인격체로서 이해받기를 원하고 가정에서의 위치와 자신의 역할을 감당하고자 하는 자녀와 상호작용하며 부모 역할을 담당한다. 부모는 10대 자녀의 신중한 판단력과 결정하는 자세에서 능력을 인정해 주는 태도를 취하는 것이 중요하다. 자녀에게 수용적이면서 적절한 관심과 애정을 표현하는 성숙된 부모의 역할이 더욱 요구되는 시기이다.

자녀와의 바람직한 발달적 상호작용은 자녀로 하여금 유능하고 책임 있는 존재로 성장하고 새로운 역할에 적응할 수 있게 한다. 이를 위하여 온정적이고 수용적이며 그들의 자율성을 인정하는 양육태도 및 양육자, 격려자 그리고 상담자로서의 부모 역할이 요구된다.

2) 청소년기의 욕구와 부모 역할

청소년기의 가장 두드러지는 욕구는 부모로부터 분리되어, 개인으로 자신의 삶을 준비하고자 하고 이런 과정에서 '자신이 누구이며, 자신이 앞으로 어떻게 살아야 할지'에 관한 정체성을 고민하게 된다. 정체성은 기존에 부모와 연결되어 있음에서 벗어나 분리되는 과정에서 자연스럽게 발생하는 결과일 수 있다. 따라서 삶의 철학과 가치관이 성립되는 중요한 시기이므로 청소년기의 생활습관과 태도가 중요한 덕목이라 할 수 있다. 자신에 대한 자기효능감과 자아정체성이 확립되는 시기이므로 인성교육에 대한 올바른 인식이 무엇보다도 중요하다.

청소년의 전인적인 발달을 위한 교육은 학교에서만 이루어지는 것이 아니라 가정이나 지역사회를 통해 실현되기 때문에 부모의 역할을 크다. 청소년기에는 교우관계가 중요하고, 부모의 역할은 상대적으로 감소하는 추세이지만, 청소년들을 대상으로 조사해 본 결과, 부모의 역할은 청소년기에 여전히 중요한 것으로 보고되고 있다. 그러나 청소년기 자녀를 둔 부모는 자녀와의 관계가 아동기 때와는 다르다는 점을 인식하고 청소년기 자녀의 특성에 따라 관계를 정비해야 한다.

청소년 자녀에게는 직접적인 통제를 가하기 어려워지며 훈육도 쉽지 않다. 더구나 형식적 조작 사고가 발달한 청소년 자녀는 부모가 정한 규칙에서 문제점을 발견하거나 의문을 제기하고 비판하기도 한다. 이때 부모의 권위는 도전을 받게 되고, 이에 대해 부모는 충격을 받을 수 있다. 이런 현상에 대해 부모는 자녀의 발달에 따른 자연스런 변화로 이해하고 부모로서 자신의 역할과 부모-자녀관계에서 이루어지는 상호작용 방식도 변화시켜 나가며 적응하도록 해야 한다(이순형 외, 2012). 자녀가 청소년이 되면 아동기에 비해 더 많은 자유와 통제력을 지니게 되므로 이 시기의 부모 역할을 '상호의존 단계'라고 칭한다(Pollack, 1998). 자녀는 이제 어린 아이가 아니며 신체적·성적으로 성숙한다. 하지만 심리적으로는 미성숙하므로 부모의 지도가 여전히 필요하다. 부모는 자녀가 독립적인 성인이 될 때까지 이런 상황에 맞게 부모로서의 역할을 조정해 나가야 한다. 자녀의 성장에 필요한 도움은 주되 자녀를 독립된 개체로 존중해 줌으로써 부모는 자녀와 적절히 분리되고 부모-자녀관계는 새로운 모습으로 발달해 나가게 된다(이순형 외, 2012).

부모가 의미 있는 인간관계를 개발하고 창조적인 새로운 과업을 찾는 등 건강한 방법으로 인생을 재구성한다면 이는 자녀의 건강한 성장·발달에 의미 있는 영향을 미치게 될 것이다.

3) 청소년기의 갈등과 성

청소년의 갈등과 성문제를 다루는 데 가장 도움이 되는 방법의 하나로서 제시할 수 있는 것은 학교에서 성교육 프로그램을 만들어 실시하는 것이다. 성교육의 목적은 배워야 할 입장에 있는 사람들이 자연스럽게 몰랐던 것을 받아들임과 동시에 진실을 알도록 가르치는 것이다. 정서적으로 왜곡된 개념이 아니라 올바른 지식을 객관적으로 제시함으로써 윤리적 가치를 갖도록 해야 한다. 단순한 이성관계와 육체적 관계에서 이성관·가정관으로, 나아가서 사회 속의 남녀관계에 이르기까지 성적 관심과 행동을 승화시키도록 해야 한다.

지금까지 살펴본 바와 같이 청소년기는 부모와 자녀 모두가 과도기로서의 어려움을 경험한다. 따라서 청소년기의 자녀를 둔 부모는 부모 성인의 모범적인 생활태도와 부부관계가 필요하며, 즐겁고 온화하고 화목한 가정 분위기 조성을 위해 노력해야 한다.

부모결손 등의 가정적 조건의 결함, 가정에서의 자기역할과 위치가 없거나 모호한 경우, 가정의 불안정한 분위기 등은 문제자녀의 원인과 조건이 됨을 항상 고려해야 한다. 또한 사회적인 맥락에서 부과되는 다양한 사회적 요구에 양가적 상황에 처하게 되고, 진학과 진로선택의 문제와 이성문제 등과 같은 상황에서 수많은 선택과 의사결정을 해야 하기 때문에 자신에 대한 정체성을 갖추지 못하면 위기를 경험할 수 있다. 에릭슨은 이 같은 청소년기의 심리사회적 위기를 역할혼미라고 불렀다.

4 청소년기의 주요 덕목

청소년기에 다루어야 주요 덕목에서는 에릭슨(Erikson, 1902)의 심리사회적 발달단계 중 점성설의 원리인 점성적 모델을 기본 덕목으로 강조했다. 점성적이란 용어는 epi(의존해서)와 genetic(유전)의 복합어로 발달이 유전에 의존한다는 의미이다. 이 모델은 유아기에서 성인기 그리고 노인기에 이르기까지 인간의 전생애에 대한 발달단계를 제시한 최초의 심리학적 이론이다. 이 절에서는 아동기의 주요덕목과 연계하여 좀 더 심화한 내용을 중심으로 제시하였다.

1) 대인관계 & 배려

원만한 대인관계는 배려가 기본이 되며, 성공적인 리더십을 위한 필수 요건이다. 구성원들이 서로 믿고 격려해야 심리적인 안정감을 얻을 수 있고 서로 친밀하고 라포(rapport)형성이 잘 될수록 그 팀워크를 활성화될 수 있다. 배려의 사전적 의미는 도와주거나 보살펴주려고 마음을 쓰는 것을 의미한다. 배려를 뒷받침하는 하위 덕목으로는 존중과 관용을 들 수 있다. 항상 상대방을 대할 때 겸손하고 존중하는 마음가짐이 중요하며 관용은 배려를 위한 기본적 요소로서 친절하고 베풀어주는 태도라 할 수 있다. 김수동 외(2014)는 배려의 요인을 공감, 베풂, 비지시적 태도, 관계능력, 책임, 존경, 인격이라는 일곱 가지 요인을 강조하였다(김수동·안재진·이정연, 2014).

배려(caring)는 다른 사람의 욕구를 생각해 주는 것이다. 배려를 실천하는 사람은 친절하고 다른 사람들을 중요하게 여긴다. 다른 생각과 개성을 지닌 개인이 서로에 대한 배려가 없으면 협력하는 대인관계에서 어려움에 봉착한다. 따라서 청소년기의 원만한 대인관계형성을 위해서는 서로 마음과 힘을 하나로 합하는 협력을 통한 원만한 대인관계와 배려의 마음이 기본이 되는 주요 덕목이라 할 수 있다. 서로 도와주려고 노력하며 그들의 안부를 물어보고 친구의 말을 들어준다.

2) 책임감 & 리더십

청소년기의 책임감은 곧 신뢰정직과 직결되며 신뢰도와 목표달성을 위한 성패를 좌우한다. 책임감은 정직성의 힘을 낳게 하며, 명확한 목적을 갖게 한다. 책임감이 없는 조직은 신뢰를 잃는다. 여기서 조직을 움직이게 하는 원동력은 지도자의 리더십 역량발휘가 중요하다. 조직의 구성원들과의 커뮤니케이션을 효과적으로 활용하면서 각자의 생활을 점검하라는 것이다. 상호작용을 통해 서로 공감하여 청소년기

리더십 교육은 일상에서 누구에게나 필요한 교육이고 타인과의 소통을 잘 할 수 있도록 만들어주는 중요한 교육적 덕목이라 할 수 있다. 리더십 교육과정에서 타인과 대화하는 방법을 배우고, 조직의 구성원들과의 커뮤니케이션을 효과적으로 활용하는 것이다. 또한, 이로 인해 갈등을 해소하므로 서로에 대한 다름이 아니라 차이를 인정하고 서로 상호 간 존중해 주는 것이 매우 주요하다. 여기서 지도자와 조직 구성원들이 책임감에 대해 공조하며 상호작용을 통해 공감하게 된다. 이런 과정을 통하여 설득방법과 합의점을 도출하는 지도자의 덕복을 배울 수 있다(조용태 · 유경미 · 이기용, 2015).

한비자는 진정한 지도자에 대하여 '삼류는 자신의 능력을 가지고 하고, 이류는 자신의 주어진 권한으로 하고, 일류는 타인으로 하여금 능력을 발휘하게 한다'고 강조하였다. 진정한 지도자의 자세는 자기가 하는 일에 확신을 가지고 창의성 있게 일을 추진해 나가며, 타인의 능력과 상황을 이해하고 다른 사람을 설득할 수 있는 능력을 의미한다. 또한, 자기가 속한 조직에 팀워크를 발휘하고 모두가 만족할 만한 바람직한 결과를 얻어내는 사람을 가리킨다. 즉 지도자의 진정한 자세는 섬김, 경청, 비전, 엄선, 위임을 총칭하는 것이라 할 수 있다.

3) 협동심 & 친화력

협동심은 서로 마음과 힘을 하나로 합한다는 뜻을 지닌 용어이고, 협력은 '서로 특정한 목적을 달성하기 위하여 힘을 합하여 돕는다'는 뜻을 지녔다. 이러한 협동과 협력을 포괄하는 개념으로 '팀워크'를 들 수 있다. 팀워크(team work)는 '팀으로 일한다'는 의미를 지니며, 공동의 목적을 달성하기 위해 팀으로 협동하고 협력하여 공동작업을 수행하는 것이다.

청소년기에는 우선 타인과 독립된 개인으로 자신을 찾아가면서, 또한 자신이 속한 사회의 일원으로서의 역할과 책임을 고민하게 된다. 청소년기까지는 자신과 직접적인 관련성을 가지고 대상과의 관계(예를 들어, 가족, 친구, 동료)가 중요하였다면, 청년기에는 자신의 근접한 관계뿐만 아니라 대인관계가 더 확장되며 더욱이 자신이 속한 사회에 소속감을 갖는 것이 중요하다. 개인이 자아정체성을 확립하는 데 실패하면 자의식에서 벗어나지 못하거나 주변 사람들과의 관계를 경쟁적인 것으로 지각하게 되고, 타인과 원만한 관계를 맺지 못하여 정서적으로 고립된다. 청소년기 개인이 지각하는 사회에 대한 소속감은 개인의 정신건강과도 밀접한 관련성을 가지게 된다. 친화력은 대인관계의 확장뿐만 아니라 개인적으로 친밀한 관계를 맺을 수 있는 반려자를 찾게 된다. 타인과의 친밀함은 타인도 자신과 같이 독립된 개체임을 인정하며 서로 동등한 입장에서 존중하고, 타인의 한계와 단점을 인정하고 수용하며, 인간 상호 간의 차이점과 갈등을 극복하는 과정을 통해 획득된다. 이 시기에 형성되는 반려자와의 친밀한 관계는 어린 시절 부모와의 관계에서 형성된 친밀감의 정도와 비슷하고, 따라서 과거 부모와의 관계에 영향을 많이 받는다. 이 시기의 친밀한 관계는 결혼과 출산, 육아로 연결되며, 미래 부모역할을 준비하는 기반이 되기 때문에 더 중요하다.

4) 근면성 & 진로

근면성은 자아성장의 결정적 시기에 매우 중요한 덕목으로 '성실'과 '열정'을 들 수 있다. 넓은 사회에서 통용되는 유익한 여러 지식과 정보를 익히고 적응을 해나가면서 부모, 또래, 교사로부터 인정을 받으면 근면성이 발달하게 되고 자아정체감이 확립되며 자신감과 책임감 형성의 기초가 된다.

긴즈버그(Ginzberg)는 직업선택의 결정적인 시기를 사춘기와 청소년기라고 보고 "직업선택은 개인의 직업에 대한 준비와 일의 세계에 대한 목표와 현실성 사이에 최대로 적당한 것을 발견해야 되는 결정의 긴 과정이다."라고 했다. 이 과정의 대부분은 중·고등학교 시기에 나타나므로 직업세계의 변화 경향과 추세에 대한 정보와 조언에서도 타인의 도움을 구하여 청소년기 학생들에게 도움이 되도록 해야 할 것이다. 진로란 직업보다 폭넓은 개념으로 직업만이 아니라 결혼, 가정생활, 자녀양육, 노후생활 등 삶 전반에 걸친 모든 일과 활동을 의미한다. 우리는 일을 통하여 경제적인 안정을 얻고 자신의 가치를 실현하며 나아가 사회 발전에 이바지할 때 삶의 행복과 보람을 얻을 수 있다는 점에서 진로는 매우 중요하다(하정연· 오정희, 2015).

현대사회는 여러 분야의 직업이 존재하며 국내 직업의 수가 총 1만 1,600여 개나 된다(고용노동부 통계, 2015). 따라서 본인의 적성에 맞는 직업을 선택하고 결정하는 것은 매우 중요한 일이다. 진학문제나 진로선택에서 본인의 의사를 우선적으로 고려하여 존중해야 한다. 그러나 지나치게 본인 의사에만 맡기는 것은 무관심이나 거부도 같으므로 간섭한다는 느낌을 주지 않는 범위 내에서 적절한 관심을 보여 주어야 한다.

5) 자아존중감 & 자기관리

자아존중감(selt-respect)은 스스로의 가치를 믿는 것으로 자신이 생각하는 최고의 사람이 될 수 있도록 노력하는 것이며, 자신의 신체와 정신을 돌보는 것을 말하며, 자아존중감을 가진 사람은 스스로 목표를 세운다.

자아존중감은 자기 자신에 대한 평가적 가치관이다. 자기 자신에 대하여 긍정적인 견해를 지닌 사람들은 자신뿐만 아니라 타인에 대하여 수용적이고 원만한 대인관계를 이어간다. 의사소통을 잘 하지 않으려는 청소년기에 그들과 소통을 잘하려면, 긍정적인 면에 초점을 맞춤으로써 자아존중감과 자율성을 높여주는 것이 바람직하다. 청소년은 자신에 대해 긍정적으로 느낄 수 있을 때 말을 더 많이 하게 되는 경향이 있다. 청소년기 자녀의 자아존중감을 높여주려면 부모의 격려가 필요하다(Dinkmeyer & Mckay, 1983). 청소년기에는 자율성을 발달시켜야 하는 시기이다. 심리적으로 부모에 대한 의존에서 적절히 벗어날 수 있어야 하며, 자신의 가치관을 형성해 나가고 스스로 판단하고 결정하며 행동할 수 있는 능력을 길러야 한다.

청소년기의 정체감 형성이란 삶에는 많은 서로 상이한 역할이 있을 수 있으며 미래를 위한 많은 선택과 대안이 있다는 것을 이해하는 것이다. 그들은 자신이 서로 다르면서도 연관된 다양한 자아가 개인 전체에 통합되어 이루어진 진정한 자아를 갖고 있음을 알게 되므로 자아의식이 형성된다. 자신이 누구이고 어떤 가치가 중요하며 어떠한 태도를 가져야 하며, 삶에 있어서 어떤 방향을 택해야 하는가 등에 대한 정체감을 확립하는 과정에서 사회는 개인의 자아개념을 보다 명료하게 하도록 도와 준다. 10대 청소년은 동료집단과 존경하는 중요한 인물 그리고 이상적인 인물들에 의해 자아정체감 형성에 도움을 받는다. 이런 사람들과의 경험은 가족의 통제로부터 독립함으로써 자신만의 목적과 흥미를 설정하고 운영하며 조절할 수 있다는 느낌을 받는 것으로 주체성 형성을 돕는다.

5 실천 사례들

첫 번째 이야기 유한양행의 창시자 "유일한 박사" 이야기

- 세계가 배우는 한국기업의 희망 유한킴벌리 - 유한양행 창시자 유일한 박사

9세의 나이로 홀로 미국 유학을 떠난 유일한은 31세에 미국에서 성공한 청년사업가가 되어 1926년 고국 땅을 밟는다. 하지만 꿈에 그리던 조국의 현실은 일제 식민 치하에 굶주림과 질병으로 고통 받는 비참함 그 자체였다. 이런 조국의 비참한 현실은 그로 하여금 국민 건강을 지키는 제약업을 선택하게 하였다.

"건강한 국민만이 장차 교육도 받을 수 있고, 나라도 되찾을 수 있다."라는 신념은 1926년 12월 10일 제약회사 '유한양행' 설립을 통해 실현된다.

유일한은 타고난 사업가로서 뛰어난 경영 감각과 혁신적 아이디어로 유한양행을 굴지의 제약회사로 키웠다. 하지만 그가 회사를 키운 목적은 개인적 부의 축적이 아닌 사회 환원이었다.

1936년 개인기업을 법인기업으로 바꾸는 결단도, 1962년 제약업계 최초로 주식을 상장하며 자본과 경영을 분리한 것도, 1969년 경영 일선에서 은퇴하며 자식이 아닌 회사 임원에게 사장직을 물려줘 전문경영인 등장의 선구자 역할을 한 것도 유일한이 가진 기업 철학의 실천이다.

특히 투명경영과 성실납세는 기업 경영의 제1원칙이었다.

일제시대와 1960년대 권력과 타협하지 않는 유한양행을 향한 세무조사의 칼날은 1원도 탈세하지 않은 사실이 알려지며, 오히려 모범납세기업으로 선정되는 계기가 되었다. 그래서 1968년 유한양행은 모범납세기업으로 선정되어 동탑산업훈장을 받기도 했다.

"기업의 존립 바탕인 국가에 성실하게 납세하는 것은 당연하지만 정치와 기업이 철저하게 분리되어 투명한 경영을 해야 한다"는 그의 신념이 유한양행의 기업이미지에 또 하나의 큰 보탬을 준 셈이다.

유일한이 평생 기업가로서 펼쳐온 국익 사상, 혁신을 바탕으로 한 합리적 실용주의, 낭비를 절대 허용치 않는 근검절약의 정신과 청지기 정신은 한국사회 기업사의 보기 드문 모범이 되고 있다.

"기업에서 얻은 이익은 그 기업을 키워준 사회에 환원하여야 한다."

– 유일한 박사의 어록 중에서

"회장님의 유언장"(유한양행 유일한 회장의 에피소드)

"눈으로 남을 볼 줄 아는 사람은 훌륭한 사람이다. 그러나 귀로는 남의 이야기를 들을 줄 알고 머리로는 남의 행복에 대해서 생각할 줄 아는 사람은 더욱 훌륭한 사람이다. 실패, 그것으로 해서 스스로 나의 존재가치를 깨닫는다면 실패 그것은 이미 나의 재산인 것이다." – 유일한 회장의 어록 중에서

유일한 회장의 유언장은 다른 회장들과 사뭇 다른 내용이었다. 그가 세상에 남긴 여섯 장의 유언장은 세상의 무용담이 되었다.

첫 번째 유언장은 "아들은 대학까지 졸업시켰으니 앞으로 자립해서 살아가라."라는 내용이었고, 두 번째 유언장은 "손녀(7세)에겐 앞으로 대학졸업 때까지 필요한 학자금 1만 달러를 준다."였다. 세 번째 유언장은 "내 소유 주식 14만 941주는 전부 한국 사회 및 교육 원조에 쓰이길 원한다."였고, 네 번째 유언장은 "딸에게는 내 묘소의 주변 땅 5,000평을 물려준다(묘소와 주변 땅이 있는 곳은 회장직에 있으며 설립한 유일공업고등학교 교정임)."였다. 그 외 다른 유언장 또한 사회에 기업을 환원하는 내용의 유언장이었다.

두 번째 이야기 아프리카의 사자와 가젤 이야기

아프리카에서는 매일 아침 가젤이 잠에서 깬다.

가젤은 가장 빠른 사자보다 더 빨리 달리지 않으면 죽는다는 사실을 알고 있다. 그래서 그는 자신의 온 힘을 다해 달린다.

아프리카에는 매일 아침 사자가 잠에서 깬다.

사자는 가젤을 앞지르지 못하면 굶어 죽는다는 사실을 알고 있다.

그래서 그는 자신의 온힘을 다해 달린다.

네가 사자이든, 가젤이든 마찬가지이다. 해가 떠오르면 달려야 한다.

6 생각해 볼 문제

- 청소년기의 '부모-자녀 간의 효과적인 의사소통'에 대해 논의하시오. 【토론】
- '나의 리더십'에 대해 자유롭게 기술하시오. 【글쓰기】

(예: 리더십, 자기관리, 배려, 대인관계. 친화력, 자기존중감 등)

영화로 보는 인성 이야기

<table>
<tr><th>구분</th><th>인성덕목</th><th>영화 포스터</th><th>인 물</th></tr>
<tr><td rowspan="4">청소년기</td><td rowspan="2">의리</td><td>
</td><td>
춘화(강소라)</td></tr>
<tr><td colspan="2">영화줄거리 전라도 벌교 전학생 나미는 긴장하면 터져 나오는 사투리 탓에 첫날부터 날라리들의 놀림감이 된다. 이때 범상치 않는 춘화의 등장으로 나미는 학교생활에 적응하게 되며 전개되는 학창시절 이야기.
〈우리 중 하나를 건드리는 건 우리 전체를 건드리는 거야〉</td></tr>
<tr><td rowspan="2">협력</td><td>
</td><td>
정훈(박지빈)</td></tr>
<tr><td colspan="2">영화줄거리 한 기간제 교사가 폭력, 절도 등의 문제 학생들을 데리고 방과 후 동아리 활동을 하게 된다. 이 아이들을 데리고 서울 학생 동아리 한마당 뮤지컬 대회를 나가기 위해 준비하며 '나'를 찾아가는 영화이다.
〈아무도 하지 않는 걸 해보자고요〉</td></tr>
</table>

<table>
<tr><th>구분</th><th>인성덕목</th><th>영화 포스터</th><th>인 물</th></tr>
<tr><td rowspan="2">청소년기</td><td rowspan="2">효</td><td></td><td>
짱구(정우)</td></tr>
<tr><td colspan="2">영화줄거리 엄한 가정에서 자랐지만 형과 누나와는 다르게 집안에서 유일하게 명문고에 진학하지 못해 골칫덩이가 된다. 불량 서클에 가입해 싸움세계에서 입지를 다져가던 중 항상 강한 모습일 줄 알았던 아버지의 아픈 모습을 보고 점차 변화되어가는 영화이다.
〈아버지가 뺨을 때렸을 때 내 뺨이 아파야 되는데, 아프지가 않았다〉</td></tr>
</table>

6장

성인기의 인성교육

인성은 곧 '역량'이다. "인성이 진정한 실력이다"라는 표어를 내세워 '인성 교육 비젼'을 발표하였다(교육과학기술부, 2012). 배려, 공감, 협동심 등을 핵심가치로 하는 '바른 인성'을 키우는 실천중심의 인성교육이 최근 강조되고 있다(Griffin, P., McGaw, B., & Care, E., 2012; OECD, 2005; 류성창 외, 2011; 한유경 외, 2012). 이 인성교육의 핵심역량(key competencies)은 '생각의 방식, 일하는 방식, 일하는 기술, 삶의 방식' 등 4가지 범주로 나누고 10가지 핵심적인 역량을 제시하고 있다. 그중에서 삶의 방식에 속하는 것이 '시민의식'이며, 곧 인성의 기본이라 할 수 있다. 사회의 급격한 변화 속에 '시민의식'을 갖고 새롭게 도전하는 정신이 핵심역량이며 바른 인성교육이다.

최근 우리나라의 경우 성인기에 새롭게 공부를 시작하거나, 성인 중기에 새로운 직업을 찾아 인생의 제2막을 도전하는 경우가 많다. 이는 인생의 전환점(turning point)에서 자신의 삶에 관한 성찰의 과정이 있었음을 추측해 볼 수 있다. 그러나 이러한 성인기에 겪게 되는 문제상황을 해결하는 방법을 체계적으로 지도해 주거나 인생에 관한 시각을 갖게 하는 인성교육은 이루어지지 못하고 있다.

성인기의 인성교육이 가능한 시기는 적극적으로 범정부 차원으로 이끌어, 주민등록증을 발급받는 성인이 되는 시기의 성인기 입문교육, 혼인신고 당시의 행복한 결혼생활을 위한 소정의 교육, 아이 출생신고 당시 아버지의 부모교육 등 성인기의 사회적 시계에 의한 변화에 적응하기 위한 교육을 실시하는 것이 필요하다는 데에 많은 공감을 이루고 있었다. 최근 성폭력 범죄, 패륜 범죄, 묻지마 범죄 등으로 사회 안전망이 위협받고 있는 이유는 변화하는 사회에 건전하게 적응하지 못하고, 이전의 발달단계에서의 열악한 환경에 대한 사회적 지지망 결여 등 결핍에서 오는 문제를 극복하지 못했기 때문이다.

그러므로 본 장에서는 성인기 인성교육의 필요성, 성인기의 발달적 특성, 성인기 부모-자녀 간 상호작용과 인성교육, 성인기의 주요 덕목, 실천 사례들, 생각해 볼 문제 등을 살펴보고자 한다.

1 성인기 인성교육의 필요성

성인기는 20세기 이전까지는 존재하지 않았던 발달단계로 전 생애발달을 중요시한 에릭슨의 심리·사회적 이론에 의해 처음으로 중요한 발달단계로 인식되기 시작하였다. 영유아기나 청소년기와 같은 특정한 발달단계만이 중요한 것이 아니라 전 생애 동안의 모든 발달단계가 동등하게 중요하며, 인간발달은 임신되는 순간부터 죽음의 순간까지 계속된다는 입장을 취하고 있다(조용태·유경미·이기용, 2015).

대체적으로 심리적 어려움을 겪는 사람은 주변의 가족이나 친구, 종교지도자 등에게 상담을 하거나, 최근에는 심리상담센터, 가족치료센터, 지원센터 또는 복지시설 등의 심리상담을 통해 전문가의 도움을 받을 수 있으나, 대체로 자신의 문제를 혼자서 해결하는 방법들이 주를 이루어 왔다. 또한, 현대사회의 물질만능주의, 핵가족사회, 가족해체 현상 등의 문제현상으로 인해 영유아 교육기관과 학교의 교사들은 영유아, 아동의 교육뿐만 아니라 그들의 어머니, 아버지, 가정환경 등에 관해서까지 부모교육을 해야 하는 상황에 이르렀다.

따라서 성인기 인성교육에 관한 적극적인 관심과 프로그램 개발이 필요하며, 다문화적 사회의 급변하는 사회에 적응하기 위한 적극적인 노력이 개인과 사회·국가적으로 필요함을 다시 한 번 강조하고 싶다.

2 성인기 발달적 특성

인간의 전 생애발달측면에서 보면 성인들은 대체로 안정적인 신체건강과 정신건강을 이룬 상태에서 스스로의 삶을 선택하고 결정할 수 있다. 성인기를 어떻게 구분하는가는 연구자에 따라 차이가 있지만 20대, 30대, 40대, 50대, 60대에 이르기까지를 성인기라 규정할 수 있고, 사회적으로 중추적 역할을 담당하기 때문에 가장 중요시 되는 연령단계이다. 약 19세부터 26세 사이에 해당하는 성인초기에는 신체적 수행의 절정에 도달하고 인생에서 가장 건강한 시기이기도 하다. 성인중기는 30세 전후에서 40~50대 이후까지로 신체변화는 매우 점진적으로 이루어지고 노화가 진행된다. 내분비체계에 변화를 경험하여 두드러진 변화는 생식능력의 상실을 의미하는 갱년기 경험으로 남성의 경우 성인중기와 후기에 걸쳐 점진적으로 나타나는 반면, 여성들은 40대말 혹은 50대 초반에 보다 갑작스럽게 나타나는 경향을 보인다(홍순정 외, 2013).

성인중기부터 성인후기까지의 변화는 분명하지 않지만 연령증가와 함께 공통적인 변화는 개방성의 감소, 내면성 증가, 타인에 대한 관심 증가, 고독의 증가 등 성격에 영향을 주며 성인중기 이후의 특성으로 나타난다.

독일의 발테스(Baltes, 1987; 1998)가 제안한 전 생애발달적 조망은 성인기를 아동기나 청년기 못지않게 중요한 발달단계로 부각시켰다(장휘숙, 2012). 전 생애발달적 조망의 관점으로는 다음과 같은 특성을 가지고 있다.[1]

첫째, 발달은 획득과 상실을 포함한다.
둘째, 발달은 중다차원적·중다방향적·중다원인적이다.
셋째, 가소성이 있다.
넷째, 발달은 역사적·문화적·사회적 맥락 내에서 일어난다.
다섯째, 발달은 다학제적이다.

1) 조용태·유경미·이기용(2015). 인성의 이해와 실제. 경기: 공동체

'어떻게 하면 행복한 삶을 살 수 있을까?에 관한 화두로 성인기의 삶을 설명할 수 있을 것이다. 인간이 살아가면서 어떠한 문제에 직면하였을 때 그에 관련한 정보를 모아 문제 상황을 객관화하는 노력은 첫 번째 해야 할 단계이다. 즉, 나에게 직면한 문제를 바로 알고 객관화하는 것이야 말로 그 문제를 극복해 낼 수 있는 근본적 힘이기 때문이다. 그러므로, 성인기에 관한 발달적 특징, 성인기에 겪게 되는 일반적인 경험과 발달과업들에 대한 이론적 지식은 지금 겪고 있는 문제들이 나에게만 부딪히는 현실이 아닌 성인기 보통의 사람들이 겪는 문제임을 인식하기 위해 성인기의 발달과 특성에 관한 학습이 필요하다(조용태 · 유경미 · 이기용, 2015).

성인기는 인생의 전환점(turning point) 시기라고도 할 수 있다. 발달궤도상에서 지속적 변화와 활동의 우선순위에서 변화를 일으키는 인생사건을 의미한다. 개인의 삶에서 새로운 역할과 행동패턴을 생성해내기도 하는 중요한 시기이다.

이를 위해서는 적극적 노력이 필요하다. 예를 들면, 평생학습기관에 강좌 등록하기, 마음이 맞는 친구들과 독서토론 등의 모임을 갖기, 집단상담을 통해 전문가의 도움을 받기, 인터넷 정보검색이나 커뮤니티 활동, 관련 저서 읽기 등의 노력들이 필요하다.

1) 스트레스를 친구로 만들자[2)]

인간은 살아가면서 전혀 스트레스를 받지 않을 수 없고 생활 주변의 모든 상황이 스트레스를 일으킬 수 있다. 또한, 스트레스를 일으키는 원인은 외부로부터의 유발요인에 의해서만 발생되는 것이 아니라 자신의 내부에서 만들어지는 경우도 많다. 이는 스트레스를 일으키는 상황을 좀 더 긍정적인 상황으로 볼 수 있게 해 준다.

스트레스라고 하면 우리는 부정적인 영향만을 생각하기 쉬우나 스트레스는 삶에 대한 변화나 재평가를 촉진시키므로 개인을 성장하게 하는 긍정적인 영향을 주기도 한다. 그러나 스트레스는 겪는 과정에서 질병에 취약하게 하거나 질병을 악화시키는 역할을 하는데, 대체로 앞으로 일어날 사건에 대해 스트레스를 받는 사람이라면

---

2) 조용태 · 유경미 · 이기용(2015). 인성의 이해와 실제. 경기: 공동체.

불안증상이, 이미 지나간 사건에 대한 스트레스를 받는 사람이라면 우울증상이 나타난다. 부정적 스트레스는 개인의 삶에 부정적인 영향을 미치기 때문에 사람들은 이러한 스트레스를 피하고자 하지만, 긍정적인 스트레스는 개인으로 하여금 창조적인 작업을 할 동기를 증가시킴으로써 개인적으로나 직업적으로 성장의 원동력이 되기도 한다(전도근 외, 2010).

적당한 스트레스는 자극호르몬인 아드레날린이나 다른 호르몬이 혈중으로 분비되어 우리 몸을 보호하려는 반응과 위험에 대처해 싸우거나 그 상황을 피할 수 있는 힘과 에너지를 제공하기 때문이다.

따라서 사람들은 각종 스트레스에 직면하면 다양한 대처방안을 활용해야 한다. 여기에서 대처란 스트레스를 유발하는 요인들을 약화시키고 스트레스 경험에 수반된 정서적 각성을 수정하기 위하여 개인이 사용하는 인지와 행동이다.

스트레스의 대처방안을 살펴보면 우선, 내적 스트레스 요인을 해결하지 않으면 외적 상황이 바뀐다고 해도 여전히 고질적인 스트레스가 또다시 생산된다. 스트레스로 인해 긴장하고, 걱정이 많아지고, 불안해지는 것은 어느 정도까지는 정상적이지만 병적이어서 심한 우울증과 불안증으로 인해 대처능력을 상실하면 큰일이다. 스트레스를 관리하기 위한 많은 아이디어가 있을 수 있다.

첫째, 스트레스의 개인 내적 요인들을 관리하라. 자기를 아는 것은 심리적으로 가장 강한 힘이 된다. 즉 나는 어떤 사람인지, 성격은 어떤지, 강점과 약점은 무엇인지에 관심을 가지고 그것들을 자연스럽게 받아들이는 습관이 필요하다.

둘째, 스트레스의 원인이 되는 복잡한 주변 환경을 간결하게 정리하라.

셋째, 바쁜 생활 가운데도 소진되지 않도록 생활관리를 하라. 운동, 식사, 규칙적 생활, 휴식 등을 가장 먼저 챙긴다.

넷째, 위기관리 능력을 키워라. 누구에게나 위기는 찾아오는데 그러한 상황은 어느 때보다 스트레스를 가중시킨다. 자신의 삶에 만족할 줄 아는 사람은 스트레스가 잘 생기지 않는다.

다섯째, 주변 사람들의 지지망을 활용하라. 스트레스가 쌓일 때 주위 사람들과 대화를 나누면 감정이 해소될 뿐 아니라 위로 받을 수 있다. 도움을 구하는 가장 쉬운 방법은 스트레스를 해결하는 방법을 찾는 것이고, 가장 효과적인 방법은 전문가를 직접 찾아가는 것이다.

2) 좋은 스트레스와 나쁜 스트레스[3)]

개인은 상황 내에서 다양한 사태나 사건으로 인해 스트레스에 노출된다. 개인은 스트레스의 주요 원천인 좌절, 갈등, 압력, 억압 및 불안과 같은 심리적 스트레스에 영향을 받는다. 스트레스에 노출되면 심리적·신체적 위협이나 부정적인 정서를 갖게 된다. 그러나 정신의학 차원에서 보면 스트레스는 효과 있는 생활을 위한 요인이 될 수도 있다. 우리나라의 성인, 직장인의 스트레스 정도와 남자 사망률은 세계 최고 수준이다. 청년실업, 조기정년, 승진에 대한 압박감, 무한경쟁 등 성인기에 경험하는 사회는 인생의 그 어느 시기보다 복잡하고 경쟁적이며 엄청난 스트레스가 원인인 사회이다.

스트레스는 받는 것보다 이 스트레스를 어떻게 대처하느냐가 더 중요하다. 라자루스와 포크만(Lazarus & Folkman, 1984)은 스트레스를 어떻게 해결하느냐에 따라 개인의 신체적·생리적·심리적·인지적 경험이 달라진다고 하였다. 스트레스 상황에 따른 대처방안에 따라 스트레스를 받은 후에 나타나는 정서적 반응은 개인마다 달라지기 때문이다. 이처럼 스트레스는 개인의 대처방안에 따라 긍정적인 좋은 영향을 줄 수도 있고 부정적인 나쁜 영향을 줄 수도 있기 때문에 좋은 스트레스, 나쁜 스트레스라고 한다(양애경, 2010).

이처럼 스트레스는 부정적인 측면만이 아니라 긍정적인 가치를 지니고 있다는 것을 기억할 필요가 있다. 예를 들어 일상생활에서 다양한 변화와 도전, 그리고 감성이 포함되어 있는 동안 스트레스는 항상 건강한 정신을 유지하고 안락한 삶을 살아가기 위해 스트레스에 대한 바른 이해와 적절한 대처방안이 강구되어야 한다.

---

3) 양애경(2010). 학업성취도를 높이는 감동학습플랜. 서울: 동문사.

3 성인기 부모-자녀 간 상호작용과 인성교육

상급학교의 진학문제와 직업과 관련된 진로선택의 문제도 학부모의 큰 관심사라고 볼 수 있다. 그러나 자녀에 대한 부모의 포부 수준과 기대가 자녀의 능력보다 지나친 수준이 될 때 자녀는 좌절감을 겪기 쉽다. 따라서 교사의 도움과 몇 가지 심리검사를 통한 기본자료를 활용하여 자녀의 학업성적, 흥미, 적성에 알맞은 적절한 조언을 해야 할 것이다.

이와 같이 성인초기에는 문화·전통·가치, 지역과 시대의 성의식에 맞는 과학적이고 합리적인, 그리고 적극적이고 체계적이며 교육적인 교육이 실시되어야 하겠다. 성교육에는 성에 대한 지식(information)과 성에 대한 가치(value)를 가르치는 두 가지 측면이 있다. 따라서 성에 대한 가치는 가정교육을 통해 배우는 것이 가장 자연스러우며, 성에 대한 지식은 전문가부터 배우는 것이 보다 효과적이라고 하겠다.

4 성인기의 주요 덕목 - 실제 활동

리코나(Lickona, 1991)는 존중과 책임감을 강조하면서 이와 함께 정직, 열정, 공정, 용기, 자기조절, 도움, 관용, 협동, 자존감, 민주적 가치들을 논의하고 있고, 베넷(Bennett, 1993)은 열정, 책임감, 정직, 우정, 노동, 용기, 자기조절, 인내심, 신의, 신념을 중시한다. 품성교육 동반자 그룹(CEP)은 11개의 원칙을 제시하는데, 좋은 품성의 기초를 형성하는 중요한 핵심윤리적 가치로서, 자신과 타인을 위한 존중, 책임감, 공정성, 정직, 배려를 중시한다. Giraffe Heros Program(Grahem, 1999)은 열정과 너그러움을 강조한다(홍순정 외, 2011).

홍순정·전방실(2012)의 연구에 따르면 성인기에 다루어져야 할 덕목으로 열린 마음과 관용, 자아존중감, 근면성, 개인적·사회적 책임감, 평온함, 공정성과 공평성, 정직, 배려, 협동, 신뢰감, 자유와 자율성에 대해 제시하고 중요도를 살펴본 결과,

'매우 중요하다'와 '중요한 편이다'로 중요한 정도를 높게 평가하고 있다. 우선순위를 요구한 질문에서 성인기에 갖추어야 할 기본덕목으로 자아존중감(76.1%), 배려(72.7%), 열린마음과 관용(64.2%), 신뢰감(54.7%), 정직(52.2%), 개인적·사회적 책임감(50.7%) 등의 인성 덕목에 관해 우선시하는 경향을 살펴볼 수 있었다.

위의 내용을 종합해 보면 개인적인 자기관리와 타인에 대한 배려와 관용, 대인관계와 성공적인 인맥관리, 팀워크와 리더십, 그리고 진로탐색측면 등은 성숙한 성인들이 갖추어야 할 덕목이라 할 수 있겠다. 이러한 덕목들은 이전의 인간발달 단계에서 충분히 탐색하고 안정적인 성격을 형성하였을 경우에는 그리 어려운 일이 아니다. 성인기 주요 덕목의 세부 내용을 살펴보면 다음과 같다.

1) 자기관리

다양한 방법으로 자신과의 인터뷰를 시도해 보자. 나의 강점과 약점은 무엇이며, 내가 하고 싶은 일 또는 직업은 무엇인가? 내가 그 일을 잘할 수 있는지, 능력이 있는지, 다른 사람들이 어떻게 생각할지는 판단하지 마라. 자기와의 인터뷰를 기록할 때는 최대한 솔직하게 적는 것이 중요하다. 자신의 속마음을 알게 될 때 잠재능력이 저절로 빛을 발하기 시작할 것이다. 열린 마음(open-mind)은 내 것을 고집하지 않고 남의 것을 받아들이는 마음이며, 관용(tolerance)은 사람 간의 차이를 받아들이는 태도를 말한다. 자기계발을 위해선 자발적으로 공부하는 자기주도학습능력을 향상하고, 독서하고, 창조적으로 생각하고, 참여하는 것이다,

나를 가치 있게 만드는 자기관리의 모든 것, 즉 자아존중감이란 자신이 가치 있는 존재라고 믿는 것이다. 그러니까 내겐 내가 필요로 하는 것과 원하는 것을 주장할 자격이 있고, 나의 노력으로 얻은 결과를 즐길 수 있는 권리도 있으며, 나의 행복은 스스로 만들어 갈 수 있다는 믿음이다. 서점에 가면 수많은 자기계발서들이 범람하고 있다. 모두 인생의 정답을 알려주고 있는 듯하다. 이러한 자기계발서들의 내용은 일맥상통한다. 모두 긍정적으로 자신의 잠재적 에너지를 믿고 마음껏 분출하라고 말하고 있다.

Tip 로테이션 글쓰기

S.W.O.T 분석은 켄 앤드루스(Ken Andrews, 1971)가 기업의 자원 및 역량과 외부환경 간의 적합성을 개념화하는 과정에서 탄생되었다. 이 분석은 강점(Strenght), 약점(Weakness), 기회(Opportunity), 위협(Threat)을 기본전제로 하여 내부 및 외부에서 발생하는 긍정적이고 위협적인 내용을 분석하여 자신의 방향성을 설정하고 대처하기 위한 방법이다.

나의 강점과 약점은 무엇인가?

강점은?	약점은?
• 자신감 있고 적극적이며 열정적이다. • 의지력·추진력이 있다. • 아이디어·기획력이 있다. • 긍정적이고 적극적이다. • 판단력·추진력이 있다. • 리더십·지도력·책임감이 있다. • 문제해결능력이 있다.	• 참을성과 절제력이 부족하다. • 관심 있는 일 이외에는 무관심하다. • 쉽게 화를 낸다. • 타인의 감정을 세심하게 배려할 줄 모른다. • 대인관계가 폭넓지 못하다. • 감정 표현이 서툴고 흥분을 잘한다. • 의지력이 약하다.
• • • • • • • •	• • • • • • • •

출처: 정철희(2011), 『초등부터 하지 않으면 안 될 포트폴리오 전략』.

'나다움'이란 무엇일까? 나다움을 설명할 수 있는 요소들을 사진으로 촬영하여 기록으로 남겨보자. 이를 자료 삼아 나에 대한 마인드맵을 그려보고 소개 글을 적어보자. 다음의 S.W.O.T 분석표를 작성하면서 나의 현재 모습을 찾아보자.

- 나의 S.W.O.T 무엇인가?

Strength(강점)	Weakness(약점)
Opportunities(기회)	**Threats(위협)**

- 내가 좋아하는 것과 싫어하는 것은 무엇인가?

좋아하는 것	싫어하는 것
• 따뜻한 국물이 있는 음식, 샤브샤브 • 다양한 음식을 한 번에 맛볼 수 있는 뷔페 • 국어, 영어, 체육, 음악 • 등산과 트레킹 • 예의 바르고 솔직한 사람	• 라면, 수제비 같은 밀가루 음식 • 수학, 화학, 미술 • 탁구와 수영 • 행동력이 부족한 사람 • 계획을 세우고 계획에 맞추어 움직이는 것
좋아하는 것	**싫어하는 것**

출처: 윤태익(2012), 『남과 다른 나를 찾는 자기 발견 기술 나답게』.

- **내가 갖고 싶은 것과 하고 싶은 것, 되고 싶은 것은 각각 무엇인가? 그리고 그 이유는?**

갖고 싶은 것	승용차	좋은 승용차를 타고 어디든 달리고 싶다.
하고 싶은 것	세계 여행	다양한 나라의 문화를 경험하고 싶다.
되고 싶은 것	선생님	가르치는 것에 대한 보람을 느끼는 것 같다. 좋은 스승으로 남고 싶다.
내가 잘 할 수 있는 일		• 앞장서서 사람들을 설득, 지도하는 일 • 강한 의지로 리더십을 발휘하는 일 • 개척하고 규모를 확장하는 일
내가 잘 할 수 없는 일		• 타인을 도와주고 돌보는 일 • 규칙적으로 꾸준히 반복하는 일 • 최첨단 기기를 다루고 생산해내는 일

출처: 윤태익(2012), 『남과 다른 나를 찾는 자기 발견 기술 나답게』.

실제 적용 활동

갖고 싶은 것		
하고 싶은 것		
되고 싶은 것		
내가 잘 할 수 있는 일		
내가 잘 할 수 없는 일		

2) 대인관계와 성공적 인맥관리

인간관계에서 개인적·사회적 책임감은 매우 중요한 덕목이라 할 수 있다. 책임감(responsibility)은 스스로 하겠다고 말한 것을 이행하는 것으로 자신의 약속을 지키기 위해 열심히 노력한다. 이런 사람은 자신의 말이나 행동의 결과를 받아들이며 규칙을 잘 따른다. 책임감 있는 사람은 신뢰를 받으며 정직하고 다른 사람의 실수에 대해 비난하지 않으며 자신의 행동에 책임을 진다. 원만한 대인관계란 구성원들이 서로 믿고 격려해야 심리적인 안정감을 얻을 수 있으며, 친밀하고 성숙한 관계로 발전시킬 수 있다.

성공적인 인맥관리를 위해서는 무엇보다도 열린 마음이 중요하다. 열린 마음(open-mind)은 내 것을 고집하지 않고 남의 것을 받아들이는 마음이며, 관용(tolerance)은 사람 간의 차이를 받아들이는 태도를 말한다.

3) 팀워크와 리더십

협력은 서로 마음과 힘을 하나로 합친다는 뜻으로 2명 이상의 사람이 어떠한 목표를 공유해 함께 힘을 합해 활동하는 것을 뜻한다. 인간은 다양한 형태의 인간관계망 속에서 상호협력을 하면서 살아가고 있다. 이것은 또 다른 의미에서 팀워크와도 밀접한 관련성을 지닌다. 팀워크와 리더십 향상을 위해서는 무엇보다도 신뢰감 형성이 중요하다. 신뢰감(trust)은 인간의 자연적 본성으로서의 신뢰와 인간의 상호작용과 사회적 환경의 영향으로부터 비롯된, 즉 지속적 경험에 의해 양성되는 신뢰로 기본적 믿음을 바탕으로 한다. 예를 들어, 축구경기에서 아무리 뛰어난 세계적인 호날두 선수라도 혼자서 상대편을 이길 수 없다. 다른 10명의 선수들의 도움을 받아야 이길 수 있다. 11명의 선수가 각자의 위치에서 역할을 다하고 협력할 때 팀워크가 형성되고 팀의 승리 가능성이 커지는 것이다.

리더십은 특정인만이 갖고 태어나는 능력이 아니라 교육과 훈련을 통해서 습득하고 달성할 수 있는 보편적인 것으로 그 사람의 인격이고 성품이며 만들어지는 것이다.

리더(지도자)는 명령하는 사람이라기보다는 섬기며 봉사하는 사람이다. 대학생은 이전까지 입시라는 중압감에 빠져서 다른 사람과의 관계나 협동, 조직의 목표 등에 대한 생각을 하지 못했다. 그러나 성인이 되면서 자신의 비전이나 진로를 탐색하게 되면서 대인관계가 확장된다. 학과, 동아리, 아르바이트 직장, 봉사단체 등 다양한 조직에서 대인관계를 가진다. 따라서 적극적으로 리더십 개발활동을 하게 되고, 비로소 좋은 리더십을 가질 수 있게 된다.

4) 진로탐색

직업 선택에 있어 중요한 전략 중의 하나는 직업에 대한 다양한 정보를 빠르게 듣는 것이다. 직업은 현실적으로 가능하면서 장기적인 목표를 가지고 달성할 수 있는 것이어야 한다는 점에서 자신이 희망하는 직업에 대해 정확한 정보를 획득하는 것은 매우 중요하다. 따라서 직업관련 정보를 얻을 수 있는 웹사이트를 통해서 자신에게 적합한 직업을 찾아보면 합리적인 직업선택에 큰 도움이 얻을 수 있을 것이다. 직업은 생계유지를 위한 경제적·사회적 활동을 의미한다.

인간은 직업활동을 하면서 사회구성원으로 참여하고 생계를 유지하며 사회의 한 구성원으로서 자신의 가치를 실현하고 삶의 보람을 누린다. 최근 청년실업이 급증하고 현대사회는 급격한 취업난과 계층 간 양극화 현상이 두드러지게 나타나고 있다. 각종 대학과 대학원의 고등교육기관 취업대상자 48만5천여 명 중 실제 취업자는 28만4천여 명으로 취업률은 58.8%이다(통계청, 2014). 대졸자 10명 중 4명이 미취업자인 셈이다. 대학생들에게 '나다움'을 찾아주고 진로탐색에 있어 취업 시 면접 인터뷰 노하우와 자기소개서 작성법에 대한 노하우를 제시하면 다음과 같다.

직업진로 정보 추천사이트

- KG 아이티뱅크 itbankcampus.or.kr
  - 정부지원 국비과정, 비전공자 초보자 가능, 전국 8개 지점, 우수 강사진, 교육문의접수처
- 인기 재택부업 사이트 드림큐 www.dreamq.net
- 직업정보사이트 역시 파인드잡 www.findjob.co.kr
- 청년고용포털사이트
- 중소기업전문포털사이트

- 한국직업능력개발원
- 한국직업정보시스템
- 워크넷 및 직업길라잡이

만족도가 높은 직업과 연봉 높은 직업 비교

직업 만족도가 높은 직업 BEST 20					연봉이 높은 직업 BEST 20				
직업		연봉(만원)	전망(%)	만족도(백분위 점수)	직업		연봉(만원)	전망(%)	만족도(백분위 점수)
1	사회계열 교수	6321	6.7	99	1	기업 고위 임원(CEO)	10988	36.7	75
2	교육계열 교수	6241	13.3	99	2	국회의원	10652	16.7	86
3	초등학교 교장 및 교감	5923	13.3	99	3	도선사	10539	33.3	96
4	인문계열 교수	6259	20.0	98	4	성형외과 의사	9278	56.7	95
5	성우	4248	50.0	98	5	항공기 조종사	9183	97.2	86
6	학예사(큐레이터)	3668	43.3	98	6	변호사	8860	43.3	89
7	상담 전문가	2762	75.0	98	7	외과 의사	8268	60.0	90
8	작곡가	2591	60.0	98	8	치과 의사	8224	93.3	64
9	신부	1971	16.7	98	9	대학교 총장 및 학장	8040	6.7	96
10	아나운서	5262	33.3	97	10	행정부 고위 공무원	7403	10.0	89
11	기술지원 전문가	3473	70.0	97	11	정신과 의사	7394	63.3	94
12	국악인	2959	53.3	97	12	의약계열 교수	7332	36.7	91
13	도선사	10539	33.3	96	13	산부인과 의사	7283	0.0	86
14	대학교 총장 및 학장	8040	6.7	96	14	프로야구 선수	7255	53.3	24
15	한의사	6790	56.7	96	15	안과 의사	7150	60.0	82
16	방사선과 의사	6580	53.3	96	16	피부과 의사	7116	76.7	92
17	자연계열 교수	6123	32.3	96	17	공학계열 교수	7036	16.7	95
18	심리학 연구원	3142	94.3	96	18	비뇨기과 의사	7012	46.7	90
19	놀이치료사	2577	86.7	96	19	소아과 의사	6889	20.0	93
20	성형외과 의사	9278	56.7	95	20	회계사	6853	40.0	70

자료 : 한국고용정보원

• 자신이 좋아하는 직업 3개를 찾아보고 그 이유를 기술하시오.

	직 업 명	알고 있는 내용	선택한 이유
1			
2			
3			

• 자신이 좋아하는 직업 중 현실적인 조건을 고려하여 나의 직업으로 알맞다고 생각하는 한 개의 직업을 선택하고 그 이유를 쓰시오.

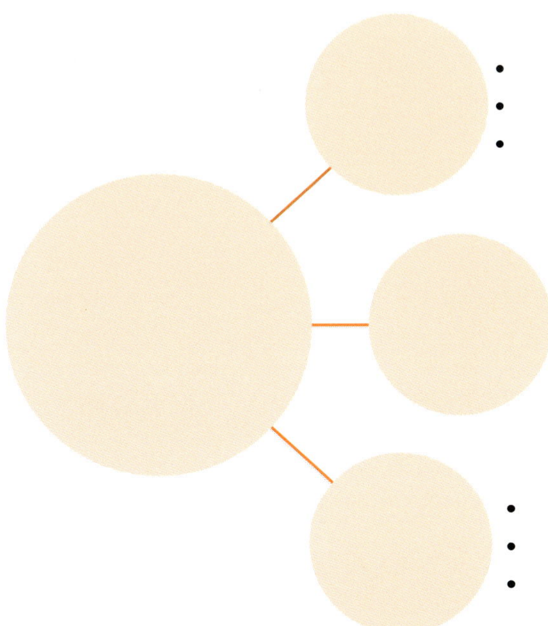

자기소개서와 인터뷰

1. 자기소개서 작성 노하우

1) 자기소개서의 정의

자기소개서란 다른 사람에게 나를 나타내거나 자신을 소개하고 알리는 글이다. 자기소개서는 짧은 시간 동안 자신의 인생을 굵고 담백하게 표현하는 의사소통이다. 단순한 수치로는 설명할 수 없는 숨은 노력과 체험학습, 봉사 그리고 팀워크, 다양한 활동에 대한 열정과 동기를 나의 철학, 가치관과 연결해 체계적으로 기술해야 한다. 자기소개서 작성 시 진정성 있고 감동적이면 더 효과적이다.

상대방에게 자신을 어떻게 소개하느냐에 따라 그 사람의 첫인상을 좌우하므로 상황에 따른 적절한 자기소개방법을 학습하는 것은 매우 중요하다.

2) 자기소개서 작성방법

효과적인 자기소개서 작성방법으로는

① 자신을 소개할 때 인상적으로 전달하는 것이 필요하며,

② 자신에 대한 긍정적이고 상대방이 기대감을 가질 수 있는 수식어를 사용,

③ 자신의 단점보다는 장점을 솔직하게 표현하며,

④ 감동을 줄 수 있고, 진정성이 와 닿게 스토리를 만들어서 자기소개를 한다.

3) 자기소개서 작성 시 유의사항

① 첫 단락을 중요시 하라

모든 단락에 소제목이 있는 것이 보기 좋다. 너무 거창하고 철학적인 제목은 달지 않도록 한다. 소제목을 보고 그 내용을 유추할 수 있어야 한다.

② 솔직하게 나를 표현하고 감동을 주어라

자기소개서를 쓸 때 거짓정보를 담거나 과장해서 쓰면 안 되며, 진정성이 와 닿고 감동적이면 효과적이다.

③ 자신에 대한 이미지를 만들며 차별화하라
자기소개서의 모든 내용은 항상 자신을 타인에게 소개한다는 것을 전제로 자신만의 독특한 이미지를 나타내는 일관된 구성으로 이끌어가야 한다.

④ 구체적이고 참신하게 체계적으로 작성하라
자신의 개성과 함께 강한 인상을 심어 줄 수 있는 구체적인 내용 위주로 작성한다. 무미건조한 글은 지루할 수 있으므로 창의성을 발휘하여 다양하게 구성한다. "경험 → 어려움 → 극복 → 배움 → 지원 기업(직무)과 연결고리 → 응용(발전)"과 같은 형식이 가장 효과적이다. 누가 봐도 이런 경험을 한 지원자가 우리 회사에 도움이 되겠구나! 이렇게 느낄 수 있게 만들어야 한다.

⑤ 어려운 단어나 한자, 외래어 및 전문적인 용어는 신중하게 사용하라
한자나 외래어를 써야 한다면 주의를 기울여 사용하며 꼭 필요할 때에만 사용한다. 잘못 오용될 때는 사용하지 않은 것보다 훨씬 나쁜 결과를 초래한다.

⑥ 간결하고 일관성 있는 문장으로 표현하라
사람에 대한 호칭이나 종결형 어미, 존칭 등도 통일해서 작성하고 가능한 한 절제해 간결하고 명료한 문장으로 작성하는 것이 효과적이다.

⑦ '학창시절의 경험' 영영에서는 다양한 봉사활동, 체험, 동아리, 리더십, 창의적 활동, 독서, 팀워크 등에 대해 다양하게 구성하여 구체적으로 진술한다.

4) 자기소개서가 취업 시 필요한 이유

취업에서 1차 전형은 서류심사이다. 심사 선정 시 이력서와 더불어 자기소개서는 필수조건이다. 따라서 면접(인터뷰)에서 가장 중요한 것은 자기소개와 지원동기이다. 자기소개와 지원동기는 지원하는 회사의 업종에 따라 바뀔 수 있다. 자기소개는 첫째, 지금까지 해온 일 가운데 둘째, 가장 최근의 것으로 셋째, 자신의 클라이막스만을 강조해서 보여줘야 효과적이다. 대답의 내용은 하나로

정하고 결론부터 먼저 말하고 부연설명을 한다(귀납적 방법). 이해하기 쉽게 표현하고 독특한 관점으로 승부해야 승산이 있다.

2. 인터뷰 노하우 (인터뷰 시 면접관의 마음을 사로잡는 다섯 가지 비법)

첫째, 인터뷰를 어렵게 생각하지 말고 당당한 태도를 유지한다.
(면접관이 보는 기준은 대답 내용보다 당당한 태도를 더 높이 평가함)

둘째, 준비를 철저히 한다. 질문을 미리 뽑아 답변서를 작성해 본다.

셋째, 예상 밖의 질문이 주어졌을 때 관련 있는 이야기를 나와 연결하여 말한다.

넷째, 자신만이 답할 수 있는 이야기를 준비하고 직접적으로 묻지 않더라도 자연스럽게 말머리를 들려주고 싶은 나의 이야기를 한다.

다섯째, 면접에서 가장 중요한 핵심은 자기소개와 지원동기이다.
(자기소개와 지원동기를 철저히 준비한다.)

※ 위의 마인드맵의 예를 보고 앞서 '나의 대학생활'을 주제로 한 브레인스토밍을 다시 마인드맵핑을 통해 정리해 보자.

지금까지 브레인스토밍과 마인드맵핑을 통한 새로운 발상 방법에 대해 알아보았다. 그런데 여기에서 우리가 기억할 것은 발상은 새로운 무엇에 대한 발견이기보다는 기존에 있는 것을 어떻게 다르게 볼 수 있느냐다. 그리고 이는 아주 작고 사소한 것에서부터 시작할 수 있다.

5 실천 사례들

첫 번째 이야기 긍정적인 인생 이야기

긍정적인 인생

가난한 집안에서 태어난 형제가 있었습니다. 같은 환경에서 자란 두 사람은 너무도 다른 삶을 살게 되었습니다. 형은 거리의 걸인 신세를 면하지 못했지만, 동생은 박사 학위를 받고 훌륭한 대학 교수가 되었습니다.

한 기자가 이들의 사정을 듣고 어떻게 똑같은 환경에서 이렇게 다른 인물이 나오게 되었는지 연구하게 되었습니다. 오랜 연구 끝에 기자는 특이한 액자 하나를 발견하게 되었습니다.

형제가 자란 집에는 'Dream is nowhere.(꿈은 어느 곳에도 없다.)'라고 적힌 조그만 액자가 있었습니다. 기자는 형제에게 그 액자가 기억나느냐고 질문했습니다.

형은 이렇게 대답했습니다.
"네. 있었죠. Dream is nowhere.(꿈은 어느 곳에도 없다.)
20년 넘게 우리 집에 있던 액자였죠. 전 늘 그것을 보며 자랐어요."

인생에서 성공을 거둔 동생은 미소 지으며 이렇게 대답했습니다.
"네. 있었죠. 하지만 저는 띄어쓰기를 달리 해서 보았죠.
Dream is now here.(꿈은 바로 지금 여기에 있다.)
전 늘 그렇게 생각하며 자랐습니다."

당신은 어떤 검색엔진을 사용하고 있습니까? 부정적인 생각과 말을 검색하고 있습니까? 아니면 긍정적인 생각과 말을 검색하고 있습니까?
모든 것에서 가능성과 긍정적인 것을 찾아내는 사람.
그 사람의 인생은 아름다운 성공 교향곡이 연주되는 법입니다.

– 생각이 곧 현실입니다

두 번째 이야기 피겨스케이팅 김연아의 7분 드라마

김연아가 6살이던 1996년. 어머니의 손을 잡고 찾아간 과천 빙상장에서 처음 피겨 부츠를 신은 김연아는 말 그대로 '물을 만난 물고기'처럼 쑥쑥 성장했다. 9살 때 전국체전 초등부에서 우승한 김연아는 12살 때 6가지 트리플 점프 가운데 트리플 악셀(공중 3회전 반)을 뺀 나머지 5가지 점프를 마스터하며 피겨 전문가들을 놀라게 만들었다. 하지만 김연아의 5종 트리플 점프 역시 끊임없는 노력의 산실이었다. 몸에 와이어를 달고 빙판 위에서 수없이 뛰고 넘어진 결과였다.

그녀의 자서전 〈김연아의 7분 드라마〉에서 연습과정을 이렇게 말하고 있다.

> "훈련을 하다보면 늘 한계가 온다. 근육이 터져버릴 것 같은 순간, 숨이 턱까지 차오르는 순간, 주저앉아 버리고 싶은 순간. 이런 순간이 오면 가슴 속에서 무언가 말을 걸어온다. '이 정도면 됐어, 다음에 하자, 충분해'하는 속삭임이다. 이런 유혹에 문득 포기해버리고 싶을 때도 있었다.
>
> '대체 왜 안 되는 거야! 다시 한 번만 더 해보자!'
>
> 역시 안 됐다. 속이 부글부글 끓으면서 눈물이 찔끔 흘렀다.
>
> '오늘 이거 안 되면 집에 안 가! 언젠가 꼭 해내야 하는 거라면 오늘 해내고야 말겠어.'
>
> 99도까지 열심히 온도를 올려놓아도 마지막 1도를 넘기지 못하면 물은 영원히 끓지 않는다고 한다. 물을 끓이는 건 마지막 1도, 포기하고 싶은 바로 그 1분을 참아내는 것이다. 이 순간을 넘어야 그 다음 문이 열린다. 그래야 내가 원하는 세상으로 갈 수 있다."

2010년 밴쿠버 동계올림픽에서 김연아의 금메달을 합작한 브라이언 오서 전 코치는 "김연아의 재능을 하늘의 축복이라고 생각하는 사람이 있다면 김연아가 연습하는 과정을 딱 사흘만 지켜보라고 말해 주고 싶다."고 말했을 정도로 그는 연습에 충실했고 최선을 다했다.

김연아는 2009년 세계 선수권 대회에서 총점 207.71을 기록해 여자 싱글 부문에서 사상 최초로 200점을 돌파하였고, 2010년 밴쿠버 동계 올림픽에서는 쇼트 프로그램에서 다시 세계 최고 기록을 경신하였으며, 현재까지 프리·총점에서의 세계 기록 보유자이다. 피겨 스케이팅의 여자 싱글 부문에서 4대 국제 대회(동계 올림픽, 세계 선수권, 4대륙 선수권, 그랑프리 파이널)의 그랜드 슬램을 사상 최초로 달성한 선수이기도 하다.

– 자서전 〈김연아의 7분 드라마〉 중에서

나의 가장 큰 경쟁 상대는 바로 나 자신이다.

모든 일은 결국 나 자신과의 싸움이니까.

누구를 이기기 위해서가 아니라 내가 원하는 나의 모습을 완성하기 위해 스케이팅을 하는 거니까.

나에게는 지금의 자리가 인생 성공으로 가는 첫 출발점이 될 것이기에, 하고 싶은 일도 이루고 싶은 일도 아직 많다.

나는 성공한 스포츠 스타가 아니라, 끊임없이 성장하는 사람으로 기억되고 싶다. 꿈을 위해 최선을 다해 달려가는 훌륭한 선수, 노력하는 인간 '김연아'로 기억되고 싶다.

– 자서전 〈김연아의 7분 드라마〉 중에서

6 생각해 볼 문제

- 나의 "비전탐색" 나의 꿈을 찾아서
  - '나의 꿈'은 무엇인지, 앞으로 되고 싶은 것, 하고 싶은 일은 무엇인지 소그룹을 만들어 논의하시오. 【토론】
- 나는 어떤 리더가 되고 싶은가? 【토론】
- '자기소개서'에 대해 자유롭게 기술하시오. 【글쓰기】

영화로 보는 인성 이야기

<table>
<tr><th>구분</th><th>인성덕목</th><th>영화 포스터</th><th>인 물</th></tr>
<tr><td rowspan="4">성
인
기</td><td rowspan="2">인내
긍정</td><td>
</td><td>
기봉(신현준)</td></tr>
<tr><td colspan="2">영화줄거리 8세 지능의 지체장애인 기봉이. 엄마와 함께라는 이유 하나만으로 항상 행복해하며 매사에 긍정적인 반응을 보인다. 엄마에게 기쁨을 주기 위해 매일 혹독한 달리기 훈련을 견뎌낸다.
〈난 꼭 마라톤 1등해서 우리 엄마 틀니 사줄꺼야〉</td></tr>
<tr><td rowspan="2">도전</td><td>
</td><td>
엄홍길(황정민)</td></tr>
<tr><td colspan="2">영화줄거리 해발 8,750미터 히말라야 에베레스트 데스존. 인간의 접근을 허락하지 않은 영역 그곳에 우리 동료가 묻혀 있다. 그 누구도 시도하지 않았던 위대한 도전.
〈해발 8000미터만 올라가면 철학적인 생각이 막 떠오를 거 같죠? 그런데 안 그래요, 오로지 제 자신이 보입니다. 고통과 힘겨움 속에서 진정한 나를 볼 수 있지요〉</td></tr>
</table>

<table>
<tr><th>구분</th><th>인성덕목</th><th>영화 포스터</th><th>인 물</th></tr>
<tr><td rowspan="4">성인기</td><td rowspan="2">목표의식</td><td></td><td>
이순신(최민식)</td></tr>
<tr><td colspan="2">영화줄거리 1597년 임진왜란 6년, 오랜 전쟁으로 혼란이 극에 달할 때 이순신 장군이 삼도수군통제사로 재임용된다. 그에게 남은 것은 12척의 배뿐. 오로지 적을 무찌르겠다는 목표의식으로 330척에 달하는 왜군을 무찌르게 된다.
〈나는 바다에서 죽고자 이곳을 불태운다〉</td></tr>
<tr><td rowspan="2">경청
소통</td><td></td><td>
하선(이병헌)</td></tr>
<tr><td colspan="2">영화줄거리 '광해'는 자신을 대신하여 위협에 노출될 대역을 찾을 것을 지시한다. 이에 하선이 왕의 대역을 하며 백성의 생활에 관심을 갖고 소통하려하고 이해하게 된다. 진정한 리더의 덕목을 나타내는 영화이다.
〈나에겐 사대의 예보다 내 백성들의 목숨이 백 곱절 천 곱절 더 중요하단 말이오!〉</td></tr>
</table>

<table>
<tr><th>구분</th><th>인성덕목</th><th>영화 포스터</th><th>인 물</th></tr>
<tr><td rowspan="4">성
인
기</td><td rowspan="2">정의로움</td><td>
</td><td>
서도철(황정민)</td></tr>
<tr><td colspan="2">영화줄거리 한 번 꽂힌 것은 무조건 끝을 보는 행동파 형사 서도철. 세상 무서울 것 없는 대형그룹 후계자 조태오를 쫓으면서 벌어지는 액션영화.
〈내가 죄짓고 살지 말랬지?〉</td></tr>
<tr><td rowspan="2">봉사</td><td>
</td><td>
이태석 신부님</td></tr>
<tr><td colspan="2">영화줄거리 수단의 오랜 내전 속에서 딩카 족은 분노, 증오, 가난, 질병으로 얼룩졌다. 그들의 삶에 나타난 이태석 신부는 톤즈의 아버지, 의사, 선생님, 지휘자, 건축가였다. 온몸 다해 그들을 사랑했던 헌신적인 삶을 다룬 영화이다.
〈어떤 어려움이 닥친다해도 그들을 버리지 않고 함께 있어주고 싶다〉</td></tr>
</table>

<table>
<tr><th>구분</th><th>인성덕목</th><th>영화 포스터</th><th>인 물</th></tr>
<tr><td rowspan="4">성인기</td><td rowspan="2">희생</td><td></td><td>
잭 도슨
(디카프리오)</td></tr>
<tr><td colspan="2">영화줄거리 로즈는 결혼을 비관, 배 맨 끝에서 자살하려고 한다. 하지만 우연히 이를 본 잭이 로즈를 구출하게 되어 두 사람의 인연이 시작된다. 두 사람의 사랑은 깊어져가나 배가 빙산과 충돌하여 두 동강 나서 침몰한다. 침몰한 상황에서 잭은 로즈를 올려주고 자신은 희생하게 된다.
〈약속해. 무슨 일이 있어도 절대 포기하지 않겠다고 약속해줘〉</td></tr>
<tr><td rowspan="2">배려</td><td></td><td>
조병만(할아버지)</td></tr>
<tr><td colspan="2">영화줄거리 봄에는 꽃을 꺾어 서로의 머리에 꽂아주고, 여름엔 개울가에서 물장구를 치고, 가을엔 낙엽을 던지며 장난을 치고, 겨울에는 눈싸움을 하는 매일이 신혼 같은 백발 노부부의 이별을 앞둔 이야기.
〈할머니 대사 중 – 할아버지가 평생 가도 밥이 맛없단 소리를 안 해요〉</td></tr>
</table>

<table>
<tr><th>구분</th><th>인성덕목</th><th>영화 포스터</th><th>인 물</th></tr>
<tr><td rowspan="4">성인기</td><td rowspan="2">사랑
이해</td><td>
</td><td>
김을분(할머니)</td></tr>
<tr><td colspan="2">영화줄거리 형편이 어려워진 상우 엄마는 잠시 상우를 외할머니 댁에 맡기기로 한다. 말도 못하고 글도 못 읽는 외할머니가 혼자 살고 계신 시골 외딴집에 남겨진 상우. 상우는 산속 시골생활에 심한 투정을 부리고 할머니는 그런 상우의 행동을 모두 이해하려고 노력한다.</td></tr>
<tr><td rowspan="2">존중</td><td>
</td><td>
최원균(할아버지)</td></tr>
<tr><td colspan="2">영화줄거리 농부 최 노인에겐 30년을 부려온 소 한 마리가 있다. 소의 수명은 보통 15년, 그런데 이 소는 무려 마흔 살. 이 소는 최 노인의 가장 친한 친구이며, 최고의 농기구, 유일한 자가용이다. 그러나 소가 올해를 넘기기 힘들다는 수의사 소견을 받게 되며 이별을 앞둔 이야기를 다룬 영화이다.
〈말 못하는 짐승이라도 내한테는 소가 사람보다 나아요〉</td></tr>
</table>

7장

노인기의 인성교육

한국은 세계에서 고령화가 가장 빨리 진행되고 있는 나라다. 2014년 통계청 발표에 의하면 2030년에는 노인인구가 1,000만 명이 되는 초고령화사회가 될 것이라고 전망한다.

노령인구가 상대적으로 큰 비중을 차지하는 고령화사회에서는 세대 간의 효율적인 접촉, 사회변화와 전통적 경로사상의 붕괴 및 부양의식의 감소, 그리고 생활수준의 향상으로 인한 노인들의 욕구 다양화를 비롯하여 개인적인 성장과 발전 도모, 지식과 기술 확장 등을 통한 학습사회의 도래를 예견하고 있으므로 노인들도 교육의 주체로서 교육에 참여해야 할 것이다. 노인들이 변화하는 사회 속에서 효율적으로 적응해 나가는 데 필요한 재적응과 자립을 위한 교육과 함께 자기를 계발하고 자아를 실현하도록 돕는 노인 인성교육이 증가되고 있다.

따라서 본 장에서는 노인의 개념과 특성, 성공적 노화의 개념 및 촉진방안, 노인과 좋은 죽음 유서쓰기 등을 살펴보고자 한다.

1 노인의 개념 및 특성

국제노년학회(1951)에서는 노인을 인간의 노화과정에서 나타나는 생리적·심리적·환경적 변화 및 행동적 변화가 복합적으로 상호작용하는 과정에 있는 사람이라고 규정하며 다음의 다섯 가지 특성을 지닌 사람을 의미한다고 설명하고 있다(권중돈, 2009).

첫째, 환경변화에 적절히 적응할 수 있는 조직기능이 감퇴하고 있는 사람
둘째, 생체의 자체 통합능력이 감퇴되고 있는 사람
셋째, 인체의 기관, 조직 기능에 쇠퇴현상이 일어나는 시기에 있는 사람
넷째, 생활상의 적응능력이 결손되어 가고 있는 사람
다섯째, 조직의 예비능력이 감퇴하여 적응이 되지 않는 사람

한편 노인을 단순히 숫자적 개념으로 본다면 법률상으로 규정된 노인의 나이 기준은 「고용상 연령차별금지 및 고령자고용촉진에 관한 법률」에서는 고령자를 55세 이상인 자로, 「국민연금법」에서는 노령연금 수급기준을 60세 이상으로, 「노인복지법」이나 「국민기초생활보장법」에서는 65세 이상인 자로 규정하고 있다. 또한, 통계 작성 시에는 고령화사회는 전체 인구 중 65세 이상 인구비율이 7% 이상 14% 미만인 사회를 의미하며, 고령사회는 14~20% 미만인 사회를, 초고령사회는 20% 이상인 사회를 의미한다(통계청, 2011).

1) 노인의 특성

노인은 주로 신체적·심리적·사회적 측면에서 다음과 같은 특성을 가지고 있다(최순옥 외, 2014).

(1) 신체적 특성

노인의 신체적 특성은 개인 간의 차이가 있을 수도 있으나 일반적으로 시력·청력의 저하, 배뇨장애, 노인성 색소침착, 성욕감퇴 등 여러 신체적 변화와 함께 지능과 기억력의 저하를 지각하면서 자신이 늙고 있음을 자각한다.

노화는 일찍 혹은 늦게 나타나는 차이가 있을 뿐 인간에게는 누구나 다가오는 현상이다. 노화와 관련된 노인의 신체적 특성을 구체적으로 살펴보면 다음과 같다.

첫째, 근골격계의 변화로는 뼈 광물질의 소실과 골격량의 감소로 인한 골다공증

의 발생, 관절부분 질환의 증가뿐만 아니라 골절의 위험성이 많다. 척추와 하지의 만곡, 팔·다리 근육의 약화로 걸음걸이는 느리고, 보폭은 좁고, 끌면서 걷는 것처럼 보이며, 움직임이 서툴러 보이고, 민첩성이 현저히 떨어짐을 관찰할 수 있다.

둘째, 심혈관계의 변화로는 심장의 크기에는 대체로 큰 변화는 없으나 활동수준에 따라 불용성 위축이 와서 크기가 감소되기도 한다. 또한, 질환으로는 협심증이나 심근경색증이 나타날 경우도 있으며 고혈압, 뇌혈관질환, 동맥경화증이 생기기도 한다.

셋째, 호흡기계의 변화로는 폐활량도 감소가 되며 기도 청소율이 줄어 분비물이 증가하고, 면역·방어기전이 감소되어 호흡기계 질환이 더욱 많아진다. 그 밖에 폐렴이나 천식 등이 발병하기도 한다.

넷째, 소화기계의 변화는 치아상실로 인하여 대체로 영양상태가 불량하고, 침과 위액분비의 감소로 인해 소화 기능이 감퇴되기도 하며, 이로 인한 변비나 설사를 유발하기도 한다.

다섯째, 신장의 네프론 수의 감소로 여과율이 저하되는 신체기능 중 가장 급격한 기능의 저하를 보이는 것이 신장 여과기능으로 성인의 50~60%가 감소된다. 또한, 방광의 확장능력도 떨어져 실금하기도 하며, 전립선 비대로 인한 배뇨장애, 점액분비량의 감소로 인한 여성 생식기의 위축 및 소양감, 신경계의 변화로 숙면을 이루지 못하는 수면장애가 있다. 감각기계의 변화 중에는 백내장 등으로 인한 시력 저하로 생활의 불편함과 청력 저하로 타인과의 관계형성의 어려움, 또한 맛을 상실하여 지속적으로 짜게 먹음으로써 생기는 여러 질환, 냄새를 맡지 못하여 빨래나 음식물을 불 위에 두었다가 화재가 일어날 수 있는 각종 사고가 있다. 그 밖의 피부기계의 변화는 대표적으로 피부의 주름, 노인성 반점, 은발의 증가, 손·발톱이 두꺼워지는 것이 있다.

(2) 심리적 특성

노인기가 되면서 심리적으로는 의존성, 신뢰감, 지능상태의 저하, 공격성, 애정과 기분의 변화, 불만감 및 자아존중감 등이 변화한다. 노인은 이러한 심리적 영향이 커지면 노인을 노년기 생활의 적응이 어렵고 우울증, 신경증, 치매상태 때로는 자살기도를 하기도 한다.

노인들의 심리적인 특성을 자세히 살펴보면 다음과 같다.

① 내향성과 수동성 증가

노인은 사회활동이나 대인과의 접촉이 점차 줄어들어 외부의 자극과 반응, 특히 사회의 변화보다는 자기 자신의 사고나 감정에 의해 사물을 판단하는 내향성이 증가한다. 또한, 사회관계에서도 능동적인 조절보다는 수동적인 조절을 하며, 일의 성패를 우연에 내맡겨 버리는 경향이 증가하여 수동성을 초래한다. 노년기에는 대개 사회적 성취의 욕구가 사라지고 이향적인 심리상태가 쇠잔하여 내향성과 수동성이 증가하는 것이 일반적이다. 하물며 장애를 가진 노인들의 경우에는 더욱더 심화되어 간다.

② 조심성과 경직성

노년기에 이르면 신체적 기능저하 및 노인성 질환으로 인하여 신체의 감각기능이나 각종 능력이 감퇴되어 과거의 실패, 고통 등의 경험에 의한 반사작용으로 인해 조심성과 경직성이 늘어난다. 이러한 조심성으로 인해 젊은 층보다는 보수적인 경향을 띠게 되고 사고의 경직성을 유발한다.

③ 우울증과 과거의 회상

노년기에 이르면 우울증을 보이는 경향이 점점 더 늘어난다. 우울증은 신체의 노령화에 따른 강박감, 배우자의 죽음, 경제사정의 악화, 자녀로부터의 소외 등으로 인해 일어나며 우울증은 불면증, 소화불량, 체중감소, 무감정, 막연한 증오심 등으로 표출될 수가 있다. 이러한 우울증이 진행되면서 심리적 보상방법으로 과거에 일어났던 일들을 회상하는 일이 점점 늘어나고 심지어 노인 개인 및 그 가족의 생활의 질도 떨어짐은 물론 자살까지도 이어질 수 있다.

④ 친근한 사물에 대한 애착심

과거 회상의 직접적인 결과로서 오랫동안 지니던 물건을 계속 소유하고 싶어 하는 애착심이 늘어난다. 이는 기나긴 세월 동안 살아오면서 세상이 많이 변화되었지만, 자기 자신과 주변은 변화하지 않고 일정성을 유지하고 있다는 안도감을 느끼기 위한 것이다. 이와 같이 사물에 대한 애착심은 사회복지서비스 공급에서 새로운 공급 시스템에 거부감을 나타낼 수도 있음을 의미한다.

(3) 사회적 특성

인간은 사회적 존재로서 다른 사람과의 사회적 관계를 떠나서 살 수 없다. 그러나 노년기에는 생애주기상 다른 연령에 비해 이용 가능한 사회적 자원이 축소되어 직업적·사회적 역할 및 지위의 상실, 사회참여의 기회를 상실하게 하고 또한 가족의 형태가 변화하면서 노인으로 하여금 역할을 획득하는 데 상당히 불리한 사회적 지위에 처하게 한다. 이러한 역할 상실은 개인적으로 권위, 특권, 위신 등의 상실을 가져오며, 사회적으로도 노인의 역할에 대한 기대가 불분명해지므로 사회구성원의 일부로서 화합하기가 힘들어 소속감을 잃게 되고 자발적인 사회참여도 점차 줄어들게 된다.

(4) 경제적 특성

현대 산업사회에서는 노동력이 상품화되어 노인들의 경험, 지식, 기능의 가치는 새로운 지식과 기술혁신의 도입에 의하여 그 가치가 감소하게 되고, 고용의 기회가 줄어들기 때문에 자신의 유일한 수입원인 근로소득을 상실하게 되어 심각한 경제적 어려움에 처할 수밖에 없다. 노인들이 경제적 어려움을 겪는 원인으로는 주로 생물학적 노화에 따른 노동능력의 상실, 정년제도와 같은 사회적·인위적인 제약, 노인 자신의 노후대책의 미흡, 노후를 위한 사회보장제도의 불충분을 들 수 있다. 또한 이런 요인들은 독자적 또는 상호 복합적으로 작용하여 노인들의 경제적 욕구를 증가시킨다. 이로 인하여 생계의 유지는 물론 경제적인 측면과 밀접한 관련이 있는 신체적 건강의 유지, 여가활동이나 사회활동에 이르기까지 제약을 받게 될 가능성이 크다고 할 수 있다.

2 성공적 노화의 개념 및 촉진방안

1) 성공적 노화의 개념

성공적 노화에 대한 개념은 1986년 미국 노년사회학회에서 처음 제시된 이후로 1990년대부터 생물학, 사회과학, 의학 등의 다양한 학문분야에서 성공적 노화에 대한 연구가 이루어졌다. 로우와 칸(Rowe & Kahn)은 성공적 노화를 질병률 및 질병에 의한 장애위험이 낮고, 정신적 기능과 신체적 기능이 높으며, 적극적인 인생참여를 포함하는 특성이나 행동들을 유지하는 능력이라고 정의하고 있다(Rowe & Kahn, 1987; 최혜경·권유정 역, 2002).

어떤 일에서 성공한다는 것은 성공하기를 갈망하여 계획을 세우고 열심히 노력하는 것을 의미하므로 성공적 노화는 개인의 선택과 행동에 의해 좌우된다(최혜경, 2011). 이러한 행동의 결과는 로우와 칸(1987)의 노화수준 구분에서 최적의 노화에 해당하는 것으로서 생물학적·심리적·사회적 기능수준이 높고 삶의 만족과 환경에 대한 적응 수준이 높은 상태를 말한다. 성공적 노화는 세계보건기구(2002)에서 제시한 '활기찬 노화', 디찰드(Dychtwald)가 제시한 '건강한 노화' 그리고 버(Burr, 2002) 등이 제시한 '생산적 노화'와 유사한 개념으로 사용되고 있다(권중돈, 2012, p.76).

2) 성공적 노화의 촉진방안

첫째, 신체적으로 건강과 기능을 유지·증진할 수 있어야 한다. 건강하다는 것은 독립적으로 생활할 수 있다는 것을 의미하며(홍현방, 2005), 배우자와 오랫동안 함께 할 수 있는 요인이 되기도 한다. 건강의 유지와 증진을 위해서는 금연, 절주, 운동, 영양 등의 건강증진 생활습관을 실천할 수 있어야 한다. 따라서 건강증진 생활습관으로의 변화할 수 있도록 동기를 부여하기 위해 다양한 건강교육 프로그램이 제공되어야 한다. 또한, 변화된 행동을 지속적으로 실천할 수 있도록 사회적 지지체계를 확대하고 생활습관 실천을 위한 사회환경적 개입 등이 이루어지는 것이 필요하다(김혜숙, 2009).

둘째, 심리적으로 만족스러운 삶을 영위할 수 있어야 한다. 노년기 자아통합감을 성취할 수 있도록 노인 자신의 전 생애를 돌아보고 해결되지 않은 생활사건이나 감정을 해결할 수 있는 인생회고나 자서전 쓰기 등의 프로그램을 실시하는 것이 유용할 것이다. 한편 자아존중감도 변화를 관리해야 노년기 재적응을 도와주는 역할을 하므로(이신영, 2010) 이를 증진시키기 위한 다양한 평생교육 프로그램을 선정하여 노년기 생활스트레스나 환경적 요구에 효과적으로 적응할 수 있도록 원조하는 것이 필요하다.

셋째, 경제적 안정을 위한 지원을 해야 한다. 경제적 안정은 심리적 안정과 연결될 뿐 아니라 다양한 활동기회를 높여줄 수 있다. 따라서 노년기 소득보장을 위해 공적·사적 연금제도를 지원하고 나아가 노인의 취업을 활성화할 수 있어야 한다.

넷째, 경제활동이나 사회발전에 기여할 수 있는 활동에 참여할 수 있는 기회를 부여해야 한다. 사회활동의 참여는 사회적 역할의 상실을 보충해 줌으로써 가치와 만족감을 부여해 준다. 사회적 활동에는 취업을 통한 경제활동뿐만 아니라 다양한 자원봉사활동, 가족 및 타인에게 도움을 주는 행동, 가사활동, 시민참여 활동 등이 포함된다(Burr, Caro & Moorhead, 2002; 홍현방, 2005, p. 211). 사회적 활동은 사회적 관계를 유지하게 하고, 자아존중감이나 자기유용감 등의 궁극적 심리상태를 가져오며, 신체 및 정신건강을 유지하는 효과를 거둘 수 있다.

다섯째, 사회적 관계의 유지를 지원해야 한다. 노년기의 가장 중요한 가계인 부부, 노부모와 자녀들의 원만하게 유지할 수 있도록 지원한다. 또한 친구나 이웃들과 함께 할 수 있도록 집단 프로그램을 활성화하며 자연스럽게 이웃과 만날 수 있는 사회적 경험을 조성하는 것이 필요하다.

3 노인과 좋은 죽음

100세 시대를 맞이하여, 노인을 위한 인성교육 강의에서 60~79세를 청년이라고 말하고, 80~99세까지는 노인이라 칭하고, 100~120세까지는 장수노인이라 부른다. 이와 관련해 '9988234'라는 재미있는 숫자가 유행하고 있다. 숫자에는 99세까지 팔팔(88)하게 살다가 2~3일 아프다 죽는다(死)는 의미로 가능한 한 오래건강하게 살다가 2~3일만 아프다 죽고 싶다는 소망이 담겨 있다. 이런 바람은 충분히 이해된다. 죽음 자체가 두렵고 싫지만 죽음이 임박했을 때 아픈 것도 싫으니 잠깐만 아프고 바로 죽길 바라는 것이다.

일본에는 일명 '꼴깍사'라고 불리는 절이 있다. 이 절에서 빌면 잠을 잘 때 '꼴깍' 보내준다고 하여 이런 별칭을 얻은 것이다. 죽음이 두렵고, 아픈 것이 싫어 아무 고통 없이 잠을 자듯 임종하길 원하는 마음에 비는 것이라니 충분히 이해가 된다.

그런데 이렇게 죽음을 맞이하는 데도 문제가 있다. 본인은 편한 죽음을 맞을 수 있을 테지만 남은 가족들이 걱정된다. 자신들이 사랑했던 부모나 배우자와 갑자기 준비 못한 이별로 받게 될 허망함과 슬픔 때문이다.

'사랑한다'고 한 번이라도 더 말하고 싶었는데, '미안하다'고 내 마음을 꼭 전하고 싶었는데 눈을 마주치고 한 번이라도 안아드리고 싶었는데 그렇게 황망하게 가버리면 남은 사람들은 그 아픔을 어떻게 하나? 남은 가족들도 꼭 생각해야 한다.

준비 없는 죽음은 본인에게도 결코 좋은 게 아니다. 이런 죽음은 본인에게도 곧 큰 손해이다. 좋은 임종을 맞이하려면 정말 많은 준비가 있어야 한다. 젊을 때부터 준비를 해야 한다. 꾸준히 운동하고, 바른 음식을 섭취하고 나쁜 음식을 삼가한다. 그리고 무엇보다도 마음이 바로 서 있어야 한다. 그래야만 말년에 병원에서 고통에 휩싸여서 비극적인 최후를 맞는 것을 피할 수 있다. 잘 죽기 위해서는 잘 살아야 한다.

결국 우리가 죽음에 대해 공부하는 것은 잘 살기 위함이다(최준식, 2014).

1) 노인이 인식하는 좋은 죽음

죽음에 대한 인식은 개개인의 가치관, 철학, 삶에 대한 태도와 문화에 따라 다르고, 시대상황에 따라 다르다. 김은정(2012)은 노인이 인식하는 좋은 죽음에 관한 연구에서 다음과 같이 말하고 있다.

(1) 주변사람을 배려하는 죽음

노인은 죽는 순간까지도 자녀와 가족을 생각하는 모습을 볼 수 있다. 배우자와 함께 하는 죽음은 배우자와 뜻 깊은 삶, 행복한 삶을 살다가 비슷한 시기에 가는 것, 배우자와 여생을 보내다가 배우자 옆에서 잠자듯이 맞이하는 죽음, 남편이 내 앞에 죽고 며칠 후에 따라 가는 것 등 노년기에 배우자와 함께 하는 죽음을 좋은 죽음으로 여기고 있다. 노년기 부부의 경우 배우자는 자신에게 유일한 수발자이자 친구이며, 자녀에게 부담을 주지 않는 삶을 살기 위해 필요한 존재이다. 노년의 부부에게 배우자는 자신의 나이 듦으로 인해 자녀에게 부담을 주지 않는 삶을 위해 필요한 존재로 보았다. 또한, 노년에 예상할 수밖에 없는 사별에 있어 서로 측은한 존재로 바라보았으며, 자신의 죽음으로 인해 배우자의 삶이 측은해지지 않도록 자신이 남겨지길 원했다고 하였다.

어느 누구에게 폐 끼치지 않고 다른 사람에게 좋은 사람으로 기억되는 것을 좋은 죽음이라 하였는데 이것은 자식, 배우자에게 부담을 주지 않고 죽은 뒤까지도 주변을 배려하는 모습을 볼 수 있다.

(2) 천수를 누리는 죽음

적당한 수명을 누리고 자신이 가진 명을 다하는 것을 좋은 죽음이라고 보고 있다. 호상(好喪)이라는 것은 오래살고 복을 누리다가 자신의 명을 다하는 것을 말하는데, 이는 자연에 순응하는 죽음, 죽음에 인위적 행위가 가해지지 않은 것으로 본다.

(3) 내 집에서 맞이하는 죽음

집 밖에서 죽으면 객사(客死)라는 문화적인 영향도 있겠지만, 가족들의 보살핌

속에서 운명을 다한다면 그보다 더 좋은 죽음이 어디 있겠는가.

(4) 편안한 모습으로 죽음

대부분의 노인들은 죽음에 직면하여 어떤 형태로든지 고통을 받는 것에 두려움을 가지고 있다. 이러한 두려움을 느끼지 않고 자는 듯이, 아프지 않게 임종과정이 길지 않은 죽음을 좋은 죽음이라 여긴다.

(5) 준비된 죽음

할 일 다해놓고 정리 다하고 자식에게 남겨 줄 것 다 남겨주고 정리하고 편히 가는 것, 마음을 정리하고, 주변 정리 깔끔하게 하고, 죽음을 준비하고 이 세상 삶을 잘 정리할 수 있는 시간이 주어지는 것, 모든 일을 정리하고 맞이하는 죽음 등 자신의 마지막 삶을 정리하고 맞이하는 죽음을 좋은 죽음이라 여기고 있다.

(6) 원하는 삶을 누리다 가는 죽음

삶의 최선을 다하고 맞이하는, 삶을 즐기고 맞이하는, 베푸는 삶을 살고 가는, 신앙 속에서 죽음에 대한 두려움 없이 맞이하는, 또한 자손이 잘되는 것을 보고 가는 죽음을 좋은 죽음이라 여긴다.

2) 노년기 죽음 준비 프로그램 내용

죽음교육 프로그램은 친구와 가족들이 사랑하는 사람의 죽음에 대해서 준비하는 것을 돕는다. 죽음교육 프로그램에서는 자녀든 성인이든, 사람들이 죽음에 대처하는 것을 돕는 가장 좋은 방법은 솔직하고 개방된 교환을 하는 것이다.

노년기 죽음준비 프로그램 내용은 일반적으로 교훈중심의 프로그램(didactic program)과 경험중심의 프로그램(experiential program)으로 나뉜다. 교훈중심 프로그램은 죽음과 관련된 쟁점에 대하여 인지적 자각과 이해를 증진시키는 데 초점을 둔다(Durlak & Riesenberg, 1991).

반면 경험중심의 프로그램은 교훈중심 프로그램의 내용과 겹치는 부분이 있지만, 좀 더 참여자들의 활동, 참여를 강조하면서 죽음과 관련된 개인적인 감정이나 관심을 토론하고 검토하는 데 초점을 맞춘다(Durlak & Riesenberg, 1999; 이기숙, 2001, 재인용).

죽음준비교육 프로그램에서 다루어질 내용은 다음과 같다.

- 노년기 삶과 현대가족 기능 이해하기—노년기에 대한 포괄적인 이해, 노화관련 이론, 현대사회 가족의 역할과 기능
- 죽음의 현실—노화와 질병, 죽음의 개념과 정의, 죽음 이해하기
- 죽음 알기—죽음의 형태와 과정, 신체적 죽음이란?
- 죽음 받아들이기—죽음에 대한 태도 및 그에 관련된 요인, 죽음에 대한 노인들의 태도와 이에 영향 미치는 요인은?
- 연명치료 중단의 시기—생명의 연장과 포기, 안락사, 생명의지
- 죽음준비—유서쓰기, 유산정리, 장기기증, 호스피스 병원·요양시설 알아보기
- 죽음 맞이하기—장례의식 및 절차, 전통적인 죽음의 해석, 타인의 죽음관련 동영상 시청 후 토론
- 남아 있는 것에 대한 정리—슬픔과 애도 배우자 사별 시 극복하는 방법, 위로 편지, 홀로 남은 자의 적응

4 유서쓰기

1) 유산 남기기

"자손에게 옥답을 남기지 말라."라는 한시가 있다. 우리나라에서도 '유산 남겨 주지 않기'라는 모임(서울대 손봉호 교수 등)이 있다.

유산 70% 정도를 사회에 환원하는 것으로 매년 초에 유서를 쓴다. 유서에는 동

산, 부동산, 유가증권 등 모든 재산내역을 먼저 밝힌다. 그리고 가족을 위한 적정 상속분을 제외한 나머지 재산을 특정한 방법과 절차로 사회에 환원하겠다는 내용을 담는다.

하지만 투철한 의식을 가진 사람이라야 가능할 것이다. 보통 사람들이 하기에 쉬운 일이 아니다. 남에게 베풀 때에는 인색하고 자신에게만은 아낌없이 돈을 쓰는 것이 보통 사람이다.

자식 고생 안 시키고, 자식 잘되기를 바라는 마음도 있다. 이것이 보통의 부모 마음이다.

아쉬울 것 없이 넘치게 받기만 하는 데에 길들여진 자식 중에는 '고마움'을 모르는 자식이 더러 있다. "부모에게서 충분한 유산을 받으면 자식이 더 고생할 필요가 없으므로 아무래도 근성이 나태해진다." (큐에이칸) 더 걱정되는 것은 노력 없이 생긴 돈을 온전히 간수할지가 문제다. 실컷 주고, 위해가며 키운 자식이 부모에게 더 못한다. 그렇게 되는 데에는 부모의 잘못이 더 크다. 사회와 이웃은 안중에 없이 가족 이기주의만 자식에게 보여 준 탓이다. 이런 부보의 맹목적인 헌신이 자식을 망치는 것 같다. 불효자식을 키우는 것은 집안에서 독사를 키우는 것과 같다는 말이 있다. 받는 데만 익숙했지, 줄 줄을 모르는 자식을 키워낸 게 대체로 우리 세대들이다.

보통 유서란 굉장한 부자나 혹은 유명한 사람이나 써놓는 걸로 안다. 하지만, 가진 재산이 적다고 하더라도 나누어 가질 사람이 한 명 이상이면 유서는 꼭 써 두어야 한다. 실제로 유서쓰기는 간단하다. 많든 적든 소유한 재산 전부와 패물까지 자세히 구체적으로 자필로 적어 놓는다. 작성 연월일, 주소, 이름을 쓰고 도장(지장)을 찍은 후에 봉한다. 봉한 곳에도 도장을 찍는다. 사망 후, 상속자들은 법원 가사과에 이 유언장을 제출한다. 거기서 검인 청구를 하고 사실확인만 받으면 바로 효력이 발생한다.

녹음을 해서 유언장을 대신할 수도 있다. 유언 내용을 녹음해 놓는다. 이때 이를 보증할 증인 한 명의 목소리도 녹음해 놓는다. 혹여 불화가 예상되는 경우에는 유언장을 공증해 둔다. 공증은 증인 2명과 함께 공증인 사무소에 가서 공증을 받아 놓는다. 공증료는 상속 총액의 2000분의 3을 낸다. 공증된 유언장은 후에 개봉만

하면 된다.

일본인들은 매년 1월 1일을 맞이하여, 나의 유언장을 작성하여 자신의 떠나온 인생을 되돌아보고, 반성과 미래의 꿈을 펼쳐나간다고 한다. 우리도 한번 나의 유언장을 작성하여 보자.

2) 유서쓰기

평생교육 강의 마지막 시간에 유서쓰기를 했다. 대학원생들은 보통 교사, 직장인들로 나이가 많은 편이다. 유서쓰기를 하면 배우자, 아이들에게 쓰는 글 위에는 눈물 자욱이 있어 마음이 뭉클할 때가 있다. 대학원생들은 "유서쓰기를 통해서 부모님과 자신, 가족들을 생각할 수 있는 시간되었고, 앞으로의 남은 인생을 계획하고 지나온 날들을 반성하는 계기가 되었다."라고 말한다. 대부분의 원생들이 만날 때마다 나에게 유서쓰기가 가장 기억에 남는 대학원 수업이었다고 말한다.

'자녀들에게 보내는 마지막 편지'에서 로즈바이겔은 주변에서 부모의 사망 이후 자녀들이 재산 문제로 법적 다툼을 벌이거나 뿔뿔이 흩어지는 것을 보고 이런 일이 일어나지 않길 바라고 황혼기의 어느 날 은행에서 다음과 같은 유서를 썼다.

> 사랑하는 나의 아이들아!
> 난 은행에서 이 글을 쓰고 있단다. 에블린, 베르니스, 앨런아 내가 너희에게 원하는 것은 우애 깊은 형제자매가 되는 것이다. 서로 잘 지내고 필요할 때 서로에게 도움을 주기 바란다. 이것이 내가 너희들에게 바라는 전부다.

나의 유언장

* 이것은 미리 쓰는 유언장의 기본 형식입니다.
* 이 외에도 자유롭게 남기고 싶은 이야기를 쓰기면 됩니다.
* 반드시 자필로 기록하시고 도장을 찍으셔야 법적으로 유효합니다.

* 성명: * 도장:
* 주민등록번호: * 생년월일:
* 주소:
* 작성일: 년 월 일 / * 작성장소:

1. 나의 사랑하는 아내(남편)에게

2. 나의 사랑하는 자녀들에게

3. 친구, 친지들에게

4. 내가 떠난 후에 나의 장례식
   * 매장, 화장, 납골, 산골, 수목장 / 시신기증 등에 대한 생각을 밝힙니다.
   * 장례식 장소, 집례, 부르고 싶은 사람들, 불러 주었으면 좋을 노래들, 장례식에서 거절하고 싶은 사항 등을 기록합니다.

5. 사후 유산처리 문제(기증, 분배, 남은 가족에게 처리 부탁 등을 합니다.)

6. 그밖에 남기고 싶은 말

8장

효(孝)를 통한 인성교육

1 효(孝) 교육의 필요성

우리들은 과학기술로 편리한 생활과 풍요로운 삶을 추구하고 있는 반면에, 전쟁, 폭력, 갈등, 실업 등과 같은 인간적인 문제로 도덕의식 실종 위기시대에 살고 있다. 가정과 학교의 진정한 역할이 점차 감소되고, 부모와 성인의 본보기 교육과 양심과 도덕의식이 희박해진 사회의 탓이기도 하다. 그보다 더 큰 이유는 진정한 인간교육을 외면한 교육환경에 있다고 할 수 있다. 학문을 통해서 지식을 얻는 것도 중요하지만, 일상생활을 통하여 필요한 지식과 지혜를 자연스럽게 터득하게 함으로써 '사람답게' 살아가도록 하는 길잡이 역할이 교육에서는 더욱 중요하겠다.

교육을 많이 받았다거나 좋은 학벌을 가졌다고 해서 반드시 훌륭한 인격을 갖추었다고 평가받을 수는 없을 것이다.

현재 우리 사회는 부모부양을 부담스러워하는 자녀들이 속출하고, 고독, 소외, 그리고 경제적 어려움을 호소하는 노부모의 수가 증가하고 있다. 서양의 복지국가들 못지않게, 우리가 부딪히고 있는 노인문제도 심상치 않음을 느낀다. 그러나 다행히도 많이 쇠퇴하였지만 우리 민족은 아직 조상으로부터 이어받은 효가 있다. 효(孝)는 부모와 자녀 간의 도덕적인 관계를 규정하는 가치이고 규범이다. 자녀와 젊은이들이 부모, 노인을 존경하고, 보살피고, 돕는 것, 이것이 효의 근본이다.

미국의 역사학자인 토인비(Toynbee) 박사는 한국의 효사상은 한국인을 단결시키는 원동력이라고 칭찬하였다. 그러므로 교육은 사람을 만들고, 효 교육은 사랑의 인간을 만드는 데 절실히 필요하다. 이 장에서는 효 교육의 필요성, 효(孝)와 불효(不

孝)란 무엇인가, 현대인이 효행하는 이유, 한국을 빛낸 분들의 효 실천 사례 등을 살펴보기로 한다.

2 효(孝)와 불효(不孝)란 무엇인가

1) 효(孝)란 무엇인가

성경의 에베소서 6장 1-2절에는 "자녀들아 주 안에서 너희 부모에게 순종하라. 이것이 옳으니라. 네 아버지와 어머니를 공경하라. 이것은 약속이 있는 첫 계명이니."라고 하였고, 모세는 성경의 십계명을 통해서 부모를 공경하라 하였으며, 사도 바울 역시 네 아버지와 어머니의 공경을 강조하였다.

석가모니는 경전에 "부모가 꾸짖어도 언짢아 말고 오히려 기뻐하라, 어버이 공경을 자기자식 기르듯 정성을 다하라."고 정성과 공경을 이야기 했다.

퇴계 이황은 효는 백행(百行)의 근원이고 천지(天地) 간 모든 인간생활의 지도 원리이며, 근본이라고 했다. 이이는 효는 사람들의 모든 행동 가운데 으뜸이 되는 것, 백행지원(百行之源)이며, 가정을 바로 잡는 길(正家之道)이라고 했다. 그는 올바른 인간이 형성되는데 있어서 반드시 효에 바탕을 둔 부모-자녀 간의 윤리가 그 바탕이 되어야 한다고 이야기하고 있는 것이다.

부모에게 효도하는 이유는 두 가지를 들 수 있다. 첫째는 나를 낳아주신 은혜 때문이고, 둘째는 나를 길러주신 은혜 때문이다.

≪효경(孝經)≫에서 신체발부 수지부모(身體髮膚 受持父母)라 하여, 자식의 신체는 부모로부터 받은 것이니, 그것을 감히 훼손하거나 손상하지 않는 것이 효도의 시작이라고 했다.

이이는 효로서 몸을 다스리는 도리(道理)에 대하여 다음과 같이 말했다. "천하에 내 몸보다 더 소중한 것은 없다. 이 몸은 부모로부터 물려받은 유체(遺體)이다. 부모가 물려준 이 몸은 천하의 어느 것과도 바꿀 수 없다. 부모의 은혜가 얼마나 큰 것인가를 이로써 알 수가 있다. 어찌 감히 몸을 나의 것으로만 생각하며 부모를 극진히 모시지 않을 수가 있겠는가." 따라서 자녀는 부모의 은혜를 갚기 위하여 정성을 다하고 부모를 공경해야 한다. 하늘같은 부모의 은혜를 망각하는 행위가 있어서는 아니 됨을 강조하는 교시이다. 그리하여 이이는 죄목(罪目) 가운데서 불효(不孝)가 제일 크다고 했다.

부모는 자녀에게 몸을 남겨주었을 뿐만 아니라 자기들의 개인적 편안함과 만년의 생활안정을 위한 자원을 희생하면서까지 끝없는 사랑과 온갖 유형의 도움과 보살핌으로 자녀들의 성공을 위하여 그 대가를 치르지 않는가. 우리의 부모는 다른 나라의 부모들보다도 이런 점에서 더 뛰어나다. 자녀를 성장시켜 성숙한 성인이 되고 난 후에도 정신적 및 물질적 지원을 계속하다가 세상을 떠난다.

생산 및 양육의 크고 깊은 부모은혜를 ≪명심보감(明心寶鑑)≫에는 다음과 같이 표현해 놓았다. "아버지 나를 낳으시고 어머니 나를 기르시니 슬프도다. 아버지, 어머니 나를 낳으시고 애쓰시고 수고하셨도다. 그 은덕을 갚고자 하는데 그 은혜가 하늘같이 다함이 없어서 깊을 바를 알지 못하였도다(明心寶鑑, 孝子論)."

부모에게 효를 행한다는 것은 부모를 보살피고 부모가 필요로 하는 서비스를 제공하는 것, 즉 사친(事親)함을 의미한다. ≪예기(禮記)≫에는 효의 세 가지 중요한 조건들이 제시되어 있다. 첫째는 부모를 존경하는 것이며, 둘째는 부모와 부모가 인도하는 가족들을 욕되게 하지 않는 것이고, 셋째는 부모에게 용돈을 드리고 좋은 음식, 의복 및 따뜻한 방을 제공해 드려 편안히 모시는 것이다.

2) 불효(不孝)란 무엇인가

효(孝)의 개념을 자녀가 부모를 계승하는 것, 잘 섬기는 것이라면, 자녀가 부모를 계승하지 못하고 잘 섬기지 못하는 일이 곧 불효(不孝)라고 할 수 있다. 오늘날 불효의 유형은 다음과 같다.

첫째, 살인·강도와 같이 흉악한 범죄를 저질러 부모가 목숨을 끊어 속죄할 정도의 불효.

둘째, 자식이 부모 앞에서 자살 또는 위태로운 행위로 죽는 행위.

셋째, 게으르거나 방탕하여 자기 밥벌이도 못해 부모 봉양은커녕 부모를 괴롭히는 불효.

넷째, 탐욕스럽고 인색해서 자기만 알고 늙고 병든 부모를 돌보지 않는 불효.

다섯째, 부모에게 순종하지 않고 마구 대들고 폭력을 행사하는 불효.

여섯째, 유산(遺産)을 가지고 가족들이 싸우고 송사(訟事)까지 일으켜 부모를 욕되게 하는 불효.

3) 효(孝)를 어떻게 행할 것인가

(1) 신체보존의 효(孝)

조사불효(早死不孝)라는 말이 있다. 이 말은 부모보다 일찍 죽는 것이 가장 큰 불효라는 의미이다. 또한, 공자는 신체발부 수지부모(身體髮膚 受持父母), 불감훼상 효지시야(不敢毁傷 孝之始也), 몸과 머리카락, 피부까지도 부모로부터 부여받았으니 감히 다치게 하지 않고 온전히 보존하는 것이 효도의 시초라고 하였다. 나의 몸이 불편해서는 부모에게 효도할 수 없다.

부모의 분신인 나의 신체를 부모가 보기에 건강하여 기뻐하도록 잘 보존해야 한다는 것이다. 한 예로 IMF의 한파로 인하여 약 200만 명의 실직자가 생겨났다. 그로 인하여 자살하거나 학생들이 성적비관으로 자살하는 행위는 부모에 대한 큰 불효이며, 군에 간 아들이 자살한다거나 자해를 하는 것도 큰 불효다. 또한, 자기 몸의 관리를 철저히 하여 건강을 유지하는 것 또한 중요하다. 술과 담배 등으로 자기의 몸을 관리하지 못함도 불효다. 부모는 자식들을 위해 모든 고통을 참으면서 오로지 자식만을 위해 살아왔다. 어려우면 대신하여 줄 방법을 강구하지 않는가. 그러므로 자식된 자로서 신체를 잘 보존하여 부모에게 효도함이 가장 중요하다.

(2) 정신적인 효(孝)

정신적인 효는 기존의 효행방법 중 공경(恭敬)하는 효와 순종(順從)하는 효, 시봉(侍奉: 부모를 가까이 모심)하는 효의 뜻을 모두 포함하는 의미이다. 정신적인 효를

하기 위해서는,

첫째, 부모의 뜻을 존중해야 한다. 부모의 뜻을 거역하여 노여움을 산다든지, 학생의 의무와 책임을 망각하고 공부를 게을리 한다든지, 학교에는 가지 않고 불량배들과 어울리는 등 부모 마음을 불편하게 해서는 안 된다.

둘째, 부모를 욕되게 해서는 안 된다. 우리는 가끔 부모가 자식 때문에 패가망신하는 경우를 본다. 유명인사의 아들이 고의로 병역을 기피하거나, 대마초를 피우거나, 폭력조직에 가담하거나, 연예인들과의 스캔들 등으로 부모의 입장을 난처하게 행위들은 부모를 욕되게 하는 행위라고 할 수 있다.

셋째, 부모를 소외시켜서는 안 된다. 사람은 누구나 노인이 되면 외롭고 쓸쓸해진다. 최근에 노인 혼자서 살다가 죽은 지 한 달 이상 지난 후에야 발견되는 경우가 자주 발생하고 있다. 노인이 있는 가정은 매일같이 전화로라도 문안인사를 드려야 한다. 또한, 노인과 대화할 수 있는 소재를 부단히 만들어야 한다. 각 가정마다 부모가 소외되지 않도록 여러 방법을 찾아서 이행해야 하겠다.

(3) 물질적인 효(孝)

물질적인 효란 의식주에 관한 효행을 하는 것을 말하는 것으로서 공자의 효를 의미한다. 자녀를 키우고 공부시키고 병을 막느라 옷 한 벌 제대로 입지 못하면서 늙으셨기 때문에 자식은 어버이를 물질적으로도 봉양해야 한다.

첫째, 맛있는 음식, 좋아하는 음식을 자주 해 온 가족이 오순도순 얼굴을 맞대고 식사하는 시간이 많아야 한다. 탑골공원이나 서울역 광장에서 점심을 굶고 지내는 노인들의 모습을 자주 보게 된다. 이것은 핵가족화가 되면서 노인만이 혼자 거처하기 때문이기도 하겠으나 맞벌이하는 자식 내외가 밥을 차려줄 수 없다보니 아예 밖에서 시간을 보내는 노인이 많은 것으로 보인다.

둘째, 입을 옷과 이부자리를 넉넉히 해드려야 한다. 이때 부모와 같이 고르는 것이 좋다.

셋째, 용돈은 정해진 날짜에 드려야 한다. 부모에게 드린 용돈은 결국 가족이나 친지를 위해 쓰인다. 결국 주머닛돈이 쌈짓돈인 격인데, 의외로 자녀들은 부모의 용돈에 대해 인색하다. 부모에게 드릴 용돈은 가급적 정해진 날짜에 드리는 것이 부모 마음이 편안하고 여유롭게 해 드릴 수 있지 않을까. 우리의 월급이 정해진 날 들어와 계획적인 생활을 할 수 있음과 같다.

(4) 양명의 효(孝)

양명(揚名)의 효란 양친(揚親)의 효를 말하는 것으로서 이름을 세상에 널리 펴도록 하는 것이다. "효시어사친(孝始於事親) 중어사군(中於事君) 종어입신(終於立身), 즉 효의 시작은 부모를 섬기는 것이요, 중간단계는 임금을 섬기는 것이요, 마지막은 입신출세(취업)하여 세상에 이름을 드러내는 일이다."라는 말로 현대사회에서 부모가 바라는 자식의 효 중에 양명의 효는 대단히 큰 비중을 차지한다. 대학입시장 정문에 엿을 붙이고 기도하는 어머니의 모습, 합격자 발표장에서의 울음바다 등 부모가 자식의 출세와 학문을 위해 애쓰는 것도 모두가 양명 때문이다.

(5) 양지의 효(孝)

양지(養志)의 효란 부모가 살아 있을 때 원하던 바의 뜻을 받드는 것으로서 봉사(奉祀)의 효까지 포함하는 의미다.

부모가 생전에 생각하던 덕행(德行)을 기억하며, 생전과 같이 공경하는 마음으로 사는 태도가 중요하므로 부모가 생각했던 덕행을 평소의 생활신조로 삼아 실천해야 한다. 공자는 말하기를 "아버지가 살아 계신 동안은 아버지의 뜻을 잘 살펴볼 것이요, 아버지가 돌아가신 후에도 그 행한 바를 살펴볼 것이나 3년 동안은 아버지의 도(道)를 고치지 말아야 가히 효자라고 할 수 있다."라고 하였다.

(6) 효자 교수의 효 교육(주간한국, 1997년 5월 15일자)

장원동 박사는 현재 서경대학교에서 교육학(教育學) 강의를 담당하고 있는 교수로서 그는 서울시 마포구 아현동 일대에서 5대째 살아오는 전통적 가장의 장남으로 태어났다. 가족으로는 아버지 장범안(81)분과 어머니 김옥희(75)여사, 그리고 아내인 정인숙 여사와의 사이에 장성호(대학 3년 재학), 장윤호(대학 1년 재학) 두 아들과 함께 여섯 식구가 화목하게 지내고 있다. 장 교수 부부는 노부모님을 모시고 20년 동안 생활하면서 부모를 봉양하고 공경하며 두 자녀들에게 효(孝)를 통한 자녀교육을 몸소 실천하는 교육자였다. 특히 어머니 김옥희 여사는 장 교수가 태어난 지 6개월 만에 생모가 사망하여 새로 들어오신 계모이지만, 장 교수는 그를 친어머니처럼 생각하고 극진히 모셨다. 어머니이신 김옥희 여사는 17년 전부터 병환(病患)인 신경쇠약, 정신병, 중풍 등으로 바깥출입을 못하셨으며, 10년 전부터는 대·소변을 받아내야 하는 실정이었다. 이러한 어머니를 장 교수는 매일 아침마다 목욕을 시켜드리고, 옷을 갈아 입혀드리고, 밥상을 차려드리고, 같이 대화를 나누고, 좋아하는 노래도 같이 하고, 또한 좋아하시는 음식들(음료수, 과일, 도넛, 자장면 등)을 사다 드린다.

이와 같이 몸이 불편하신 어머니의 마음을 편안하게 해드리는 일을 짜증 한 번 내지 않고 즐거운 마음으로 행하고 있기 때문에, 부인은 물론 두 자녀들도 할아버지, 할머니를 공경하는 것을 가정의 덕목으로 삼고 있었다. 예를 들면, 조부모님을 말씀에 거역하지 않고 작은 일이라도 순종하는 것이라든지, 조부모님의 생신에는 온 가족이 좋아하시는 선물을 마련하여 같이 기쁜 마음으로 은혜에 보답하며, 식사시간에는 어른들이 먼저 수저를 들고 식사를 하셔야만 자녀들이 뒤이어 식사를 하는 등 가족 간의 질서의식이 습관화되어 있으며, 화목과 사랑이 충만한 가정환경을 이루었다. 또한 장 교수는 부모님의 친구분들과 이웃분들에게도 효자라는 칭송을 받고 살아왔다. 그리고 장 교수는 대학의 강의시간에는 부모의 효도교육을 강조하여 사회교육의 실천을 보여주었다. 그리하여 주민들의 추천으로 인하여 1997년 5월 8일 청와대에서 대통령 표창인 효자상(孝子賞)을 받게 되었다. 장 교수는 기자에게 말하기를 "자식된 도리를 당연히 해야 할 일을 한 것뿐입니다. 효란 사람됨의 도리입니다. 또한 저보다는 제 집사람이 더 힘들죠. 사실은 효자상을 효부상(孝婦賞)으로 바꾸어 부인에게 주어야 합니다. 저의 집사람은 집과 학교의 거리가 1시간 30분이나 되는 곳을 오가며 시부모님들을 위하여 외출 한 번 제대로 못하고 노부모에게 20여 년 동안 신경을 써 왔습니다."라고 말하는 장 교수 집안 대대로 효로 뭉친 가정인 셈이다.

3 현대인이 효(孝)를 행하는 이유

현 시대의 효행 이유에 대하여 효행상을 수상한 적이 있는 사람과 일반인 1,250명을 대상으로 조사한 결과는 다음과 같다. 〈표 8-1〉에서 보듯이 효를 행하는 이유를 보면, 특별한 효를 실천하여 상을 수상한 사람들은 존경-희생-보답-동정 순이었으며, 일반인인의 경우에는 〈표 8-2〉에서처럼 애정-보답-존경-가족-화합-책임 순이었다. 효행상 수상자와 일반인 두 집단의 비교에서 나타난 점을 살펴보면, 부모님에 대한 존경과 은혜에 대한 보답, 부양책임, 부모를 위한 희생은 공통적으로 중요시하는 항목으로 나타났으나, 특이한 점은 일반인의 경우 부모님에 대한 애정 때문이라고 답한 인원이 가장 많은 것으로 나타난 점인데, 이러한 현상은 평소의 생활에서 자식에 대한 부모의 사랑, 정성과 같은 관계가 있는 것으로 보인다.

〈표 8-1〉 효행상 수상자의 효행 이유

구분	비율(%)	구분	비율(%)
부모에 대한 존경	83.7	가족의 화합	12.6
부모에 대한 책임	47.0	지역사회의 화합	10.6
부모에 대한 희생	32.1	종교적 신념	1.5
은혜에 대한 보답	14.8	이루지 못한 역할의 보상	2.4
부모에 대한 동경	14.3		

〈표 8-2〉 일반인의 효행 이유

구분	비율(%)	구분	비율(%)
부모에 대한 애정	88	부모를 위한 희생	23
부모에 대한 보답	80	종교적 신념	20
부모에 대한 존경	74	부모에 대한 동정	14
가족 간의 화합	70	가족의 영속	14
부모에 대한 책임	49	재산상속	13
보상	43		

1) 효자는 건강하기 때문에 장수(長壽)한다

효심(孝心)은 온갖 사회악이 득실거리는 거친 세파에서 몸을 건강하게 지킬 수 있는 면역체 같은 역할을 한다. 동시에 스트레스를 심하게 받으며 살아가고 있는 현대인들에게 그것을 극복할 수 있는 무엇보다 훌륭한 항체이기도 하다. 그러므로 효순(孝順)하는 사람은 심신의 피로를 느끼지 않고 언제나 즐거운 마음으로 살아갈 수 있다. 즐거운 마음으로 사는 만큼 복된 것은 없다.

아무리 지위가 높고 돈을 많이 벌며 맛있는 음식을 먹고 좋은 옷을 입으며 산다고 해도 즐겁지 않으면 곧 불행이다. 즐겁지 않은 이유도 가지가지겠지만 부모와 갈등을 빚는다면 어떤 갈등보다도 더 우리를 불행하게 만들 것이다. 고부 간의 갈등을 빚는 며느리는 틀림없이 위장장애나 소화불량, 변비, 신경통 같은 병 중 하나를 앓게 된다. 효자(孝子)는 스트레스를 이길 수 있는 항체를 가지고 있는 것에 비해 불효자(不孝子)는 사사건건 부모와 대립하게 되니 늘 긴장과 스트레스를 받으며 살아야 한다. 어느 쪽이 건강에 더 좋겠는가? 스트레스가 심해지면 우울증이나 정신분열을 일으키게 된다. 정신과 의사를 찾아 상담을 하는 사람 중에 부모와의 관계가 원만치 못한 사람들이 다수 있다는 것만 보아도 상대적으로 효심을 가지고 있는 사람들의 정신이 훨씬 건강함을 알 수 있다. 그러므로 효자는 건강하기 때문에 장수한다.

2) 효는 사람의 본분이며 행동의 길잡이

류성룡이 말하기를 "백 가지 행실이 효도가 아니면 서지 못하고, 만 가지 착한 일이 효도 곧 아니면 행해지지 못한다."고 하였다.

효를 백행지원(百行之原)이라고 해서 인간의 백 가지 행실의 근원이라고 강조하는 것은, 사람은 누구나 본성이 맛있는 음식이 있으면 우선 제 입으로 먼저 넣고 싶은 생각이 나는 법이다. 또한, 자기 재산과 재물을 아깝게 여기지 않는 사람이 어디 있겠는가. 이것은 본성이요, 당연한 이치이다. 그러나 우리는 이 본성을 초월하기 위하여 일찍부터 교육을 통해서 효를 가르쳤다. 효라는 것은 제 입으로 먼저 맛있는 음식을 먹고 싶은 그 욕망을 억제하고 이것을 부모님께 먼저 드려서 부모가 즐겨하시는 것을 보고 즐기는 것, 즉 내가 수고한다면 내가 땀 흘려 노력해서 그 보람으로 부모가 기뻐하고 즐거워한다면, 그것을 보고 내가 즐겁도록 어려서부터 이것을 강조하여 몸에 익히는 것이다. 이것은 곧 착한 마음(仁)을 함양하는 것이다. 효를 '백행지원'이라고 한 뜻이 바로 여기에 있는 것이다. 어려서부터 효도를 배우고 이를 몸에 익히면, 그것이 바로 도덕적 존재로서의 인격수양과 직결되고, 결국 이기심으로 뛰어넘는 이타주의로 확대되는 것이다.

3) 자식이 본받는다

예로부터 명문가정, 뿌리 있는 가문을 보면 조상 대대로 효부·효자의 집안이 많다. 그 이유는 부모의 모습을 본 자식이 부모의 모습을 본받게 되고, 이어져 그 자식은 본보기를 후대에게 물려주게 되니 그러한 집안은 명문가정 및 명문집안을 이룰 수밖에 없다.

중국 주나라 초기의 정치가였던 강태공은 "내가 부모를 효로써 섬기면 자식이 또한 나에게 효도할 것이나, 나 자신이 부모에게 불효하면 자식이 어찌 나에게 효도하리오."라고 하였다. 즉 부모의 일거수 일투족을 자식이 본받게 되고, 부모가 행하였던 대로 자식 또한 행하게 되므로 살아 계신 부모님을 섬길 때나 돌아가신 부모님의 제사를 모실 때 정성을 다하여 받들어 모시는 모습을 자식들에게 보여주어야 한다(김종두·전계서, 1996).

4) 불효하면 부모님 돌아가신 후에 후회한다

중국 남송의 유학자 주자(1130~1200)는 사람의 10가지 후회를 제시하면서 '불효부모사후회(不孝父母死後悔)'라 하여 불효의 후회를 첫 번째로 꼽았다. 또한 「한씨외전」에 "수욕정이풍부지(樹欲情而風不止)하고 자욕양이친부대(子欲養而親不待)라, 나무는 고요하게 있으려 하나 바람이 그냥 놔두지 않고, 자식은 부모를 더 봉양하려 하나 부모는 기다려주지 않는다."고 하여 부모님이 돌아가시면 후회하게 됨을 깨우쳐주고 있다.

외국에서 여러 해 동안 공부를 마친 유학생이 학위를 받고 금의환향하여 고향에 계신 부모님께 자식으로서 효도를 해 보려고 했으나 부모님은 이미 타계하시고 말았다. 반겨주는 사람도 없었다. 어찌 후회되지 않겠는가?

5) 효는 가정의 화목과 만사형통의 열쇠

"자효쌍친락(子孝雙親樂)이요 가화만사성(家和萬事成)이라, 자식이 효도하면 부모가 즐거워하고, 집안이 화목해지며 모든 일이 순조롭게 이루어진다."는 말과 같이, 효를 행하면 가정의 질서와 조화가 저절로 형성되고 모든 일이 쉽게 이루어진다. 그리고 효성이 있는 자식은 부모가 원하는 것이 무엇인지를 잘 알기 때문에 공부도 스스로 하고, 부모·조상에게 욕되는 언행을 하지 않으며, 입신출세를 함으로써 가문의 명예를 빛내게 된다. 그리고 형제 간에 우애가 돈독하고 서로를 위해 준다. 자식이 불효하는 집안을 화목할 수도 없고, 행복하지도 않다. 또한, 부모의 말을 거역하는 불효자는 형제 간, 친척 간, 이웃 간에 화목한 관계를 유지할 수도 없다. 그러므로 효는 가정의 화목과 평화를 불러오고 매사를 순조롭게 할 수 있는 만사형통(萬事亨通)의 열쇠가 되는 것이다.

4 실천 사례들

2012년에 들어와서 한국인, 한국계 미국인들이 세계무대에서 두각을 나타내고 있다.

1) 반기문 유엔사무총장

반기문 유엔사무총장은 충북 음성에서 태어나서 외교관의 꿈을 실현하기 위하여 청소년 적십자단에서 활동하면서 사회와 인류에 대한 봉사 정신을 배웠고 열심히 노력하여, 그 후 2004년 외교 통상부장관이 되었고, 2006년 한국역사에 영원히 기록될 제8대 유엔 사무총장이 되었다. 반기문 유엔사무총장의 어머님이신 신현순 여사께서는 반기문 형제들에게 항상 "선하게 살아라, 사람과 다투지 말며 덕을 베풀고 살아라."라고 말씀하셨으며, 부모님은 한 번도 공부를 열심히 하라고 말한 적이 없었다. 한창 많이 먹을 나이에 밤늦게까지 공부하는 아들에게 간식이나 밤참으로 고구마, 감자를 쪄서 주시며 격려해 주셨다. 80세가 넘으신 지금도 새벽에 일어나셔서 기도를 하며 하루의 일과를 시작하신다.

바쁜 중에도 반기문 유엔사무총장은 부모에게 항상 안부전화와 생일을 잊지 않고 챙겨드리고 있다.

2) 세계은행 김용 총장

전 다트머스 대 세계은행 김용 총장은 2012년 4월에 세계은행 총재에 선임되었다. 그가 세계은행총재로 선임되었던 것은 비영리의료봉사기구를 조직해 활동하면서 세계보건기구(WHO)와 공동으로 결핵, 에이즈(AIDS) 등 저개발국의 질병퇴치를 위

해 오랫동안 '헌신'해온 삶이 결정적인 역할을 했다. 그의 어머니 전옥숙 박사는 미국에서 퇴계학을 연구하여 박사학위를 받으신 학자로 아들에게 늘 "나 자신은 누구인가, 내가 세상에 무엇을 줄 수 있느냐" 등의 질문을 던지면서 위하는 것에 도전하라고 가르쳤다고 한다. 그런 어머니 덕분에 어려서부터 퇴계와 마틴 루터킹을 가슴에 품고 자란 김용 세계은행 총재는 '세상의 불평등은 없애고 사회정의를 위해 일하는 사람'이 되고자 결심했다.

3) 미국 보건부 보건 담당차관보 고경주 형제

고경주, 미국 보건부 보건 담당차관보, 고홍주 국무부 법류 고문 등 6명의 자녀를 각계 엘리트로 키워낸 전혜성 전 예일대 교수는 아이들에게 "삶에 대한 뚜렷한 목적과 열정을 갖게 하는 것이 무엇보다 중요하다."고 강조해왔다. "목숨을 바쳐서라도 이걸 해야겠다는 열정이 생기면 공부하지 말라고 해도 아이들이 스스로 공부한다."는 것, 실제로 장남인 고경주 차관보는 "어머니는 항상 우리에게 개인적인 성공보다는 많은 사람을 위해 일하라고 했다. 내가 공중보건학을 전공하게 된 것도 그 때문이다. 잘 세운 보건정책 하나가 수백만, 수천만 명의 건강과 생명을 지킬 수 있기 때문이다."라고 말했다.

지금까지 살펴본 모든 사람들의 공통점은

첫째, 세계적인 지도자로써의 덕목인 창의성, 전문성, 인성(人性) 등의 능력을 갖추었다.

둘째, 부모로부터 봉사와 헌신에 삶의 가치를 둔 인성교육인 효 교육을 가정에서 받고 자랐던 것이다.

셋째, 반기문 유엔사무총장님, 김용 세계은행 총재, 고경주 미국 보건부 보건담당 차관보, 고홍주 국무부 법류 고문 등은 부모님의 말씀을 마음에 새겨 그대로 실천하는 효를 행하신 분들이셨다.

5 생각해 볼 문제

- 본인은 평소에 효에 대하여 어떤 생각을 가지고 있는지 자유롭게 기술하시오.
- 본인은 평소에 부모님에게 어떤 효도를 하고 있는지를 기술하시오.

9장

인성을 위한 독서교육

21세기를 살아가는 청소년이나 젊은이이라면 경쟁 속에서 살아남기 위해 지식 이전에 창의성이 필요하다. 그리고 독서를 통해서 지식을 쌓을 뿐만 아니라 자신의 주장도 높일 수 있다. 책을 읽게 되면 자신감이 생기고, 때에 따라 본인의 주장을 강하게 내세우고 또한 논리적이며 타당하게 상대를 설득할 수 있다. 이러한 것들은 무한경쟁 속에서 필수 요소이다. 따라서 제1장에서 언급한 인성을 실천한 위인(偉人)들(공자, 세종대왕, 이순신, 페스탈로찌, 존 듀이, 최현배, 반기문, 김용, 전혜성, Bill Gates, 닉부이치치)을 보면 성공의 기초는 독서를 최우선 덕목으로 삼았다는 사실이다. 그러므로 본 장에서는 독서교육의 필요성, 좋은 책을 선정하는 기준, 독서하는 방법, 실천 사례들, 생각해볼 문제 등을 살펴보고자 한다.

1 독서교육의 필요성

책 읽는 법을 아는 사람은 자기 자신을 확대하고 자신의 존재를 확대할, 또는 자신의 인생을 풍부하고 우수하게 그리고 재미있게 만들 수 있는 힘을 가지고 있다.

–알더스 헉슬리

처음 책을 읽을 때는 새로운 친구를 만난 것이고, 두 번째 읽을 때는 옛 친구를 만난 것이다.

–중국금언

독서를 통해서 사람은 창의성을 높일 수 있다. 만화의 같은 경우 이야기의 장면이 그림으로 직접 그려지기 때문에 사람이 상상/생각하는 효과를 떨어뜨리기 마련이지만 글로 된 독서의 경우 장면을 직접 떠올리게 되므로 창의성이 높아진다. 자본주의의 무한한 경제 속에서 공부나 지식보다는 상상력과 창의성이 중요하다. 아인슈타인은 '지식보다 상상력이 중요하다'고 말하였다.

백원근의 '국민독서실태조사로 본 청소년 독서의 현주소'에 따르면, 전반적으로 인터넷의 영향력이 증대되는 가운데, 경기 침체를 반영하여 책을 구입하기보다는 대여해서 읽는 비율도 증가했다. 초·중·고 학생들의 독서율은 전반적으로 감소 추세를 보여 다매체 환경에서 독서교육 강화의 필요성을 환기시켰다. 개개인의 독서량 편차가 심화되는 이른바 '독서인구 양극화' 현상도 지난 조사에 이어 재확인됐다. 그리고 베스트셀러 중심의 독서 경향이 여전한 것으로 파악됐다. 기억에 남는 도서, 추천하고 싶은 도서구입 시 고려 요인 등은 대체로 시중의 베스트셀러 목록과 일치하여 '소비되는 독서' 트렌드를 보여줬다. 책 읽는 사회를 만들기 위한 대안으로는 도서관 증설과 장서 확충, 매스컴의 책 정보 제공 확대, 학교 독서교육 활성화가 필요하다는 국민들의 목소리가 높았다. 우리 청소년들의 독서성향을 살펴보면 다음과 같다.

첫째, 청소년 맞춤 독서정보가 빈약하고 베스트셀러 편식 독서가 만연돼 있다. 먼저 청소년이 즐겨 읽는 도서 분야로는 일반소설(24.4%) 선호도가 가장 높고, 그 다음으로 만화/무협지/판타지소설(28.3%), 추리소설, 연예/오락 등의 순으로 선호도가 높게 나타나 중고생의 독서경향은 교양도서보다 오락물 위주로 편중되었다. '지난 한 학기 동안 읽은 책 가운데 기억에 남는 도서' 상위권에 든 책들은 『나무』, 『해리포터』, 『나의 라임오렌지나무』, 『연탄길』, 『삼국지』, 『뇌』, 『연어』, 『아홉 살 인생』, 『연금술사』, 『다빈치 코드』 등 대부분 베스트셀러 소설이었다.

둘째, 우리 청소년들이 책을 선택할 때 주로 참고하는 정보는 '친구 추천'과 '베스트셀러 목록'으로, 가족이나 교사의 영향력은 상대적으로 낮았다. 중고생 모두 또래문화의 영향으로 '친구 추천' 비중이 23% 안팎으로 1위이며, 기타 선생님 추천 및 과제 지정, 가족 추천, 대중매체의 책 소개 비중은 낮아 실질적으로 체계적인 독서정보 제공이 이뤄지고 있지 못함을 시사했다. 도서구입 시 우선적으로 고려하는 요인은 '책의 내용'(52.5%)이 가장 높지만, 그 다음으로 '베스트셀러 순위'와 '가격'등을 꼽아 베스트셀러 의존 경향을 재확인시켰다.

셋째, 학교와 가정의 독서에 대한 무관심이 심해지고 있다. 학생들의 독서지표에서는 학교도서관 이용이 활성화되는 현상만이 유일한 청신호였다. 학교의 독서지도 내용은 '독후감 쓰기'가 50% 가장 많았으며, 이외 '도서관 이용/도서분류법''도서 선택과 독서방법'의 독서지도를 하는 것으로 나타났다.

종합해 보면 현대 지식정보 사회에서 독서교육은 인성과 역량개발에 있어 매우 중요하다. 독서를 통해 즐거움뿐만 아니라 두뇌를 개발하고 사고력을 향상시키며 더 나아가 "가치관", "세상을 보는 힘(지혜)"을 기를 수 있기 때문이다. 따라서 독서교육은 매우 필요하다.

2 좋은 책을 선정하는 기준

좋은 책 선정기준

하루에 250권의 책의 책이 출간된다는 이 시점에서 무분별하게 모두 읽을 수는 없다. 책을 좋아하는 사람이라면 본인 마음속에 고이 작가를 접어두는 경우가 있다. 내가 좋아하는 작가의 신간이 나오면 선택하는 방법도 많이 통용되고 있다. 책을 선물하든 추천할 책이든 목적이 다를수록 좋은 책 선정기준은 광범위하고 주관적일 수 있다. 잘 읽히고 재미있고 유익하며 단 한 줄이라도 내마음을 울렸다면 더 의미가 있다. 다른 사람이 써놓은 서평을 참고하되 맹목적으로 흡수하는 것은 굉장히 위험한 일이다.

책을 왜 읽는 것일까? 변화하고 제대로 살기 위해서이다. 책에서 그런 목표에 맞는 메시지를 찾아보는 것이 효과적이다. 모든 책에는 메시지가 있기 때문이다. 세 가지 기준을 가지고 좋은 도서를 선정할 수 있다.

첫째, 목적 지향성 도서, 흥미 지향성 도서를 분류한다.
둘째, 신문의 책 기사들로 도서 정보를 얻는다.
셋째, 집중적으로 읽는 저자 목록을 만든다.

일단, 목적이 있어서 실용적으로 읽을 책과 재미나 흥미를 위해서 읽고 싶은 책을 따로 나눈다. 이 두 가지가 분류되지 않으면 책을 고르는 데 어려움을 겪게 된다. 전자의 경우, 철저하게 그 목적을 가장 효율적으로 가장 풍부하게 달성해 줄 수 있는 책을 선택하고, 후자의 경우에는 자신의 기호에 가장 잘 맞는 책을 고른다.

또한 신문 책기사에 소개된 책을 고르는 이유는 실패할 확률이 낮아서다. 팁을 주자면, 대부분 매주 토요일자 신문들에는 책 기사를 몰아서 낸다. 그래서 토요일이 되면 그는 신문 서너 가지를 산다. 여러 신문 책 기사 모음을 보고 구미가 당기는 책, 그리고 전문가들이 공통적으로 추천한 책을 체크한다. 그 다음 서점에 가서 직접 그 책을 확인해 본다.

독서의 완성은 서평쓰기로 마무리 할 수 있다.

책을 왜 읽는 것일까? 변화하고 제대로 살기 위해서이다. 책에서 그런 목표에 맞는 메시지를 찾아볼 수 있다. 모든 책에는 메시지가 있다. 세 가지 메시지와 열쇳말을 찾으면서 책 속의 글귀나 느낌을 정리하면 그게 서평이 되는 것이다.

아동·청소년을 위한 좋은 책 선정기준

아동기 청소년기에는 부모가 책에 대한 올바른 안목으로 권해 주는 것이 바람직하다. 따라서 좋은 책을 보는 안목을 넓히기 위한 기본원칙은 다양한 분야의 책을 접할 기회를 제공하는 것이 바람직하다.[4]

---

4) http://blog.naver.com/mommom0617/220481778826

① 기본원칙

1. 작가, 내용, 출판사를 두루 살펴 청소년들의 지적·정서적 발달에 도움이 되는 좋은 것을 가리되 편향되지 않는 보편적 기준을 갖고 선정한다.
2. 내용과 편집, 제본 상태를 함께 살펴 잘 만들어진 책을 선정한다.
3. 독서, 흥미의 발달 단계 및 성장단계에 적합한 책을 연령별로 선정한다.

② 형식 및 물리적 기준

1. 문장은 이해가 쉽고 간결하게 표현되어야 한다.
2. 오자나 탈자가 없고, 띄어쓰기, 철자법이 정확해야 한다.
3. 삽화는 내용과 부합되고 이해를 돕고 있는지 인쇄는 선명하지 살핀다.
4. 저자, 편자, 역자, 감수자 들이 그 분야의 전문가로서 어린이를 위한 저작물을 잘 이해하고 있는지 살핀다.
5. 번역서의 경우 원문의 의미를 정확하게 전달하되 자연스러운 우리말 표현으로 매끄럽게 번역하였는지 살핀다.
6. 삽화는 내용과 부합되고 이해를 돕고 있는지 인쇄는 선명한지 살핀다.
7. 장정과 표지는 견고하고 제목과 표지가 도서의 성격을 잘 드러내고 있는지 살핀다.
8. 활자의 크기와 행간은 적당한지 살핀다.
9. 대상에 대한 충실한 이해를 바탕으로 정성껏 기획, 제작된 책인지 살핀다.

3 독서 습관들이기

1) 책과 친해지는 법

독서는 곧 '습관'이며, 독서도 '연습'할수록 더 늘 수 있다. 다음은 독서습관에서 책과 친해지는 방법이다. 이를 구체적으로 살펴보면 다음과 같다.

(1) 글씨가 크고 얇은 책부터 시작하라

이제 막 독서를 시작하고 흥미를 붙이려는 데 욕심이 앞서서 두껍고 글씨가 많은 책을 고르지는 않은지 확인해 본다. 처음에 독서에 흥미를 붙이고 싶다면 두께가 얇은 책부터 시작하는 것이 바람직하다. 왜냐하면 이런 책들은 책장을 넘기는 재미가 있기 때문이다. 한 장에 글씨가 너무 많아서 책장을 넘기는 데 시간이 너무 오래 걸린다면 재미를 느낄 수가 없다. 따라서 처음 시작할 때는 글씨가 크고 책 두께가 얇은 책부터 시작하는 것이 바람직하다.

(2) 쉬운 책, 관심분야의 흥미 있는 책부터 시작하라

독서를 할 때 책을 고르는 것은 아주 중요하다. 특히나 처음 본격적으로 독서 습관을 들인다면 쉽고 자신이 잘 알 수 있는 관심분야의 책을 고르는 것이 좋다. 쉬어야 이해도 잘되고 술술 넘어갈 수 있기 때문이다. 그리고 당연히 관심분야의 책을 읽어야 흥미롭고 재미있다. 쉽고 재미있는 책부터 시작해 본다. 그러면 어느새 한 권을 다 읽은 자신의 모습을 발견할 수 있을 것이다. 그리고 독서에서 무엇보다도 중요한 것은 성취감이다. 처음 한 권을 다 읽고 났을 때 그 성취감이야말로 다음, 그 이후에도 책을 완독할 수 있다는 자신감이 생기는 것이다.

(3) 자투리시간을 잘 활용하라

독서를 하기는 해야겠고 중요한 것도 알겠는데 시간이 없을 수 있다. 그렇다면 자투리시간을 활용하는 방법이다. 등하교 시에 혹은 학원을 오가는 버스나 지하철에서 그냥 흘려버리는 시간들이 의외로 많다. 쉬는 시간이나 점심시간, 무의미하게 버리는 시간들이 많다. 그런 자투리시간을 모아보면 의외로 시간이 꽤 된다는 것을 알 수 있다. 제대로 시간을 내서 독서하기가 힘들다면 이렇게 자투리시간들을 활용해 보기를 권한다. 얇고 글씨도 크고 쉬운 책부터 시작한다면 자투리시간만 활용해도 쉽게 책을 읽을 수 있다. 요즘은 2~3시간 투자하면 읽을 수 있는 책들도 많이 출간되고 있다.

(4) 지적 호기심에 노출하기

정기적으로 서점이나 도서관을 탐방하여 책의 종류, 제목, 서평 등을 훑어보고, 새로 나온 책이나 자신의 관심 분야를 찾아보고 새로운 영역에도 관심을 가짐으로써 독서에 대한 흥미를 높인다. 1년, 한 달, 1주일 단위로 독서량을 결정하여 지킨다. 매일 실천할 수는 없지만, 계획을 세우면 계획을 세우지 않았을 때보다 훨씬 많은 책을 읽게 된다. 전공 분야별로 목록을 만들어 읽거나 한 작가의 책을 읽을 수도 있다. 한 줄이라도 독서노트에 기록하는 습관을 들이고 각 분야의 전문 분야를 탐독하는 주제별 독서활동도 바람직하다.

(5) 나만의 공간, 시간을 확보하라

독서를 하는 데 전혀 집중이 되지 않을 때가 있다. 읽는 대로 머릿속으로 들어오지 않고 흘러가 버린 경우도 있다. 그럴 때는 나만의 독서 공간과 시간을 확보하는 것이 필요하다. 머리맡에 항상 책을 두고 있다가 잠자리에 들기 전에 읽는 것이다. 아주 편한 자세로 읽을 때 집중도 잘되는 법이다. 나만의 공간, 즉 일정하게 책을 읽을 수 있는 시간과 공간을 확보해 보도록 한다. 잠 자기 전 책을 읽는 습관도 도움이 된다.

(6) 책의 핵심내용에 표시하거나 포스트잇 붙이기

책에 자신만의 방식으로 표시하는 것은 자신의 개성을 드러내는 표현 방법이 되고 그 책에 대한 강력한 이미지도 남기는 방법이다. 연필, 볼펜 등으로 별, 동그라미, 네모, 세로줄, 가로줄을 표시하거나 중요도에 따라 접기를 다르게 해 주며, 포스트잇 등의 여러 도구를 사용하면 책 읽기의 효과를 더해 줄 수 있다. 혹은 포스트잇을 활용하여 책에 대한 감상이나 구입한 날짜 등을 적을 수도 있다.

(7) 다양하고 폭넓게 읽기

벤저민 디즈레일리(Benjamin Disraeli)는 한 권의 책만 읽은 사람을 경계하라고 했다. 자신의 주장에 동조하는 책만 읽는다면 편견에 치우쳐 편협한 인격의 소유자가 될 수 있음을 경계한 말일 것이다. 자신의 한계를 벗어난 새로운 분야에 도전하면 독서 영역이 넓어지고 새로운 세계를 맛보게 된다. 여러 책을 두루 섭렵하는 것은 자신만의 울타리를 무너뜨려 좀 더 폭넓은 사람으로 만들어 준다.

(8) 완독한 책은 꼭 메모해 두기

독서활용방법 중 하나는 다 읽은 책은 스케줄러에 제목과 지은이를 메모해 두는 것이다. 나중에 이 책을 읽었는지 안 읽었는지 구분하기 위함이다. 그리고 스케줄러에 다 읽은 책 제목은 하나씩 적어 줄때의 성취감도 만만치 않게 기분을 좋게 해주기 때문이다. 그리고 한 학기, 혹은 일 년이 지난 후에는 스케줄러를 살펴보면서 내가 몇 권이나 읽었는지 세어본다. 그러면 자신의 독서량까지 측정할 수 있다. 그러면 내 독서량이 어느 정도인지도 알 수 있고, 주로 어떤 분야의 책을 읽는지도 한눈에 알 수 있기 때문이다. 독서를 통해 지식을 쌓아야 하는데 너무 편중된 지식만 얻게 되는 경향도 있다. 그래서 완독한 책을 메모하면서부터는 내가 어느 분야의 책을 많이 읽는지, 어느 분야의 독서량이 부족한지 확인하여 골고루 책을 읽도록 노력하는 자세가 중요하다. 무엇이든 메모하는 습관이 좋다는 건은 알고 있는 사실인데 메모하는 습관을 길들이는 것은 매우 중요하다.

2) 단계별(초, 중, 고) 독서습관들이기[5)]

(1) 초등부터 다독·다작 습관을

초등학교 때 읽고 쓰기에 흥미를 붙이지 못하면 학년이 올라갈수록 격차를 좁히기 힘들다고 전문가들은 말한다. '다독·다작'은 학년에 상관없는 제1원칙이다. 초등학교 1~2학년 때는 자기 생각을 표현하는 법을 익혀야 한다. 글쓰기에 익숙하지 않다면 말이나 그림으로 대신한다. 또래끼리 한 주제를 가지고 자유롭게 얘기하거나 부모와 대화하는 기회를 늘린다.

3~4학년부터는 세상에 대한 '문제의식'을 갖는 훈련이 필요하다. '세상이 어떤

---

5) http://blog.naver.com/mommom0617/220481778826

것이다'에 대한 관심을 갖고 사소한 것도 의심해 보는 습관을 들여야 한다. 부모가 아이에게 '쓰레기 분리수거는 왜 할까' 같은 질문으로 자극을 주는 게 좋다.

5~6학년은 본격적으로 읽기·쓰기에 돌입하는 단계다. 무조건 많이 읽으라는 강요는 금물이다. 좋은 책을 정독하게 해야 한다. 10권을 빨리 읽는 것보다 1권을 꼼꼼히 읽고 고민해 보는 게 좋다. 책을 읽은 후 토론과 글쓰기를 통해 반드시 '자기화'의 과정을 거쳐야 한다. 일기쓰기, 자기만의 문집 만들기도 좋은 방법이다.

(2) 중등, 신문읽기로 근거 펴는 연습을

전문가들은 "중학교 때야말로 좋은 책을 물리도록 읽어야 할 시기"라고 입을 모았다. 어느 정도 이해력이 생기는 데다 대입 부담이 상대적으로 적은 시기이기 때문이다. 문학과 역사 철학 서적을 '6 : 2 : 1'의 비율로 읽는 게 좋다. 문학작품은 시공(時空)을 초월해 인간이 안고 있는 가장 본질적인 문제를 다루기 때문에 통합논술을 준비하는 데 가장 좋은 읽을거리다.

초등학교 때 자기 생각을 거리낌 없이 표현하는 게 중요하다면 중학교 단계부터는 '근거가 있는' 자기 생각을 펼치는 훈련을 해야 한다. 책을 읽은 뒤 알맹이 없는 '느낌'만 늘어놓기보다는 한 주제에 대해 문제의식을 갖고 근거를 펴는 연습이 필요하다. 전문가들은 이를 위해 '신문 읽기'를 추천했다.

단 너무 시사적이고 전문적인 것보다 중학교 수준에서 이해할 수 있고, 어느 정도 배경 지식이 있는 이슈를 다루는 게 좋다. 학교 교과와 관련된 주제를 택해 배경 지식을 넓히면서 논술을 써보는 것도 좋은 방법이다. 논술형식에만 얽매이지 말고 인터뷰나 기사형식으로 다양한 글쓰기를 시도해 본다. 중학교 때부터 독서와 글쓰기의 '부익부·빈익빈'이 심해진다는 것을 잊지 말자.

(3) 고등, 흐름이 긴 책을 읽어라

1학년 때부터 대학별 논술 유형을 따라가기보다 텍스트를 제대로 읽을 수 있는 능력을 키워야 한다. 상위권 대학 논술 채점자들은 응시자의 대부분이 주어진 제시문조차 제대로 이해하지 못한다고 지적했다. 글을 잘못 이해하면 아무리 좋은 글을 써도 헛일이다. 통합교과형 논술은 문제마다 평가하려는 게 다르기 때문에 문제를 제대로 파악하는 사고력이 필수다. 수능에 나오는 짧은 글뿐 아니라 흐름이 긴 책들을 읽어야 한다.

문학·역사·철학을 1 : 2 : 6으로 읽는다. 독서는 다양한 인용거리를 만들어놓기 위한 배경 지식을 익히는 방법이기도 하다. 대입 논술에서 인용은 생각의 깊이와 독서량을 돋보이게 하는 기법이다. 단 천편일률적인 인용이 아닌 자신이 공감하고 재해석한 인용구만이 설득력을 높인다.

고 2~3은 한 문장이라도 핵심만 밀도 있게 쓰는 훈련에 집중한다. 교과서의 매 단원 마지막에 나오는 주관식 심화문제를 놓고 한 단락으로 자신의 생각을 쓰는 연습을 해야 한다. 전문가들은 "논술은 교과 공부와 별개가 아니다."라고 강조한다. 통합교과형 논술은 지문의 핵심을 정확히 파악해 문제를 해결하는 능력, 즉 한 문제에 대해 얼마나 깊이 있고 다각적인 시각을 가지고 있느냐를 보는 시험이다.

3) 독서 후 표현 활동

(1) 글로 표현하기

실제활동 실습하기

〈글쓰기활동 운영방법〉

① 그룹별 팀별로(4인/5인 1조), 팀원에게 A4 용지를 한 장씩 나누어 준다.

② 교사가 첫문장을 제시하면 한단락씩 팀원들이 이어서 다음 내용을 기술한다.

③ 10분 내외로 이어쓰기 글문장을 완성한 후 타임아웃이 되면 쓴 원고를 다른 팀원에게 로테이션으로 돌려서 그 다음 문장을 이어 쓰도록 한다.

④ 팀별 로테이션으로 뒷 이야기를 이어 쓰거나 스토리를 완성하는 활동을 전개한다.

⑤ 로테이션 글쓰기 활동의 특징은 어떤 동화나 글쓰기 주제의 작가가 여러 사람이라는 것과 결말이 어떻게 전개 될지 알 수 없어서 지적 호기심을 줄 수 있다.

Tip 로테이션글쓰기

첫 문장 제시하기(공통문장) → 뒷이야기 쓰기 → 스토리 다시 이어쓰기 → 느낌 표현하기 → 결말짓기(마무리)

(2) 독서토론서 (Sample)

최근 언론보도에 따르면 가정폭력 및 학교폭력, 체벌이 심각한 사회문제로 대두되고 있으며 사회적으로도 뜨거운 감자로 핫이슈화 되고 있다. 다음은 팀별, 조별로 독서토론을 하고 다음과 같이 독서토론서를 작성해 본다(주제는 자유롭게 선정).

<table>
<tr><td>논 제</td><td colspan="3">체벌, 교육의 수단이다.</td></tr>
<tr><td>배경상황</td><td colspan="3">한국적 교육 현실에서 학교의 역할은 지배적이다. 그 때문에 학교 안에서 일어나는 여러 가지 문제들이 '교육'이라는 명분으로 은폐되고 있다. 그중 최근 들어 체벌이 사회 문제로 드러나고 있다. 체벌은 학생에게 신체적 고통을 가함으로써 학업 태도나 행동을 개선하고 교정하려는 교육방침이다. 그러나 본래의 교육적 의도를 벗어나 폭행의 형태로 나타나는 문제점이 드러나고 있다.
최근 대구의 한 고교 교사가 학생이 지각했다는 이유로 몽둥이를 이용해 엉덩이를 200대 때린 사건이 언론에 보도되었다. 체벌을 당한 유군은 속옷이 피로 물드는 등 심한 상처를 입고 병원에 입원하기에 이르렀다. 이처럼 과도한 체벌에 대해서는 인간중심주의와 인권에 대한 인식이 주목받는 사회적 추세에 따라 사회적 인식도 바뀌고 있다.</td></tr>
<tr><td>논제에 대한 입장</td><td colspan="3">체벌은 폭력의 합리화이다(반대 입장).</td></tr>
<tr><td>공유점</td><td colspan="3">교육의 목적은 학생의 지적 발달과 인성 발달 촉진에 있다. 그런 목적을 달성하기 위해서는 여러 가지 방법이 있을 수 있지만, 궁극적으로는 잘못된 행동을 순화시켜 바른길로 인도하는 교육방법을 추구해야 한다.</td></tr>
<tr><td rowspan="3">입론</td><td></td><td>찬성 측</td><td>반대 측</td></tr>
<tr><td>전제</td><td>체벌은 교육 효과가 높은 교육 수단이다.</td><td>교육 수단은 벌이 아닌 상의 측면에서 접근해야 한다.</td></tr>
<tr><td>핵심 개념</td><td>학업이 부진하거나 금지된 일을 하였을 때 신체적 고통을 주는 벌을 가함으로써 격려하거나 비행을 교정하는</td><td>교사가 물리적 도구나 손과 발 등 신체의 일부를 이용해 학생에게 신체적·정신적 고통을 주는 행위</td></tr>
</table>

		행위	
	논점	① 체벌은 지속적인 효과가 높다. ② 체벌은 현재와 같은 다인수 학급의 질서 유지에 효과가 높다. ③ 교사는 교사의 권한을 가지고 학급을 바르게 이끌어갈 의무가 있다.	① 체벌은 폭력성을 내재하고 있다. ② 체벌은 지속적 효과가 없다. ③ 체벌은 교사와 학생 간의 인격적 관계를 훼손시킨다. ④ 체벌이 아닌 대안 처벌을 통해 보상 효과를 달성해야 한다.
	논거	① 각성을 촉구하고 잘못된 행동의 통제 수단. 교육학자 페스탈로찌는 가장 단순한 방법으로 확실하고 빠르게 어떤 목표로 이끄는 데 체벌이 필요하다고 인정했다. 이처럼 체벌을 통해 수업을 효과적으로 진행할 수 있다. ② 통제를 통한 간접효과. 효율적이고 쾌적한 학교 환경을 만들려면 질서가 필요하다. 체벌은 질서 유지에 도움이 되고 다른 학생들에게 비행의 결과를 통한 간접적 통제 효과를 높일 수 있다. ③ 교사의 권한 · 체벌은 교사의 책임을 수반하는 '권한'이다. 초중등교육법 제18조 1항은 교사가 체벌을 교육적으로 사용할 수 있는 권한을 인정하고 있다.	① 체벌에 관한 연구 자료. 체벌을 가한 대다수 교사가 "마음이 편치 않다" "후회한다"고 응답하였다. ② 심리학자 스키너(Skinner)의 조작적 조건화 이론. 체벌은 일시적으로 행동을 억제시키는 효과는 있으나, 바람직하지 못한 행동을 제거하는 데는 비효과적인 방법 ③ 매일신문 인터뷰. 한 교사의 "체벌에 중독되는 것 같다"는 증언은 폭력에 익숙해지고 무감각해진 교육현장에서 더욱 강한 형태의 체벌이 유발될 가능성을 보여준다. ④ 대안 처벌의 효과. 학생 스스로 사회적 의미 및 기여를 깨우치는 것은 물론, 행동 변화로 이어진다. 특히 봉사활동은 교사와 학부모, 모든 학생이 50% 이상의 선호도를 보임으로써, 이미 그 필요성을 입증했다.
반론		**찬성 측**	**반대 측**
	기대 효과	체벌은 다인수 학급의 현실에 적절한 교육 수단으로 활용될 수 있다.	대안 처벌 등으로 대체함으로써, 교사와 학생 간의 인격적 관계 형성을 바탕으로 교육 효과를 높일 수 있다.
	예상 반론	① 교사는 강압적인 통제로 교육을 실현해서는 안 된다. ② 체벌은 다른 학생들에게 비행의 결과를 알려주는 동시에 폭력성을 학습하도록 조장하는 위험이	① 교사와 학생의 위치는 대등하지 않다. 학생의 인권을 지나치게 중시한 나머지 교사의 인권이 무시되고 있다. ② 체벌은 여러 교육 수단 중, 또 다

	있다. ③ 체벌의 효과는 체벌을 가하는 순간에만 존재할 뿐, 지속적이지 못하다. ④ 체벌을 가하는 교사도 사람이기에 객관적 거리 유지가 어렵다.	른 하나의 교육 수단이 될 수 있다. ③ 체벌의 효과는 즉각적이고 효율적이라는 점에서 긍정적이다. ④ 체벌은 교사의 권리로 인정받는 부분이다.
대책	① 체벌을 통한 질서 형성은 학생들을 획일적으로 만들지 않는다. 질서는 효율적이고 쾌적한 학교 환경을 만드는 데 꼭 필요하다. ② 학급 분위기를 흐리는 학생을 방치한다면, 다른 학생들이 동조하거나 학습하게 된다. 비행을 학습시키는 것보다 제재를 가하는 체벌이 더 교육적이다. ③ 체벌의 즉각적인 효과는 학급을 운영하는 데 효율적이다. 지속성이 없더라도 문제가 발생할 때마다 즉시 대처가 가능하다. ④ 교사는 여러 과정을 거쳐 교육받은 사람이다. 따라서 체벌이 필요한 적절한 시기와 그 정도에 대한 판단력과 분별력을 갖추었다.	① 학생의 인권보장은 교사와 학생의 대등한 위치를 의미하지 않는다. 교사와 학생의 위치는 엄연히 다르며, 그간 무시되었던 학생의 인권을 인정해야 한다. ② 교육의 목적은 교사와 학생 간의 믿음을 바탕으로 한 상호 교육에 있다. 체벌의 폭력성은 교육의 목적을 달성하지 못한다는 점에서 옳은 교육법이 아니다. ③ 체벌이 효과는 일시적이고 실제 교육현장에서 교육적 범위를 벗어난 경우가 비일비재하다. 학생들이 받아들이는 체벌의 의미 역시 인지적·정서적 측면에서 부정적 영향을 미친다. ④ 교사도 사람이기에 체벌을 가하는 과정에서 감정적이 될 수 있고, 적정 시기와 정도 판단에 있어 문제 발생의 소지가 있다. 교권이 학생들의 인권보다 우선시될 수 없다.

※ 출처: 이정옥(2011), 『토론의 전략』, 문학과 지성사

(3) 독서노트 만들기

책을 읽고 난 뒤 독서노트를 적는다. 독서노트 기록은 독서 습관을 기르는 것이다. 독서노트 양식은 간편한 한 줄 느낌의 기록에 대한 부담을 줄인다.

[독서노트 예시]

권수/날짜	책이름	지은이/출판사	한 줄 느낌

(4) 글쓰기 실제「독후감과 서평쓰기」

독후감 작성법[6)]

① 독후감의 개념

독후감은 책을 읽고 느낀 점을 정리한 글이다. 단순히 책 내용을 요약하는 것이 아니라 인상 깊었던 점, 배울 점 등을 작성자의 입장에서 창조적으로 정리한 글을 말한다.

② 독후감의 일반적 구성

— **서두**: 지적 호기심을 드러낼 수 있는 독서 동기를 밝힌다. 독후감의 서론은 내가 어떻게 이 책을 접하게 되었는지 동기, 계기를 기술한다.

— **본문**: 앞에서 제시한 지적 호기심을 충족시킬 수 있는 내용을 정리한다. 이때 책의 줄거리를 단순 정리하는 것은 삼간다. 책의 내용만 그대로 쓰는 것이 아니라 자신의 상황과 주인공의 상황을 비교하고, 내가 주인공이라면 이렇게 하였을 것이라는 내용을 쓰고 뒷이야기는 상상해서 이야기를 전개할 수도 있다.

— **결말**: 본론을 토대로 자신의 독서 체험을 다른 독자와 공감할 수 있도록 진술한다. 보다 다양한 각도에서 살펴보고 진술하는 것이 중요하다.

---

6) 최병선(2004).『말하기로 배우는 글쓰기』, 차림, p.150.

③ 독후감 작성 시 유의사항

— 주어진 주제에 대한 불평이나 독서 체험과 무관한 내용을 서술하는 태도

(예) 이번 여름방학에는 책을 읽고 독후감을 제출하라는 과제가 있었다. 나는 평소 책을 잘 읽지 않는 편이지만 어쩔 수 없이……

— 지극히 상식적인 이야기나 진부한 인생론으로 글을 시작하는 것

(예) 독서는 마음의 양식이라는 말이 있다. 그래서 나는 이문열의 '우리들의 일그러진 영웅'을 읽게 되었다.

— 글을 쓰게 된 동기나 과정에 대한 장황한 설명을 함으로써, 실제 독서 체험을 통한 감동을 약화시키는 글

— "참 감명 깊은 책이었다."와 같이 과제를 내준 사람에 대한 예의 차리기 혹은 상투적인 표현으로 글을 마무리하는 것은 좋지 않다. 이는 감상이 좋은 쪽 혹은 교훈적이어야 하다는 인식에서 비롯된 것이다.

서평 작성법[7)]

① 서평의 개념

서평이란 일정한 기준에 따라서 책에 대하여 평가하는 것을 의미한다. 독후감은 책을 읽고 소감문에 대한 내용을 요약한다면, 서평은 단순히 책 내용을 요약하는 것이 아니라 인상 깊었던 점, 배울 점 등을 작성자의 입장에서 창조적으로 정리한 글을 말한다. 서평을 쓰게 되면 자신의 생각을 명확히 정리하고 논리적으로 표현할 수 있다. 또한, 서평은 독자를 위한 정보제공의 성격이 강하다.

② 서평의 일반적 구성

독후감상문과 서평이 다른 점은 독후감은 주제, 내용, 특징이 들어가는데, 서평은 읽을 가치가 무엇인가에 중점을 두고 작성한다.

7) 서평가 "이현우의 서재"는 나의 확장이다.
www.http://search.naver.com

서평 작성 순서는 다음과 같다.

① 관련자료 수집: 제작자, 관점 등

② 책 일기: 주제파악 및 요약, 전체적인 논의사항 중요

③ 책의 관점 논의, 책 소개 평가 - 요약문작성

④ 서평작성: 전반부(주제 문제 배경) / 중반부(주요논점 위주 소개, 평가) / 후반부(필자의 의견, 책의 긍정적 기여, 공헌 등)

서평가 (예시자료)

서평가 〈'이현우의 서재'는 나의 확장이다〉 – 지식인의 서재 –

제가 어떤 책을 읽든지 그 책 내용을 다 기억하고 있지는 않습니다. 하지만 서재의 책을 보면 그 기억을 상기하고, 참고할 수 있죠. 자기가 가지고 있는 지식이나 생각 혹은 내밀한 정서나 영혼이, 책들과 같이 공존하고 있다는 생각이 듭니다. 컴퓨터도 자료를 외장 하드에 따로 보관하기도 하는데요. 저는 그렇게 저라는 자아 자체도 도서관처럼 꾸며져 있는 게 아닌가 하는 생각이 들고, 서재라는 것은 그것의 현실적인 유사물이 아닌가 하는 생각을 합니다.

책의 홍수, 어떤 책을 읽어야 하나?

대형 서점에 가보면 수만, 수십만 권의 책이 꽂혀 있는데 일종의 마비 증상이 오는 것 같아요. 할 수 없이 가려 읽을 수밖에 없는데요. 서평이 읽을 만한 책과 읽지 않아도 되는 책을 가려주는 역할을 한다고 봅니다. 우리 스스로 책을 고르고 판별할 능력이나 시간이 부족할 때는 서평을 참조할 수밖에 없지 않나 생각해요. 자기의 독서 선택에 도움 줄 수 있는 어떤 길잡이를 고르는 것, 직접 선택하지는 않더라도 누가 대신 선택하게끔 해 주는 거죠.

우리에게 유익한 서평이란?

저는 유익한 서평은 두 종류가 있다고 생각합니다. '강추'하는 책과 절대 읽

지 말도록 만류하는 책을 알려 주는 것입니다. 읽을 만한 책과 안 읽어도 되는 책, 별점식으로 말하면 별 4~5개를 붙여 줄 수 있는 책이 있고, 별 1개짜리 책들도 있죠.

저는 그 중 별 1개짜리 서평을 상당히 좋아해요. 중요한 역할을 한다고 생각합니다. 솎아 주는 역할을 하고 있기 때문이에요. 별점 1개짜리 책을 굉장히 공들여 서평 쓰는 분들이 있어요. 저는 그런 분들을 좋아합니다. 한 사람이 대표로 희생하는 거죠. 나 혼자 읽을 테니 여러분은 안 읽어도 된다. 그러니까 별 5개짜리 서평보다도 오히려 더 비장하다고 할까요? 더 순기능을 한다고 생각해요.

웰빙을 위한 책, 웰다잉을 위한 책

삶의 과정이라는 게 태어나서 살다 죽는 것인데요. 어떤 책은 잘 사는 데 도움이 되고, 어떤 책은 잘 죽는 데 도움이 된다고 생각해요. 웰빙(well-being)이 있지만, 웰다잉(well-dying)도 있잖아요. 잘 죽는 것은 별개의 문제인데, 어차피 죽는다면 잘 사는 것의 의미 자체가 상당히 축소된다고 생각합니다. 잘 먹고 잘 사는 것이 전부는 아니라는 거죠.

웰다잉이라는 것은 자기 삶을 좀 더 값지게 만드는 것인데요. 삶의 기류, 혹은 편안함과는 무관하게, 어차피 죽음으로 귀결되는 것이라면 좀 더 명예로운 죽음, 좀 더 값진 삶에 대해 생각해 보게 되지요. 거기에 도움이 되는 책들이 따로 있다고 생각합니다. 생존이나 생계를 위한 책, 혹은 자기계발을 위한 책, 이것은 웰빙에 해당되지만, 웰다잉에는 별로 도움이 되진 않겠죠. 그때는 좀 더 깊이 생각해 보게 만드는 책, 삶의 의미 또는 전체적인 의미에서 인류의 역사에 대해서 성찰해 볼 수 있도록 해 주는 책. 그러한 책들이 있을 수 있다고 생각하고요. 여러분도 그런 다양한 책들을 접해 보시는 게 어떨까 싶습니다.

크빈트 부흐홀츠의 책그림

왼쪽의 크빈트 부흐홀츠의 책그림을 보고 서평 및 느낀 소감을 써보세요.

인터넷교보문고 선정 17년간 한국인이 가장 많이 읽은 책 (100권)

■ 인터넷교보문고에서 17년간 대한민국이 가장 사랑한 책 100권 (예시자료)

도서 ISBN	도서명
9788965700609	멈추면 비로소 보이는 것들
9788965700036	아프니까 청춘이다
9788974562977	아버지
9788952206503	시크릿(양장본 HardCover)
9788936433673	엄마를 부탁해
9788970123691	상실의 시대: 원제 노르웨이의 숲
9788934939603	정의란 무엇인가
9788947525473	마시멜로 이야기
9788965420170	해커스 토익 Reading
9788950949150	설득의 심리학
9788995501443	꾸뻬씨의 행복여행
9788982814471	연금술사
9788989313694	배려
9788974254896	꿈꾸는 다락방(양장본 HardCover)
9788954608640	1Q84. 1(양장본 HardCover)

도서 ISBN	도서명
9788995151204	난장이가 쏘아올린 작은 공
9788976820532	삐뽀삐뽀 119소아과(개정판 11판)(삐뽀삐뽀 시리즈 1)
9788933870181	어떻게 원하는 것을 얻는가
9788984371026	빅 픽처
9788994013503	내가 알고 있는 걸 당신도 알게 된다면
9788934958710	안철수의 생각
9788957590515	다 빈치 코드 1
9788949190020	모모(비룡소 걸작선 13)
9788990794529	사랑해 사랑해 사랑해(아기 그림책 보물창고 1)(양장본 HardCover)
9788995881606	이기는 습관
9788957090817	인생 수업
9788960510197	나쁜 사마리아인들
9788980104710	누가 내 치즈를 옮겼을까
9788901093154	넛지: 똑똑한 선택을 이끄는 힘(양장본 HardCover)
9788937483943	스티브 잡스(양장본 HardCover)
9788901078588	서른살이 심리학에게 묻다
9788984314207	스님의 주례사
9788984317413	인생수업
9788995501474	사랑하라 한번도 상처받지 않은 것처럼
9788956601021	공중그네
9788984053229	끌리는 사람은 1%가 다르다
9788960511194	그들이 말하지 않는 23가지
9788950926298	생각 버리기 연습
9788971844427	지도 밖으로 행군하라
9788960652859	그래도 사랑하라
9788950905507	칭찬은 고래도 춤추게 한다
9788973379507	하악하악: 이외수의 생존법
9788996047636	네가 어떤 삶을 살든 나는 너를 응원할 것이다(양장본 HardCover)
9788970127248	총 균 쇠
9788901130460	자기혁명(시골의사 박경철의)

도서 ISBN	도서명
9788954618984	천 번을 흔들려야 어른이 된다
9788971848173	그건 사랑이었네
9788901150598	습관의 힘
9788976820754	삐뽀삐뽀 119 이유식
9788956370590	카네기 인간관계론
9788990809179	왜 세계의 절반은 굶주리는가
9788915048249	임신출산육아대백과(개정판)
9788965744023	정글만리. 1(양장본 HardCover)
9788984370807	가시고기
9788955472677	바보처럼 공부하고 천재처럼 꿈꿔라
9788936433703	도가니
9788993285550	4개의 통장. 1
9788973374939	눈먼 자들의 도시(양장본 HardCover)
9788984370753	구해줘(2판)
9788972782810	아홉살 인생
9788986621136	강아지똥(양장본)(민들레그림책 1)
9788995932582	적을 만들지 않는 대화법
9788963700342	덕혜옹주
9788993928488	바람이 분다 당신이 좋다
9788984315112	엄마 수업
9788917210323	ETS TOEIC READING PREP BOOK
9788971848685	닥치고 정치
9788934933151	아웃라이어(OUTLIERS)
9788982817427	베로니카 죽기로 결심하다
9788960860193	경청
9788943306090	사과가 쿵(보드북)(세계 걸작 그림책 지크)(보드북)
9788970856575	블루오션전략(양장본 HardCover)
9788992647595	일본전산 이야기
9788954613026	리딩으로 리드하라(양장본 HardCover)
9788901054889	경제학 콘서트. 1

도서 ISBN	도서명
9788984370869	사랑하기 때문에
9788952755988	아이의 사생활
9788937487927	색채가 없는 다자키 쓰쿠루와 그가 순례를 떠난 해(양장본 HardCover)
9788995881651	에너지 버스
9788972756194	나미야 잡화점의 기적
9788988027400	죽은 시인의 사회
9788970940564	달님안녕(2판)(달님안녕)(양장본 HardCover)
9788956990286	아이 안에 숨어 있는 두뇌의 힘을 키워라
9788959750573	대한민국 20대 재테크에 미쳐라
9788961888110	공부하는 독종이 살아남는다
9788970652566	사랑합니다 감사합니다
9788956250595	남한산성
9788954606417	개밥바라기별(양장본 HardCover)
9788934908067	책 먹는 여우
9788986836240	왜 나는 너를 사랑하는가(개정판)(양장본 HardCover)
9788935206582	부의 미래(앨빈 토플러)(반양장)
9788956181295	우리 아빠가 최고야(양장본 HardCover)
9788995584194	매일 읽는 긍정의 한 줄(양장본 HardCover)
9788995688991	생각의 탄생(양장본 HardCover)
9788989258056	탈무드
9788973813704	냉정과 열정사이(BLUE)
9788937450501	삼국지 세트
9788983920683	해리포터와 마법사의 돌 제1권 1
9788972590637	무지개 물고기
9788970631578	지금 알고 있는 걸 그때도 알았더라면(잠언시집)

출처: 교보문고(2014).

4 실천 사례들

첫 번째 이야기 빌게이츠가 말하는 독서 습관

빌 게이츠는 우리가 알고 있는 세계 1위의 부자이다. 그가 만든 컴퓨터프로그램이 지금 전 세계에서 사용되고 있다. 마이크로소프트 창업자이자 소프트웨어 개발자인 빌 게이츠! 그는 전 세계인들의 부러움을 한 몸에 받고 있는 롤모델이다. 그렇다면 빌게이츠가 말하는 성공비결은 바로 "독서"이다. 책을 즐겼던 그의 습관이었다고 말하고 있다.

책에는 수많은 지식이 있고, 질문이 있고, 의문이 있다. 아이나 성인이나 독서는 성공의 필수조건이라 표현해도 과언이 아닐 것이다. 살아가면서 정말 중요한 것들은 학교에서 가르쳐주지 않는다. 책을 읽고 쓰는 목적은 결국 자신의 인생을 변화시키기 위함이다.

오늘날 나를 있게 한 것은 우리 동네 도서관이었다. 하버드대학 졸업자보다 더 소중한 것이 독서하는 습관이다. - 빌게이츠-

두 번째 이야기 48분 기적의 독서법-김병완

책이 있는 클래식 여행[독서여행]

한 권의 책이 인생을 바꿔주었다고 말하는 사람을 종종 볼 수 있다.
한권의 책만으로도 바뀔 수 있는 인생이라면 그 크기를 짐작할고도 남는다.
연못이 작으면 작은 돌멩이 하나로도 큰 파장을 일으킬 수 있다.
재미도 없고, 흥미도 없고 유익하지도 않은 책을 끝까지 읽을 필요는 없다.
책을 읽을 때 좋은 책을 고르러 애쓰지 말라는 것이다. 또한 다양한 의견

에 귀를 기울일 줄 알아야 하는 것처럼 책을 통해 많은 작가와 소통하며 의식과 사고를 확장하라는 것이다.

작심삼주 실천법(작심3일을 7번하면 21일 법칙이 일어난다. 21일 법칙은 어떤 일이 습관이 되기 위해서 21일간의 연습이 필요하다고 말한다.

성인의 경우 14일에서 21일정도의 기간을 거쳐야 새로운 습관이 생성된다는 것이다. 대뇌피질에서 뇌간까지 걸리는 최소한의 기간이 21일후면 당신이 연습한 것들은 곧 습관이 된다.

똑같은 양의 독서를 하더라도 독서기간에 따라 차이가 난다.

물이 끓으려면 중간에 멈추지 않고 섭씨 100도를 돌파해야 한다.

80도나 90도에서 그치고 다음날 다시 0도부터 시작한다면 물은 평생 100도를 돌파할 수 없다.

독서에서도 이와 같은 임계점이 존재하는데, 이 임계점은 양과 시간이라는 두 가지 요소에 전적을 의존한다. 이것이 위대한 성공과 평범한 책벌레의 차이다.

독서생활의 마중물 같은책 – 김병완작가의 '48분 기적의 독서법' 중에서

5 생각해 볼 문제

- 나의 삶에 중요한 책은 무엇인가? 【토론】
- 나만의 '서평'쓰기(책, 영화) 자유롭게 기술하시오. 【글쓰기】

10장

인성함양을 위한 봉사교육

급격한 산업화와 핵가족화는 물질 만능주의의 가치관을 우리사회에 팽배하게 만들었고, 그러한 가치관 및 부모의 과잉보호 속에서 자란 청소년들은 이웃이나 지역사회를 생각하기보다는 자기 자신과 가족만을 생각할 줄 아는 극단적인 개인주의에 물들게 되었다.

이와 같은 가치판단의 기준이 자기중심적인 청소년들에게 이웃과 지역사회의 발전에 작은 도움을 줄 수 있도록 자원봉사활동에 참여하여 도덕성과 공동체 의식이 투철한 민주시민으로 육성할 수 있도록 학교에서 자원봉사활동이 필요하게 된 것이다.

2009년 말 시작된 개정 교육과정에 따른 변화의 물결은 미래 교육의 본질이자 궁극적인 목표가 '새로운 가치를 창출하고 동시에 더불어 살 줄 아는 인재양성'이라는 것이 사회적·국가적 공감대를 확산시키고 있다. 따라서 교육과학기술부는 창의·인성 강화방안을 모색하고 있다. 실천방안으로 초·중등학교 생활기록부에 봉사활동 등 다양한 창의적 체험활동을 기록하여 상급학교 진학 시 입학사정관제도에 의한 진학 등의 핵심자료로 활용되도록 하였다. 그리고 대학의 사회봉사 참여 활성화를 위하여 대학생 교육봉사를 활성화하고 있다.

그러므로 본 장에서는 자원봉사의 개념 및 필요성, 자원봉사의 특성, 자원봉사자 역할 및 자세 그리고 실천 사례들을 살펴보고자 한다.

1 자원봉사의 개념

자원봉사(voluntarism)라는 용어는 자발·자주·자유의지라는 뜻을 가진 라틴어의 voluntas에서 유래했다.

스미스(Smith, 1974)는 자원봉사행동을 ① 직접적인 보상(급료, 경제적 이익)에 대한 기대, ② 법·관습·물리지적인 힘의 강제, ③ 신체·생리적인 요구의 강압 등에 의해서가 아니라, 자발적 동기에 의해 수용되는 인간의 행동으로 보았다. 다시 말해 보상·강제 또는 강압에 의해 수행되는 인간의 행동으로 보았다. 다시 말해서 보상·강제 또는 강압에 의해서가 아니라 기본적으로 정신적 이익(psychic benefit)을 지향하면서 이루어지는 인간의 행동이라고 했다.

다빌과 먼데이(Darvill & Munday, 1984)는 자원봉사란 자신의 친족이 아닌 사람들을 위하여 무보수로 자발적인 서비스를 제공하는 것으로서, 비공식적으로 이웃과의 만남을 통해서가 아니라 특정한 공직조직을 통해 행하는 서비스라고 규정하고 있다.

자원봉사의 개념에 대해 다양한 기관이나 협회에서는 다음과 같이 정의하였다.

미국사회사업협회(Sieder, 1971)에서는 "자원봉사란 개인, 집단, 지역사회에서 다양한 사회문제의 영향을 예방, 통제하고 개선하기 위하여 존재하는 공·사의 다양한 조직의 활동에 보수 없이 자발적으로 참여하는 행위를 의미한다."고 정의한다.

한국사회복지협의회(1987) "자원봉사란 사회문제의 예방 및 해결을 위하여, 또는 국가의 공익사업을 수행하기 위하여 공(公)·사(私)의 공식조직에 자발적으로 참여하여 영리적 보상을 받지 않고 인간존중의 정신과 민주주의의 원칙에 입각하여 낯선 타인들을 상대로 필요로 하는 서비스를 제공함으로써 사회의 공동선을 고양시킴과 동시에 이타성 구현을 통해 자아실현을 성취하고자 하는 지속적이고 계획적인 활동이다."라고 정의하고 있다

한국자원봉사단체협의회(1998)에서는 '자원봉사란 한 개인이 가지고 있는 자원이나 능력을 활용하여 자발적으로 사회와 공동체, 환경 혹은 타인을 위하여 반대급부를 요구하지 않으면서 계획적이고 지속적으로 수행하는 활동으로 체계적인 노력을 통해 문제를 개선하고 변화시키는 것'이라고 규정하고 있다.

지금까지의 다양한 정의를 정히해 보면, 결국 자원봉사란 '공공복지를 향한 가치 이념임과 동시에 민주적 방법에 의한 자주적·협동적 실천노력이며 개인·집단·지역사회에서 발생하는 제반 사회문제를 예방·해결하고, 사회적 환경을 개선하기 위하여 공사의 조직체를 통해 무보수로 서비스를 제공하는 활동'이라고 규정할 수 있다.

다시 말하면, 자원봉사는 다른 사람이나 물질의 힘에 의지하지 않은 개인의 자유로운 결정, 즉 자발성을 그 핵심으로 하고, 경제적 이득을 얻기 위한 직업의 형태가 아닌 무상으로 이루어지며, 어떤 특정한 계층이나 개인만이 할 수 있는 사회활동이다. 특히, 자원봉사는 어느 특정한 개인의 이익이 아닌 공익을 위한 활동이며 조직적이며 지속적인 활동이라고 규정할 수 있다(김동배, 2005).

2 자원봉사의 필요성

자원봉사는 자원봉사자 자신뿐만 아니라 더불어 상생하는 사회를 만들기 위하여 현대사회를 살아가는 우리들에게 그 필요성은 더욱 강조된다. 자원봉사는 자원봉사자 자신이 봉사를 통하여 자신의 생활, 자존심, 정신건강 증진 등의 큰 발전을 이루게 한다. 과거 사회는 인간의 정이 서로의 관계를 돈독히 하므로 조건 없이 주고받고 하는 시대였다. 그러나 현대는 자신과 사회성원의 삶의 질을 높이고, 욕구충족과 공동체 발전을 위해 더불어 함께하는 시민운동으로 이해한다. 이런 점에서 자원봉사의 필요성은 매우 큰 의미를 갖는다(정길영, 2013).

1) 인간적 관점

자원봉사는 현대인에게 있어서 자신을 재발견하는 기회가 되고, 자기 성취를 이루게 하는 방법이다. 인간은 복잡다단한 현대사회 속에서 자기정체성의 혼란을 느끼고 산다. '도대체 나는 누구인가?', '나는 어디서 왔는가?', '나는 무엇을 위하여 사는가?' 등 자기 발견을 위하여 고민을 한다. 자원봉사는 새로운 인간관계 형성,

기술 습득, 자신감 고취, 능력개발 등의 자기 자신을 재발견하는 기회가 된다.

자원봉사는 자아실현의 기회가 되기도 한다. 식생활 개선과 건강관리 및 의학의 발달로 평균수명의 연장을 가져왔다. 정보화시대라는 현대는 여유 있는 시간을 양산하여 자아실현의 욕구를 불러일으키게 하였다. 자원봉사를 통하여 자아를 효과적으로 실현할 수 있기 때문에 보람과 행복감을 누리게 된다. 특히 청소년들의 경우는 정체감의 위기(identity crisis)를 겪는 경우가 많은데, 자원봉사를 통하여 이를 효율적으로 극복하고, 도덕적·사회적인 성장경험과 자아실현의 기회가 되는 효과를 얻게 된다.

현대를 살아가는 사람들은 서로가 경쟁하고, 힘과 능력이 없으면 뒤로 물러나야 하는 경우가 너무 많다. 심하게 말하면 모든 것이 마치 상품처럼 되어 있다. 이로 인하여 현대인은 고독하고, 두렵고 방황하며, 자신도 모르는 사이에 인간미를 잃어가고 있다. 경우에 따라서는 폭력적으로 나타나기도 한다. 자원봉사는 인간미가 회복되고, 조건 없는 사랑의 실천으로 삶을 의미 있고 행복하게 살아갈 수 있도록 동기부여되게 한다.

2) 사회적 관점

19세기 말부터 20세기 초 산업자본주의에서 사회적·경제적 고용 불안 등 사회문제가 등장하였다. 서구 사회의 선진국들은 앞 다투어 이런 사회문제를 해결하기 위하여 사회보장제도를 추진하였다. 이는 자연스럽게 자원봉사의 약화를 가져왔다. 그러나 1974년 석유파동이 일어나면서 국가생산성이 낮아지게 되자 국가적 재정위기를 극복하기 위하여 자원봉사를 강구하게 되었다.

도움이 필요한 사람이나 집단이 증가하게 되면서 욕구가 제대로 충족되지 못한 개인이나 집단에게 자원봉사가 필요하게 되었다. 이는 단순히 개인적인 사유를 떠나서 국가의 필요와 자발적인 사회 참여로 시민정신을 발휘하여 사회적 책임을 공유하는 것을 발전하였다.

자원봉사는 사회참여를 촉진하는 계기가 된다. 전문화시대에 사회복지서비스, 혹은 인간서비스(human service)는 전문가를 돕고, 전문가로 나가는 사회참여의 촉진제가 된다. 자원봉사는 사회복시서비스 비용을 절약하는 유익과 효과적인 전문가의 서비스 제공을 도와주는 효과가 있으므로 국민 모두에게 사회복지서비스가 누려지도록 하는 사회참여의 촉진제 역할을 한다.

자원봉사는 사회적 생산성 향상의 기회를 제공한다. 과거의 돕는 차원으로 여겨졌던 자원봉사에서 국민의 가용자원을 활용하는 차원으로의 전환은 중요한 사회적 기제라고 할 수 있다. 과거에는 자신의 능력을 부분적으로 발휘한 사회였다면 자원봉사를 통하여 전체적 사회발전의 도모로 전환되었고, 이는 생산성 향상에 크게 기여하는 결과를 낳았다.

자원봉사는 지역사회문제 해결과 예방의 기회이다. 사회문제 개념이 과거의 개인책임에서 사회책임으로 전환되면서 사회문제의 원인규명과 해결방안이 다수인의 도움을 필요로 한다. 사회문제에 대한 새로운 인식, 문제 발견, 해결을 위한 제도적·정책적 노력의 한계가 자원봉사활동을 통해서 효과적으로 해결하고 예방할 수 있다.

3) 교육적 관점

자원봉사는 살아 있는 교육을 실천하는 기회의 장이다. 자원봉사는 남녀노소 구분없이 모든 사람에게 몸으로 실천하는 살아 있는 교육이다. 뿐만 아니라 자원봉사는 모든 국민을 위한 교육이다. 또한, 자녀들에게 좋은 경험을 하게 하는 실천 교육이다.

경제발전에 따른 급속한 사회변화는 전통적인 제도교육만으로는 오늘의 현대사회가 필요로 하는 각종 지식과 기술을 습득하고 적응하는 데 한계가 있다. 자원봉사는 이러한 사회에 대하여 자신이 가지고 있는 능력과 자원을 서비스하고, 다양하고 새로운 인간관계를 맺게 하며, 자원봉사에 필요한 새로운 기술을 배우게 함으로써 각 개인이 살아가는 데 필요한 인지적이며 정의적인 개인의 능력과 재능을 발견하게 하고 향상시켜 준다.

자원봉사는 다변하는 교육환경에서 포스트모더니즘시대에 자라나는 아동, 청소년들에게 바른 삶의 가치를 인식하게 하고, 생명의 소중함을 일깨워 주며, 민주시민으로서의 자질을 향상시키는 기회가 된다. 자원봉사를 통하여 자신을 발견하고, 자아존중감을 정립하고, 자신감 고취와 인간관계를 회복하는 계기를 마련하여 준다.

4) 공동체적 관점

자원봉사는 공동체 의식 함양의 기회를 제공한다. 정보와 통신과 교통의 발달은 현대인에게 매우 편리한 일상생활을 제공해 주었을 뿐만 아니라 지구촌시대를 구축하게 하였다. 또한, 도시화·산업화 현상은 현대를 살아가는 우리에게 물질적인 삶을 윤택하게 하고 있다. 그러나 개인적으로는 더욱 복잡다단해져서 심각한 사회현상을 빚어냈다. 공동체 정신을 상실해 가는 이기주의와 가정해체, 이익사회생성과 이로 인한 인간소외현상 등이 바로 그것이다.

사회변동 속도와 내용이 빠르고 동시다발적인 현상으로 전환되므로 사회공동체의 약화현상이 도래하였다. 이로 인하여 인간소외 현상으로 나타나고, 사회적 약자들은 의존적 삶이 더욱 극명하게 나타나는 현상을 가져왔다. 이 과정에서 일반인들은 생활의 질적 수준이 증진되기 어려울 뿐만 아니라 사회적 약자, 혹은 사회복지 대상의 생활이 한층 어려워질 수밖에 없다.

이런 사회현상 속에서 자원봉사는 개인이나 집단을 돕고, 더 나아가 사회 전체적인 면에서 비공식적 원조망이나 사회공동체의 역할을 대신하여 사회적 통합과 안정을 유지시켜 줄 수 있다. 뿐만 아니라 사회적 약자들의 사회적응을 돕고 일탈을 막는 데 도움을 제공한다. 서로 끈끈하고 돈독하게 한 공동체로 묶어 주는 계기가 된다. 이는 공동체 정신과 공동의 책임감, 그리고 이타주의 함양의 기회를 제공해 준다.

3 자원봉사의 특성

1) 봉사의 특성

자원봉사의 특성은 자발성·이타성·무보수성·지속성·규칙성·공공성·복지성·

교육성 · 민주성 · 조직성 등이다(임혜숙 외, 2013).

① **자발성**: 자원봉사활동 중 중요한 요소로, 타인을 돕고자 하는 자신의 자발적인 의지에서 비롯된 자유 활동이다. 다른 사람의 강제나 명령에 의해 행해지는 것이 아니라 사람들의 고민이나 사회문제를 자신의 문제로 받아들여 개개인의 자유로운 의사와 주체성에 의해 활동해 가는 것이 중요하다. 자원봉사활동의 활성화를 위해 우선적으로 고려할 점은 자원봉사자의 자발적인 동기를 어떻게 조직화해서 실제적인 자원봉사활동으로 연결해 나갈 것인가 하는 점이며, 관련법이나 제도가 자발성을 침해하지 않고 어떻게 이들의 활동을 지원해 나갈 것인지 하는 점이다.

② **이타성**: 남을 돕고 싶어 하는 정신이 있는데, 이를 가리켜 이타심 또는 이타주의(altruism)이라고 한다. 자신의 이익이나 목적을 위한 것이라기보다는 타인을 존중하고 이웃과 더불어 살아간다는 이타성은 자원봉사활동의 가장 중요한 특성이다. 자원봉사의 동기나 과정, 결과에 있어 자원봉사자 자신의 이익이나 명예를 먼저 생각하지 않고 도움의 대상자를 먼저 생각하는 행동이다(김범수 외, 2003).

③ **무보수성**: 자원봉사활동은 자신의 활동에 대한 보수나 대가를 얻는 것을 목적으로 하지 않는다. 무보수성이란 대가 없이 활동하면서 활동과정에서 발생하는 여러 비용을 스스로 책임지는 것을 말한다. 정신적인 보람과 만족 외에 어떠한 물질적 보상도 기대해서는 안 된다. 자발성이 경제적 보상 등과 같은 요인들에 의해 구속되어 본래의 정신에 위배되는 일이 없어야 한다. 최근에는 실비자원봉사제도도 활용되고 있다. 원칙은 아니나 교통비와 같은 최소한의 실비지원은 오히려 자원봉사활동을 촉진시키는 매개체가 되고 활동의 지속성 유지에도 도움이 된다.

④ **지속성**: 일회성이거나 충동적이어서는 안 되며 꾸준히 실천하는 지속성이 있어야 한다. 도움을 주는 단순한 활동이 아니라 도움을 매개로 하여 변화를 도모하는 활동으로서 꾸준히 지속되어야 하는 체계적이고 계획된 활동이어야

한다. 약속한 기간 동안 성실히 봉사할 수 있도록 자원봉사자는 물론, 기관도 함께 노력해야 한다. 자원봉사활동의 지속성 향상을 위하여 공식적·비공식적 형태의 보상을 실시하는 등 체계적인 관리과정을 수립해야 한다.

⑤ 규칙성: 자원봉사활동은 봉사자가 원하는 때에 언제든지 하는 것이 아니라 규칙적으로 날짜와 시간을 정하여 활동하는 것이 좋다. 정해진 시간에 약속한 봉사활동을 실행하여 실질적으로 전체 계획의 일부로서 충분한 역할을 수행해야 한다. 그래야 기관이나 수혜자도 그 일정에 맞추어 계획하고 준비할 수 있다. 자원봉사활동은 상호관계에서 이루어지는 것이 대부분이므로 규칙적으로 행해질 때 비로소 원만한 봉사활동을 유지하게 된다.

⑥ 공공성: 자신의 이익이나 일시적 감정으로서가 아니라 지역사회의 성원으로서 책임감과 참여의식을 가지고 이웃, 단체, 지역사회의 발전에 기여하는 것이어야 한다. 개인, 단체, 정당, 종교 등의 입장을 초월하여 공익을 제일 목적으로 추구한다.

⑦ 복지성: 자원봉사활동의 목적은 인간사회의 복지와 발전에 있으며, 어려움에 처한 사람들이 인간의 존엄성을 유지하고 인간다운 생활을 보장받을 수 있도록 이바지하는 데 있다. 이러한 자원봉사활동은 자원봉사활동에 참여하는 각 개인이 자신을 사회적 존재로서 자각하게 하며, 타인에게 또는 타인과 더불어 봉사하는 경험을 통하여 자신의 인격적 성장과 발달 그리고 자신의 잠재능력을 실현하는 기회를 갖게 하는 것이다. 특히 자원봉사활동은 자기발전과 성숙의 기반이 되는 사회성을 키울 수 있는 도구로서의 기능을 수행하며, 이러한 사회성은 자아실현이라는 인간이 추구해야 할 인생의 의미 내지 목표를 확보하고 달성하는 데 꼭 필요한 요인으로 작용하는 것이다.

⑧ 교육성: 자원봉사활동은 체험학습이며, 복지교육이며, 시민교육의 기능도 수행한다. 또한, 지역사회문제와 대인관계기술, 새로운 정보, 기술 등도 습득하게 된다. 자원봉사의 결과도 중요하지만 봉사활동의 준비·교육·참여과정을 통해서 학습과 태도 변화가 이루어지는 교육효과의 요소나 실천과정이 얼마나 교육적인가도 중요하다.

⑨ **민주성**: 자원봉사활동에 참여를 원하는 사람이면 누구나 활동할 수 있고 개인의 다양한 개성과 능력을 충분히 발휘할 수 있도록 한다. 또한, 전개과정에서 민주적인 절차나 기회제공을 통해 의견을 절충하고, 개인의 다양한 개성과 능력이 충분이 발휘될 수 있도록 공정하게 업무를 배정해야 하며, 인간존중의 정신과 민주주의의 원리에 입각하여 필요한 서비스를 제공함으로써 민주시민으로서의 자질을 배양하게 된다. 자원봉사자의 약점보다는 강점을 살릴 수 있도록 지원해야 하며, 자원봉사자에 대한 차별이 있어서는 안 될 것이다.

⑩ **조직성**: 서비스의 효과성과 효율성을 증대시키기 위해 지역사회에 산재한 잠재적 자원봉사자를 모집하여 조직화·체계화시켜 나가는 것이 필요하다. 자원봉사활동을 통한 서비스의 효율성과 효과성을 증대시키기 위해서는 자원봉사자의 모집, 교육, 훈련, 적정한 배치뿐만 아니라 필요인력의 관리와 소요재원의 확보 및 운영 등 모든 면에서 조직적이고 체계적인 일련의 활동도 필요하다.

⑪ **전문성**: 대상과 분야에 따라 전문성이 요구되기도 한다. 자원봉사자 자신의 전공영역이나 관심분야를 개발하거나 발전시키는 데 좋은 기회가 될 수 있다. 높은 참여도와 지속성도 기대할 수 있고 성취도 역시 높게 나타나게 된다.

⑫ **공동체성**: 공동체 의식의 결여, 가족 이기주의, 핵가족화와 세대 간의 단절로 인한 문제점을 극복하기 위한 대안으로 제시한다. 더 넓은 의미의 복지활동, 즉 인간성을 회복하고 가정의 기능을 회복하고 보완하며, 공동체를 회복하기 위해서 귀중한 한 사람 한 사람의 마음을 엮어가는 활동이며, 민주시민의 능력을 생활 가운데서 몸에 익혀가는 평생교육 활동이다. 공동체에 대한 이해를 증진시키고 지역문제의 해결을 위한 노력을 통해 지역사회의 유대를 강화할 수 있다.

⑬ **개척성**: 자신의 한계를 극복하고 도전하는 정신을 배울 수 있다. 자원봉사활동은 개별성, 창조성, 실험적인 노력 등을 발휘한다는 점에서 공적 사회복지의 한계를 보완한다. 모두가 복된 삶을 누리는 공동체 건설에 헌신한다는 개척적 사명의식이 필요하다. 지역에 사는 주민들의 활동이므로 지역사회의 문제발견이 용이하며 이들의 역구에 쉽고 빠르게 대응한다. 개별적으로 다루어져 왔던 문제들을 사회문제화하고 보다 적극적이고 다양한 대응방안을 제시하는 등

개척적이고 사회개발적인 기능을 한다.

⑭ **자아실현성**: 자신의 재능이나 잠재능력을 충분히 발휘하려고 노력하는 고차원적인 욕구이다. 참된 자기모습을 성취시키는 것이며, 자원봉사 과정을 거치면서 심리적 만족감, 성취감, 개인적·전문적 성장의 기회, 새로운 기술 또는 경험의 습득 등과 같은 심리적 보상을 얻게 된다.

자아실현성은 자원봉사활동의 지속성과 만족성에 영향을 미치는 종요한 요인일 뿐 아니라 자원봉사자와 수혜자와의 관계가 일방적이고 수직적인 관계가 아닌 상호보완적이고 대등한 관계임을 느끼게 한다.

2) 자원봉사자의 역할 및 자세

(1) 자원봉사의 역할

자원봉사자의 역할도 각 시대의 변화에 따라 그 목적이 다를 수 있다. 정길영(2013)은 자원봉사자의 역할 및 자세에 대하여 다음과 같이 설명하고 있다.

첫째, 자원봉사자는 자문과 정책결정의 역할을 한다. 풍부한 행정능력과 경영능력의 소유자가 자원봉사의 일을 담당할 경우에 기관의 자문이나 정책결정의 역할이 가능할 것이다.

둘째, 자원봉사자는 대인서비스 제공의 역할을 한다. 자원봉사자는 개인이든 집단이든 도움을 필요로 하는 서비스를 제공하는 사람이므로 상담, 개별지도, 집단지도, 일상생활의 편의제공 등 대인서비스 활동을 수행할 수 있다.

셋째, 자원봉사자는 사무처리 및 행사지원의 역할을 한다. 자원봉사자는 전화응답, 우편물 처리, 서류 정리 및 분류, 접수업무, 모금활동 등 사무처리를 할 수 있고, 행사 지원의 역할을 할 수 있다.

넷째, 자원봉사자는 협력자로서의 사회복지사 역할을 한다. 도움을 필요로 하는 개인이든지 집단이든지 지역사회의 문제를 이슈화하고, 사회적 자원과 도움이 필요한 사람을 연결시켜 주며, 문제해결을 위한 지역사회지지 유발 및 촉진시키는 협력자의 역할을 할 수 있다. 뿐만 아니라 올바른 방향으로 사회를 변화시키고, 사회적 약자에게 필요한 사회적 서비스를 발전시키기 위해 사회의 구조적·제도적 변화 및 개혁의 역할을 수행한다(이성록, 2002).

다섯째, 자원봉사자는 비판과 평가자의 역할을 한다. 자원봉사자가 활동 중에 복지시설의 효과를 측정하거나 보고 느낀 것을 냉철하게 비판하고 판단하여 서비스의 개선을 제안하거나 시책을 개선하도록 건의할 수 있을 것이다.

여섯째, 자원봉사자는 문제해결과 예방의 역할을 한다. 자원봉사자는 기관이 사회문제를 해결하고 예방하기 위한 결정에 도움을 줄 수 있다. 뿐만 아니라 문제해결과 예방에 직접 참여하여 역할을 수행할 수 있다.

일곱째, 자원봉사자는 대변인과 중재자의 역할을 한다. 우리 주변에 도움을 필요로 하는 사람, 집단, 지역사회의 문제를 알리는 대변인과 도움을 줄 수 있도록 중간에서 매개역할을 하는 중재자로서 활동할 수 있을 것이다.

(2) 자원봉사자의 자세

자원봉사자의 자세에서 무엇보다도 중요한 것은 사랑의 마음일 것이다. 자원봉사의 첫 번째 대상은 다름 아닌 인간이다. 그렇기 때문에 무엇보다도 인간에 대한 사랑이 자원봉사자의 가장 기본적인 자세이다. 사랑의 마음 다음으로 중요한 것이 자신을 알고 타인을 아는 개방성과 온화한 성품과 친절함이다. 항상 긍정적인 사고를 가지고 서로 협력하는 자세가 필요할 것이다.

첫째, 자원봉사자는 항상 자원봉사의 동기를 점검해야 한다. 자원봉사활동을 순수한 동기에서 시작하였던 초심을 잊지 말아야 한다. 처음에는 인간을 사랑하는 마음, 자신과 타인을 아는 열린 마음, 온화한 성품, 친절 등을 행하기 위하여 항상 긴장하며 자원봉사활동을 하였으나 자원봉사활동을 여러 번 수행하면서 시간이 흐름에 따라 무감각할 수 있기 때문이다.

둘째, 자원봉사자는 자신이 좋아하는 일을 먼저 시작하는 것이 바람직하다. 맡겨진 일에 최선을 다하는 책임성을 가지고 자신이 좋아하는 일을 먼저 시작하는 것이 좋다. 맡겨진 일에 최선을 다하는 책임성을 가지고 자신이 좋아하는 일 또는 관심분야부터 시작한다면 흥미와 보람과 자신감을 소유하게 될 것은 당연한 이치이다. 예컨대, 노래를 좋아한다면 아동복지시설, 노인복지시설, 장애인복지시설 등에서 클라이언트들에게 노래를 불러주는 것이다.

셋째, 자원봉사자는 자원봉사자들 상호 간에 이해하고 존중하는 자세를 가져야 한다. 아무리 순수한 마음으로 자원봉사활동을 위해 내방하였을지라도 인간은 모두가 각각의 개성이 있고, 성향과 성격이 다르다. 그러므로 자원봉사자들 간에 서로 조화를 이루고 협력하는 자세야 말로 자원봉사를 효율적이고 지속적으로 할 수 있는 요건형성이 될 것이다.

넷째, 자원봉사자는 기관과 단체의 직원들과 항상 협력하여 좋은 관계를 유지해야 한다. 자원봉사자는 사회적 약자에게 기관의 직원과 자원봉사자가 서비스를 제공하는 것이므로 상처가 되지 않도록 솔직한 대화가 필요하다. 활동의 장소가 기관이나 단체이므로 그들과 협력하고 조화를 이루어야 함은 당연한 일이다.

다섯째, 자원봉사자는 항상 언행을 조심하며, 클라이언트를 자신과 동등하게 여겨야 한다. 자원봉사자는 언제나 신중하고 조심스럽게 말하고 행동하며, 그런 생각과 자세가 대상자에게 큰 영향을 미친다는 것을 항상 기억하며 봉사에 임해야 한다. 자원봉사자는 자신이 우월한 위치에서 약자를 돕는 것이 아니라 모든 면에서 동등한 인격자로서 봉사하는 마음가짐이 중요하다.

여섯째, 자원봉사자는 사전에 자원봉사 할 기관이나 대상자에게 연락하고 약속은 반드시 지켜야 한다. 자원봉사 시간을 정하고 그곳의 사업이나 프로그램 진행에 차질을 빚지 않도록 주의해야 한다. 자원봉사자와 기관과의 약속이행은 지속적인 관계유지에 반드시 필요한 요건이므로 약속은 꼭 지켜야 한다. 만일 약속 지키기가 어려운 상황이 발생하였을 경우에는 기관의 담당자에게 신속하게 연락하여 차질이 없도록 해야 한다. 클라이언트들에게 인사치레로 "다음에 다시 오겠다."는 인사를 하였을지라도 클라이언트들은 약속으로 믿고 기다릴 수 있기 때문에 주의해야 한다.

일곱째, 자원봉사자는 사전 준비와 사후 기록을 철저히 한다. 자원봉사자는 자신이 담당할 자원봉사 내용을 미리 준비하고, 자원봉사활동을 마친 후에는 일의 경과와 내용을 기록하여 평가와 지도를 통해 발전의 기회로 삼아야 한다. 기록은 자원봉사활동의 내용을 평가하고 보다 효과적인 활동이 되도록 하기 위한 자료이며, 자신의 반성 자료이고, 타인의 지침서가 되기 때문이다.

여덟째, 자원봉사자는 자원봉사활동을 하면서 발생된 타인의 비밀은 절대 함구해야 한다. 자원봉사를 같은 기관에서 오랜 기간 한 경우에는 기관의 업무나 클라이언트의 비밀을 알게 되는 경우가 있다. 기록을 보거나, 상담을 하거나, 혹은 어떤 사건들을 통한 비밀을 알게 되었을지라도 비밀이 철저하게 보장되어야 한다.

아홉째, 자원봉사자는 자기개발을 위한 계속적인 노력을 해야 한다. 자신이 관여하는 자원봉사 분야에 대한 끊임없는 관심과 많은 정보 수집과 기술 개발을 위한 계속적인 노력이 필요하다. 이를 위해 자신의 활동영역과 관련된 세미나에 참석하거나 워크숍, 혹은 자원봉사 교육훈련 프로그램에 참여하는 적극적인 자세가 필요하다.

열째, 자원봉사자 자신이 활동의 한계를 미리 정하고 자원봉사에 임해야 한다. 자원봉사에 필요한 인원 수, 시간, 능력 등의 한계를 미리 살펴서 자원봉사자와 대상자 간에 활동의 한계 및 범위에 대하여 미리 이해를 구해야 한다. 자원봉사조정자가 없을 경우에는 한계를 정하기가 어려우므로 자원봉사를 시작하기 전에 미리 확인하여 사전에 갈등을 제거하는 지혜가 필요하다.

1999년 '자원봉사자 전국 지도자 대회'에서 채택한 자원봉사자 윤리강령은 다음과 같다.

첫째, 자원봉사자는 생명의 귀중함과 모든 사람은 평등하다는 것을 인정하며, 차별을 두지 않고 상대방의 입장을 이해하는 겸허한 자세로 활동하여야 한다.

둘째, 자원봉사자는 사회를 구성하는 모든 영역과 분야에서 삶의 질 향상과 건강한 지역사회 조성 및 함께 살아가는 공존·복지공동체 구현을 위해 활동하며, 전총문화의 존중과 새로운 문화 창출에도 이바지해야 한다.

셋째, 자원봉사자는 올바른 가치관과 윤리관을 가지고 자신의 능력과 자질을 향상시키기 위한 노력을 해야 하며, 스스로 참여하고 활동하는 일에 대하여 투철한 사명감을 가지고 책임과 의무를 충실히 이행하여야 한다.

넷째, 자원봉사자는 민주시민정신의 실천자로서 지역사회의 다양한 욕구에 부응하고 사회적으로 발생되는 제반문제에 대하여 예방과 치료 및 지원, 협조, 대책을 강구하는 활동의 제공으로 특정한 보수나 대가를 대신한다.

다섯째, 자원봉사자는 활동대상의 권익과 사생활을 보호하고, 활동과 관련된 인격존중과 기관의 규칙을 준수해야 하며, 활동 중에 알게 된 비밀을 지켜야 한다.

여섯째, 자원봉사자는 자신의 참여와 활동을 통하여 봉사대상이 새롭게 보호, 변화, 발전하는 것이 곧 자신에게 보람과 긍지를 주고, 삶의 의미를 인식케 하는 것이며, 자신의 발전과 바람직한 인격을 갖게 하는 원동력이라는 확신을 가져야 한다.

일곱째, 자원봉사자는 지역사회 공동체와 국가사회발전에 기여하고, 나아가 세계평화와 인류애를 실천하는 봉사자가 되어야 한다.

4 주제별 자원봉사활동

21세기는 세계적으로 수많은 사람이 다양한 형태로 자원봉사에 참여하고 있다. 자원봉사는 개인뿐만 아니라 공동단체, 기업 등에서도 관심을 기울이고 있다.

본 절에서 자원봉사활동의 주체들 중 청소년, 대학생, 노인, 기업, 종교계, 시민단체 등의 자원봉사활동, 실천 사례 등을 살펴본다.

자원봉사들의 활동을 관장하고 있는 그들의 활동기관을 활동영역과 내용 및 기관별로 살펴보면 〈표 10-1〉과 같다.

〈표 10-1〉 자원봉사활동영역

활동영역	활동내용 및 활동기관
보건·의료기관	정신보건, 정신지체, 발달장애를 위한 일반의료기관 및 재활의료기관, 약물오남용치료·방지기관, 질병연구 및 공공교육기관, 병·의원, 요양원, 호스피스, 위기상담, 전화상담 서비스
교육(기관)	공·사립 초·중·고 교육기관, 도서관 교육기관에서의 연구, 성인교육, 비공식교육, 대학 및 부설연구소, 정부출연 연구소에서의 활동
종교단체	종교 관련기관, 영성훈련기관에서의 활동
사회복지(기관)	노인·장애인·종합 사회복지관, 노인복지센터, 경로당, 어린이집, 쉼터, 주거환경개선, 수양아이의 양육(양부모 역할), 가족상담, 소비자보호법률상담, 범죄 및 비행예방 노숙자 돕기, 실직자 취업상담, 먹거리 나누기, 공공안전, 위기대처 및 구호, 적십자활동, 공동모금회, 성공회, 나눔의 집, 가톨릭사회복지회, 불교사회복지재단, 기독교사회복지재단 등
환경단체	생태계보호, 녹색가게, 쓰레기문제 해결, 도시환경미화, 우리밀 살리기운동, 야생동물 보호, 유기농산물 생협운동
공익민간단체	사회개혁, 언론개혁, 지방자치, YMCA, YWCA, 여성운동, 인권보호, 시민권리찾기 운동, 지역사회 참여활동, 대변활동, 주거권, 지역사회 생산자공동체, 자선단체, 소비자보호단체, 자원봉사단체
지역사회개발	거리청소·미화, 직업훈련 소개, 식수개발, 도로정비, 벽화그리기, 마을 만들기, 길 안내판, 소득사업, 육아, 위생 등
예술·문화, 스포츠단체	건축디자인, 행위예술, 역사유적지 보호하기, 박물관, 미술전시, 오페라, 심포니, 오케스트라, 사진전, 극장, 공공 TV와 라디오 코치, 감독, 레크리에이션, 스포츠, 체육활동
노동조합, 직능단체, 전문가단체	노동조합, 농민단체, 신용조합, 변호사, 의사, 약사, 기술자 등 전문직종회 활동
정치 및 정당	정당활동, 비당파적 정치 혹은 지역단체, 다른 정치적 목적의 단체들
관공서	구청, 동사무소, 소방서, 보건소활동
청소년단체	YWCA 청소년사업부, 청소년상담원, 청소년폭력예방재단, 한국보이스카우트연맹, 한국걸스카우트연맹, 청소년상담소, 지역청년회 활동
재난구호	재난 현장에서의 긴급 구조 및 구호
국제기구	국제구호활동, 유네스코, KOICA(국제협력단), UNDP, 교환학생봉사 프로그램, 개발도상국 경제개발활동

출처: 2008 전국자원봉사 실태조사(행정안전부 연구보고서).

1) 청소년의 자원봉사활동

(1) 청소년의 자원봉사활동

청소년들의 연령은 12~24세로 아동기에서 성인기로 전환 되는 과정의 나이이다. 중·고등학생 시기인 12~18세를 청소년 전기라 하고, 대학생 시기인 19~24세를 청소년 후기라 한다.

청소년기는 자아정체성을 정립하는 시기이고, 본인 일생에서 매우 중요한 시기이며, 삶의 원칙을 정하는 도덕성 형성 시기이다. 자아정체성과 도덕성은 사회문화적 환경 안에 있는 학교 교과과정과 다양한 학습체험활동 등을 통하여 발달한다. 청소년기는 자아정체성과 도덕성을 통합시킬 수 있는 시기로 사회접촉의 기회를 제공하는 일환이 되기 때문에 청소년들의 건전한 성장을 돕기 위하여 자원봉사활동은 반드시 필요한 일이라 하겠다.

청소년기의 자원봉사활동은 자신의 인성 발달 측면에서 바람직한 영향을 준다. 자원봉사활동에 참여한 학생들은 참여하지 않은 학생들에 비해 자아정체성이 향상되고, 자기 존중감이 증대되며, 다른 사람에 대한 긍정적 태도가 향상된다(정길영, 2013).

청소년 자원봉사활동은 청소년 자신의 정신적·육체적 자원을 활용하여 자신이 살아갈 공동체적 삶의 영역을 두루 체험함으로써 건강한 인격 형성, 배움을 실천해 가는 수련활동의 한 영역이다.

학생 자원봉사의 제도화는 1995년 5월 31일 교육개혁위원회가 제시한 '신교육체제 수립을 위한 교육개혁 방안'에서 9개의 정책과정 중의 하나인 '인성 및 창의성을 함양하는 교육과정'에 나타나고 있다.

이의 추진사항으로 청소년의 수련활동과 봉사활동을 '학교생활기록부'에 반영하는 것을 주요 골자로 하고 상급학교 진학 시에 이를 반영되도록 규정하였다.

2001년부터 7차 교육과정에서 봉사활동이 특별활동의 한 영역으로 자리 잡게 됨에 따라 봉사활동은 학교계획에 따라 교육적으로 지도하는 활동이 되었다. 교육부 지정 7개 학생 자원봉사활동 유형은 〈표 10-2〉와 같다.

〈표 10-2〉 교육부 지정 7개 학생 자원봉사활동 유형

영역	활동 내용
일손 돕기 활동	복지시설, 공공기관, 병원, 농어촌 학교 내 일손 돕기
위문 활동	보육원, 양로원, 장애인, 병약자, 자매부대 위문
지도 활동	동급생, 하급생, 사회교육, 교통안전 지도
캠페인 활동	공공질서 확립, 교통안전, 학교주변 정화, 환경보전 캠페인
자선·구호 활동	재해구호, 불우이웃 돕기, 헌혈-골수기증, 국제협력-난민구호
환경·시설보전 활동	깨끗한 환경 만들기, 자연보호, 문화재 보호

출처: 류기형 외, 2007.

(2) 청소년 자원봉사활동의 현황

청소년 자원봉사활동 관리는 2008년에 사용자 편의성 확대 및 기능 강화를 위한 3개년 계획을 수립하고, 기존 지역별로 운영·관리되었던 시스템에서 통합시스템으로 개편하여 청소년 자원봉사활동 관리의 안정성, 편리성, 정보제공 확대 등을 꾀하고 있다. 〈2010 청소년백서〉에 의하면 2009년도에 전국 청소년활동진흥센터를 통해 자원봉사활동에 참여한 청소년 수는 2009년 12월 말 1,552,870명이며, 청소년 자원봉사 교육을 받은 청소년은 720,198명에 달했다. 한편 활동분야별·활동터전별 활동현황을 분석해 볼 때 일손돕기(51.7%), 지역사회개발(7.4%), 지도활동(6.7%), 환경시설보존(6.1%) 순으로 나타났다. 또한, 활동 참가자가 봉사활동에 참가한 장소의 경우도 공공기관 및 단체(38.0%), 공공시설(37.9%), 사회복지시설(9.6%) 순으로 나타났다. 해외봉사활동에서는 대한민국청소년자원봉사단이 2009년 기준 아세안 4개국(캄보디아, 라오스, 베트남, 필리핀)에 파견되어 청소년센터 개보수 및 화장실 신축, 교실칠판 및 책걸상 교체사업, 마을 공동우물 설치, 환경캠페인 실시, 한국어 교육, 가정방문, 현지 청소년들과 공동으로 봉사단 구성 및 스포츠 교류활동 등의 프로그램을 수행하고 있다(임혜숙 외, 2013).

2) 대학생의 자원봉사활동

전통적으로 대학이 수행하는 3대 기능은 교육, 연구, 봉사의 기능이다. 대학은 21세기에 접어들면서 진리의 탐구와 기초 지식체계의 교육 외에도 대학이 속한 사회의 요구와 필요에 부응해야 한다는 자원봉사 교육의 역할이 더욱 증대되고 있다.

(1) 대학생의 자원봉사활동

자원봉사활동 분야로는 유아, 초등학생 학습 및 생활지도, 중·고등학생 상담 및 집단활동지도, 사회복지시설의 수리 및 청소, 사회복지시설의 정기적인 방문 및 교류, 사회문제 해결을 위한 캠페인·계몽운동, 재가 노인 및 장애인 방문 및 보조 역할, 바자회, 기금마련을 위한 공연 등을 통한 모금활동 등이 있다.

(2) 대학생의 자원봉사활동 현황

우리나라 대학의 자원봉사활동이 본격화된 시기는 1990년대 초이며, 1994년에 한양대학교가 국내대학 최초로 사회봉사를 교양과목으로 채택한 이후 많은 대학에서 자원봉사활동에 대한 관심이 고조되었다.

교육부의 1995년 교육개혁조치에 의하여 중·고등학생 자원봉사활동을 의무화하는 방침에 따라 자원봉사에 대한 관심 고조되었다. 당시 중·고등학생 봉사활동과 더불어 대학의 봉사활동을 강조한 내용이 교육개혁의 한 방안으로 제시되었다.

1996년 한국대학사회봉사협의회를 조직하여 운영하였다. 그 동안 각 대학별로 산발적으로 운영되어 오던 자원봉사 프로그램이 상호 연계되어 정보교환을 할 수 있도록 조직화되었다. 대학의 사회봉사활동을 지원하고 상호연합 및 교류증진을 위해 전국대학총장을 중심으로 조직되었다.

대학의 자원봉사활동 참여 현황을 살펴보면, 전국 169개 대학 중 138개(81.7%) 대학이 사회봉사 관련 교과목을 개설하였다. 봉사활동 시 학점부여는 1학점(46.3%), 2학점(22.1%), 3학점(21.4%)의 순이었으며, 사회봉사전담 기구가 설치된 대학은 127개(75.1%)이였다(한국대학사회봉사협의회, 2010).

우리나라는 저출산과 맞물린 급속한 고령화로 인하여 다양한 노인문제가 발생하고 있다. 사회적 측면에서 노인문제를 바라보면, 첫째로 고령자와 생산연령인구 간의 균형과 관련하여 문제가 있다. 둘째로 노인 단독가구, 거동불능 노인, 노인자살 증가 등과 관련된 가족 및 생활형태의 문제가 심각하다. 셋째로 복지, 산업, 의료, 교육, 주택, 종교와 관련된 문제이다.

개인적인 측면에서는 네 가지 고충인 경제적 빈곤, 질병, 역할상실, 소외 및 고립 등이 있다. 2011년 서울시복지재단이 60세 이상 노인 1,590명을 대상으로 조사한 결과에 의하면, 서울시 거주 노인 40%가 사회적 소외감을 느끼고 있으며, 우울증 가능성이 있거나 의심되는 노인도 41%가 되는 것으로 나타났다(출처: 메디컬투데이, 2011년 11월 21일자).

이와 같은 노인문제를 해결하고 행복한 삶의 영위와 성공적 노년을 위한 대안으로 노인의 자원봉사활동을 들 수 있다. 노인의 자원봉사활동은 바람직한 노년기의 문화, 교육, 참여, 고독의 문제를 해결하며, 직·간접적인 효과를 기대할 수 있는 사회참여활동이다. 노인은 사회참여활동을 통해 자신의 역할을 부여하고, 이를 수행하므로 자아개념 및 자존감을 느끼고, 감정적 고립 또는 사회적 고립에서 탈출할 수 있으며, 지지망을 형성하게 된다. 자신이 가지고 있는 여가시간을 활용하여 자원봉사활동에 참여하므로 자신과 지역사회에 큰 기여를 할 수 있는 계기가 된다.

김동배(2000)는 로손(Lawson)의 글을 인용하여 "노인 자원봉사활동은 노인들에게 사회적 유용성을 느끼게 하며, 고독을 없애거나 의사소통을 잘하게 하는 등 노년기를 풍요롭게 향유할 수 있는 사회참여의 기회를 제공한다."고 하였다. 노인 자원봉사는 노인들의 남은 생을 가치 있게 살 수 있고, 사회적 위상을 높여 후손들에게 존경을 받을 수 있는 계기를 만들 수 있고, 평생을 축적한 경험과 지혜를 활용하여 젊은이를 지도 및 선도하고, 공익사업에 유휴인력을 제공하므로 사회발전에 기여할 수 있다.

3) 노인의 자원봉사활동

(1) 노인 자원봉사활동 현황

자원봉사란 자율성·무보수성·지속성·체계성 등의 요소를 갖추고 있어야 한다. 노인의 경우에는 그러한 요소를 제대로 갖추고 있지 못하였음에도 불구하고 사회활동, 혹은 사회봉사라는 측면에서 모두를 자원봉사자라고 말하고 있기 때문이다. 예컨대, 일백수십만 명의 회원으로 구성된 사단법인 대한노인회는 전국 각 지회 또는 노인정 단위로 폐품수집, 청소년 선도사업, 도덕·윤리 교육 등을 체계적으로 이루어진 것이 아닌 일과성으로 끝난 일이었다. 그런데, 이를 자원봉사활동에 많은 노인들이 참여하고 있는 것으로 보고하였다. 이는 분명 비체계적이고 일과성이기 때문에 자원봉사활동으로 보기에는 어려움이 있다.

진정한 의미에서의 자원봉사활동은 뜻있고 의미가 있는 좋은 일에 많은 사람이 모이면 되는 것이 아니다. 자원봉사활동은 구체적인 목표를 설정하고, 그 목표를 달성하기 위한 인적(人的)·물적(物的)·지적(知的) 자원의 확보, 기획과 전략, 평가, 지속적으로 지지하는 동조자와 후원자 확보를 위한 홍보 등이 필요하다.

우리나라 노인 자원봉사활동 참여율은 미국, 영국, 캐나다, 호주, 일본 등 선진국에 비해 상당히 낮은 편이다. 미국의 경우, 2009년 9월 기준으로 65세 이상 노인 중 자원봉사활동에 참여하는 노인은 16세 이상 전체 참여자비 23.9%이다. 영국의 경우, 월 1회 이상 정기적으로 자원봉사활동에 참여하는 비율이 31%이다(Bureau of Labor Statistics, 2010).

이에 비하면 우리나라는 노인의 자원봉사 참여율은 조사주체 및 대상에 따라 상이하게 나타나고 있으나(0.7~6.7%) 노인 자원봉사활동 참여율은 외국에 비해 낮은 수준이다. 60세 이상 노인이 주말이나 휴일에 여가시간을 활용하는 분야를 보면, TV시청이나 라디오 청취가 66.3%인데 반하여 자원봉사활동에 참여하는 노인은 10.4%에 불과하였다(통계청, 2009).

4) 종교기관의 자원봉사활동

(1) 종교기관의 자원봉사활동

종교에 있어 개신교, 가톨릭은 사상적 기반이 이웃사랑이며, 불교는 자비사상을 근본으로 하고 있다. 이러한 심성 및 사상이 자원봉사활동의 동기를 유발하였다.

어느 종교든지 그들의 경전은 어려운 상황에 처한 사람들을 돕고 협력하며, 모든 사람에 대하여 서로 사랑하라고 가르치고 있다. 이는 신자들에게 자원봉사활동을 권장하는 내용이고, 도움이 필요한 모든 사람에게 구제 활동을 펼치라는 가르침이다. 사실, 종교기관에 속한 신자들의 수가 상당히 많기 때문에 그들의 인적 자원을 조직화하고 활성화한다면 종교기관의 자원봉사활동은 대단한 영향력을 발휘하게 될 것이다. 종교기관을 통한 시회통합도 사회적 기능으로써 파급효과는 실로 엄청나다.

종교기관의 자원봉사활동은 종교적 사상과 이를 실천하려는 사명감에 의하여 도움이 필요한 사람들에게 구제, 혹은 자선활동 등으로 서로 돕는 사랑의 실천을 강조한다. 종교의 가르침을 실천하려는 그들의 사명감은 인류사회를 위한 위대한 일을 남길 수도 있고, 역사적으로 보아도 자선단체를 조직하여 많은 자선사업을 실천하였던 것들을 기억하게 한다. 이것은 더 나아가 복지공동체 형성에 지대한 영향을 미쳤고, 자원봉사활동에도 큰 역할을 담당하였다. 이들의 종교적 가르침과 이를 실천하려는 헌신적 노력이 오늘 날에도 계속되고 있다.

(2) 종교기관의 자원봉사활동 현황

보건복지부·한국사회복지협회(2010)의 '2010년 사회복지 자원봉사 통계연보'에서 종교별 자원봉사자 현황을 보면, 2001년 사회복지봉사활동 인증관리 데이터베이스에 등록하여 2001년 한 해 동안 1회 이상 자원봉사활동을 한 자원봉사자 수가 61,387명이다. 이 중에서 개신교가 7,776명으로 종교를 가지고 있는 자원봉사자로는 그 수가 가장 많고, 불교가 5,088명으로 2위이며, 가톨릭이 12,841명, 불교가 11,738명 순이다. 2010년에서 개신교가 70,470명, 불교가 44,473명, 가톨릭이

30,544명 순으로 2004년에 비하여 1위는 개신교로 변함이 없지만, 2위와 3위가 바뀌었다.

2010년 분기별 자원봉사활동 현황을 종교별로 비교해 보아도 전체 1,682,813회 중 개신교 자원봉사자는 116,152회를 실시하였고, 불교 자원봉사는 64,684회를 실시하였다.

5) 기업의 자원봉사활동

(1) 기업자원봉사활동의 필요성

기업자원봉사활동의 필요성은 다음과 같다(정길영, 2013).

첫째, 기업이 추구하는 경제적·사회적 목적 달성을 위하여 기업자원봉사활동이 필요하다. 세계적인 정치·경제학자 프랜시스 후쿠야마는 「역사의 종언과 최후의 인간」이라는 저서에서 "인류세계는 이데올로기 경쟁이 끝나고 세계적으로 문화·경제 경쟁만이 있을 뿐이며, 사회의 미래를 결정하는 중요한 요소는 사회 자본으로서신뢰의 차이이다."라고 하여 경제적 측면에서 기업자원봉사활동의 필요성을 제기하였고, "사회 자본은 교육·훈련과 자발적 시민활동을 통하여 창출된 '사회적 부'라고 설명하면서, 이는 '높은 주준의 신뢰' 또는 '사회적 협력'으로 나타난다."고 지적함으로써 사회적 측면에서 기업자원봉사활동의 필요성을 피력하였다.

둘째, 소비자, 지역사회, 기업 구성원 등 이해당사자들의 기대에 부응하기 위하여 기업자원봉사활동은 필요하다. 프랜시스 후쿠야마는 "미국의 민주주의를 유지하는 힘은 자원봉사활동을 통하여 구축된 신뢰와 자발적 연대력에 있으며, 국제적 무한 경쟁시대에 한국경제가 살아남는 길은 사회신뢰 정도를 보다 높이려는 '자발적 연대력' 제고 노력이 중요한 과제가 될 것이다."라고 하였다. 자원봉사활동은 국가경쟁력을 위한 사회 자본으로서 '자발적 연대력'을 가지므로 가업이 지역사회와 이웃에 대한 관심을 갖는 자원봉사활동은 이해당사자들의 기대를 만족시키기 위하여 필요하다.

셋째, 기업구성원들 가운데는 전문적 기술을 갖춘 우수 인력이 있으므로 이들을 통한 기업자원봉사활동은 지역사회 문제해결에 큰 힘을 발휘할 수 있어서 그 필요성을 재인식하게 된다.

(2) 기업의 자원봉사활동 현황

기업자원봉사활동이 활발하게 실행되면서 기업이 새로운 복지서비스 제공자로 시민들에게 인식되는 효과를 얻게 되었다. 1970년대 미국의 제록스, 벨 텔로폰 등이 자원봉사제도를 제도적으로 도입하면서 기업자원봉사활동이 활발해져서 1990년대 대부분의 기업들의 사내 자원봉사프로그램을 실행하게 되었다. 일본의 미쓰비시상사는 자원봉사동호회 개념인 'Volunteer 구락부'와 국내외 100여 개 지사에 사회공헌팀을 운영하고 있다. 내셔널, 파나소닉 등을 생산하는 마쓰시다는 노조가 자율적으로 자원봉사활동을 하게하고 이를 가업이 지원할 뿐만 아니라 조직화된 기업주도의 자원봉사 프로그램을 운영하고 있다. 영국의 화장품회사 '더 바디샵(The Body Shop)'은 자원봉사활동 경력을 직원 채용 시에 반영할 뿐만 아니라 고용조건으로도 요구한다. '더 바디샵'은 동유럽 고아들의 자활을 위한 교육봉사, 인디언 원주민들을 위한 보건교육, 의료봉사 등 지역적 특성에 맞는 자원봉사활동을 펼치고 있다.

우리나라도 대기업 신입사원 채용 시 자원봉사활동 경력과 면접 시 인성중시 평가제도 등이 도입되었다. 많은 기업이 사원자원봉사활동, 장학사업, 의료복지사업 등을 실시하고 있으며, 사회공헌활동에 대한 기본방침을 경영방침에 명문화하거나 사회공헌 전담 부서를 설치, 혹은 전담자를 지정하고 있다. 사회공헌활동에 연간 예산을 설정하여 운용하는 회사도 많고, 직원 자원봉사활동 및 현물기부 등 사회공헌활동에 별도의 금액환산기준 예산을 설정한 기업이 늘고 있다. 볼런티어 휴가제도를 두어 자원봉사활동 참가기간에 대해 유급휴가를 제공하는 기업과 장·단기 자원봉사활동의 참가와 관련해 휴직을 인정하는 휴직제도를 실시하는 기업도 있다.

기업자원봉사활동은 과거의 단순한 기부, 협찬 등에서 벗어나 지역사회 또는 관공소 청소 등 행사성 봉사활동참여, 사회복지기관 또는 단체 등 시설 방문활동, 기업의 특성에 맞는 프로그램 활동, 자원봉사축제 등 사원들이 직접 문제해결에 나서는 자원봉사활동이 실시되고 있다. 한국 IBM의 장애인들을 위한 전산교육과 장애청소년 PC 경진대회 실시와 임직원의 장애인재활을 돕는 자원봉사활동, 한국야쿠르트 아줌마 배달원들의 무의탁 노인들에게 매일 야쿠르트를 전하면서 이들의 건강을 체크하는 자원봉사활동, 삼성, 현대, LG, 제일은행, 한국산업은행, 한솔파텍, 이랜드 등의 다양한 자원봉사활동 및 지원 등이 있다.

5 자원봉사자의 봉사학습

자원봉사는 자원봉사자 자신이 봉사를 통하여 자신의 생활, 자존심, 정신건강증진 등의 큰 발전을 이루게 한다. 봉사학습은 좋은 인성의 요소 중 하나인 공감과 이해를 계발하는 데 도움이 된다.

첫째, 봉사학습은 추상적인 도덕교육을 구체적으로 보여 준다. 둘째, 다른 사람을 섬기는 과정과 결과가 좋을 때 얻어지는 감정적인 만족감은 자기 자신에게만 집중해서는 얻을 수 없는 자신의 가치를 느끼게 해 준다. 셋째, 봉사를 통한 학습은 자기 수양과 약속한 바를 지키는 성실성 같은 가치를 계발하는 데 도움이 된다. 넷째, 가장 중요한 것은 대양한 봉사학습을 경험함으로써 학생들은 자기를 긍정적인 방향으로 바꾸는 기회를 가지게 된다. 다시 말해 좋은 인성을 키우게 된다(이영숙·필립 핏치 빈센트, 2013).

1) 선한 행동을 하면 뇌가 즐겁다

사람은 왜 다른 사람과 협력할까? 왜 종종 먼 훗날의 다수의 이익을 위해 눈앞에 있는 개인적 손해를 무릅쓰는가? 이 같은 물음에 대해 과학적인 근거를 보여 주는 연구결과가 나왔다. 미국 에모리 대학의 정신의학·행동과학 연구팀은 의학저널지

〈뉴런(Neuron)〉 최신호에 발표한 '사회적 협력을 위한 신경계의 기초'라는 제목의 연구논문에서 '사람이 서로 간에 이타적(利他的)행동'을 보이는 것은, '선한 행동이 즐거운 느낌을 주기 때문'이라고 밝혔다.

연구팀은 20~60세 여성 26명을 대상으로 '협력'이냐 '배신'이냐에 따라 그에 대한 보상이 달라지는 '죄수의 딜레마(Prisoner's Dilemma)'라는 상황실험에 참가하게 한 후 이들의 뇌신경 움직임을 MRI(자기공명장치)로 실시간 촬영했다. 그 결과, 협력적인 태도를 보일 때 사람의 뇌에서 즐거움을 유발시키는 신경조직이 최고조로 활성화된다는 사실을 발견했다. 이 같은 현상은 보통사람들이 맛있는 디저트나 귀여운 눈 얼굴, 돈을 보거나, 흥분제 따위를 복용했을 때 나타나는 것과 같은 것이라고 전문가들은 설명했다. 연구팀은 이 같은 외신경의 활성화 체계가 사람의 이타주의를 강화하고 이기적인 행동을 억제하도록 한다고 주장했다.

연구팀의 그레고리 S. 번스(Berns) 박사는 이번 연구결과는 "우리가 서로 협력하도록 신경계가 연결돼 있다는 사실을 확증해 준다."라고 말했다(출처: 조선일보, 2002년 7월 24일자).

6 실천 사례들

1) 자원봉사자의 봉사활동사례

여기서는 자원봉사활동의 주체들 중 청소년, 대학생, 노인, 종교계, 기업 그리고 미국의 대학생 자원봉사활동, 미국 가정의 기부와 성인자원봉사 등의 활동사례들을 살펴본다.

(1) 청소년 자원봉사활동사례

자원봉사활동으로 자신감을 발견한 기쁨

나는 춤을 좋아한다. 춤을 추고 있으면 행복하고 살아 있음을 느낀다. 하지만 나는 학교 성적도 좋지 않고, 이로 인하여 자신감이 떨어져 학교생활도 별로 좋지 못하다. 그로 인해 선생님은 내가 할 줄 아는 것이 없다고 생각하시는데 그런 사람과는 말하고 싶지 않다. 그러던 중 새로 오신 선생님께서 내가 춤에 소질이 있는 것을 아시고 춤을 출 수 있는 무대를 만들어 주셨다. 무대는 도심 길거리에 있는 사람들이 많이 다니는 공터로, 나는 친구들과 함께 열심히 춤을 추었다. 많은 사람이 호응을 해 주었고, 우리는 정말 오랜만에 기쁨을 맛볼 수 있었다. 사람들이 많이 모이니 모금활동도 하자고 해서 그렇게 하기로 했다. 비가 오는 날을 제외하고는 방학 내내 매일 춤을 추었다. 가끔은 힘도 들었지만, 정말 기뻤다. 춤을 추면서 많은 도움의 손길이 이어져 제법 큰 금액이 모였다. 선생님과 우리는 이 돈을 소년소녀가장, 보육시설에 방문하여 기부하기로 하였다. 보육시설의 아이들은 우리에게 감사함을 표현하였고, 나는 비로소 내가 사회에 도움이 되는 몸이라는 것을 느낄 수 있었다. 이러한 활동을 계기로 나의 학교생활은 완전히 바뀌었다. 성적도 매우 좋아졌고, 지각도 하지 않았다. 선생님과의 관계도 좋아졌고, 내가 원하는 모습에 조금씩 다가갈 수 있게 되었다. 예전에 나는 청소봉사활동을 한다면 일부러 휴지를 버렸다. 그랬던 내가 바뀌는 모습을 보며 마음속의 나를 만날 수 있었다. 이제는 얘기한다. 자신이 정말 잘할 수 있는 활동으로 다른 사람에게 도움을 주라고……. 그러면 나도 함께 할 것이라고 말한다(손충기 외 3인, 2012).

(2) 대학생 교육봉사활동사례

교육봉사활동이 전해 준 기쁨

교육봉사활동 수기

매주 목요일 저녁 6시면 나는 중문 지역 아동센터로 간다. 5명(김○○, 한○○, 김○○, 한○○, 박○○)의 아이들에게 피아노를 가르치는데, 지난주에는 추석연휴가 있어서 교육봉사를 가지 못했고, 오늘 2주 만에 간다.

지난 4월 1일부터 시작한 교육봉사를 아직도 끝내지 못하고 계속 이어가고 있다. 교육봉사 학점취득을 위해 아이들을 가르치기 시작했지만, 나의 목적이 끝났다고 당장 그만두겠다는 말을 하는 것이 어려웠다. 아동센터 아이들도 한 학기만 피아노를 배우고 그만둘 것이라는 생각을 하지 않았을 것이기에 그들의 기대를 도저히 저버릴 수가 없었다.

2학기가 시작되면 다른 교육봉사자에게 내가 맡은 아이들을 인계하여 계속 피아노를 배울 수 있게 할 계획이었지만, 이곳 중문 지역에 교육봉사를 신청하는 학생이 없는 바람에 연말까지 계속하리라 나 자신과 약속하였다.

사실 이렇게까지 하면서 지역 아동센터 아이들에게 피아노 레슨을 계속하려는 것은 지금 이 아이들처럼 나에게도 무척 피아노를 배우고 싶어 했던 어린 시절이 있었기 때문이다.

그때는 아버지 혼자 벌어서 여섯 식구가 먹고 살아야만 했기에 피아노는 호화사치일 수밖에 없었다. 만약 그 시절에 오늘과 같은 교육봉사 시스템이 있다면 얼마나 좋았을까 하는 생각이 든다. 어린 시절, 피아노 학원이 끝날 때까지 학원 맞은편 길가에 앉아서 문이 열릴 때마다 학원 안을 겨우 볼 수 있었던, 그리고 피아노 학원에 다니는 친구가 부러워서 어쩌다 친구 따라 들어간 피아노 학원에서 나가라고 할까 봐 말 한마디 못하고 숨죽여 기다리던 생각이 나서 중문 지역 아동센터 교육봉사를 더욱 그만둘 수가 없다.

그리고 이곳 아이들은 대부분이 결손가정이거나 조부모 가정에서 생활하는 어려운 처지의 학생들이다. 자원봉사가 아니면 레슨비를 내고 음악교육을 받을 수 없는 아이들이다.

중문 지역 아동센터는 우리 집 큰애와 셋째 아이가 나보다 먼저 봉사를 하던 곳이었다. 큰애가 1년 정도, 셋째애가 2년 정도 중문 지역 아동센터에서 아이들에게 바이올린을 가르쳤다. 다행스럽게도 교육대학원에서 교육봉사 활동 과목이 생겨서 아이들만 보냈던 봉사를 엄마인 나도 할 수 있어서 그나마 면목이 서게 되었다. 5명인 우리 식구 중에서 3명이 한 곳에서 봉사를 한 셈이다. 우리 남편도 서귀포교회 부설 문화학교에서 7명의 주부와 아가씨들에게 기타를 가르치고 있다.

얼마 전 TV뉴스에서 자신이 가진 재능을 타인을 위해 쓰는 '재능봉사'에 대한 기사가 있었다. 나는 전적으로 환영한다. 재능봉사는 원하는 이들에게 장기적으로 봉사활동을 가능하게 하는 방법인 것 같다. 내가 중문 지역 아동센터에서 학점 취득이 끝나고도 계속 봉사가 가능한 것도 내가 가장 잘할 수 있는 일을 하기 때문이다. 그렇다고 시간적으로 쪼들리거나 쫓겨 다니지도 않는다. 단지 쓸데없는 일을 할 시간이 없을 뿐이다. 오히려 주어진 24시간을 알차게 쓸 수 있어서 다른 일을 할 때도 안정감 있게 할 수 있다. 결국 봉사활동이라는 것은 다른 사람을 위한 봉사가 아닌 바로 나 자신을 위한 일임을 실감하였다.

○○대학교 해외봉사 활동

해외봉사활동에서 얻은 기쁨 ○○양

나는 중학교 시절부터 부모님의 도움을 받아 월드비전으로 라오스의 한 아이를 후원하기 시작했다. 라오스에 살고 있는 아이가 보내는 엽서와 그림을 받으며 나의 작은 손길이 이 아이와 아이의 가족에게 큰 도움이 된다는 사실에 뿌듯했고, 기회가 된다면 나중에 이 아이를 실제로 만나서 같이 놀고 싶고, 돕고 싶다는 생각을 했다. 해외봉사 참여자 모집을 보면서 생각해 보니 스무 살이 되는 동안 입시에 치우치고 시간에 쫓겨 형식적인 봉사활동만 해보았을 뿐 제대로 된 봉사활동도 해 본적이 없었다. 스무 살의 마지막 마무리를 진심 가득한 봉사활동을 경험해 보고 싶었다. 뜻 깊은 활동과 좋은 추억을 만들고 싶어서 주저 없이 이번 동계 해외봉사 활동에 참여해야겠다고 마음먹었다. 또한 이로 인해 예전부터 막연하게만 생각했던 후원아동을 만나는 일이 이제는 내가 노력하면 이루어질 수 있는 꿈이라는 것을 알게 되었고, 이 활동이 그 꿈에 한발 다가서는 기분이었다.
봉사활동 신청을 마친 뒤에 총 3번의 사전모임을 했다. 사전모임에서는 우리가 가는 태국이라는 나라가 어떤 문화를 가지고, 어떤 생활을 하는 곳인지에 대한 설명을 들었다. 또한, 우리가 가게 되는 봉사활동의 장소, 그곳에서 필요한 봉사활동의 내용들을 얻고, 자신이 하고 싶은 봉사활동 의견을 내기도 하였다. 이번 동계 해외봉사에서 방문한 곳은 태국 방파콩에 위피한 '반징짜이', 우리말로 번역한다면 '진실의 집'이라는 고아원이었다. '반징짜이'는 어린 아동부터 고등학생까지 다양한 연령대가 함께 지내는 곳이라고 했다. 이곳은 20년 동안 기부금을 모아 최근에 건물을 새로 지을 수 있게 되었지만 아직 건물 안팎에 많은 도움이 필요한 곳이었다. 특히 고아원에서는 우리가 벽화를 그려주고 고아원 마당의 환경을 정리해 주기를 바랐다. 우리는 벽화작업과 제초작업을 비롯해서 아이들의 하교시간에 맞추어 교육, 놀이 봉사를 하기로 했다. 다양한 연령의 아이들과 함께 할 수 있는 줄넘기와 딱지치기와 같은 한국의 전통놀이와 페이스페인팅, 비눗방울 놀이 등을 준비하기로 하였다.
태국에 도착해서 가장 먼저 한 일은 우리가 봉사할 고아원에 들러 살펴보는 것이었다. 고아원의 건물은 지어진 지 얼마 되지 않아서 깨끗했지만, 건물 안에는 생필품이 부족해 보였다. 또한, 실제로 보니 봉사 전 사진으로 보았던 것보다 건물 밖의 운동장에는 잡초가 무성했고 대문을 제외한 나머지 벽들은 어두운 벽돌로 되어 있었고, 이끼가 끼어 있었다.

[봉사 전 '반징짜이'의 운동장과 벽]

봉사를 하는 기간 동안 봉사활동복을 입고 '반징짜이'에 도착하면 설레기도 하고, 더운 날씨 탓에 걱정이 되기도 하였다. 고아원에 도착하면 제초조와 벽화조로 나누어 일을 시작했다. 나는 벽화를 맡게 되었다. 벽화 작업은 두 조로 나누어 고아원의 양쪽 벽을 할 계획이었지만 생각했던 것보다 벽이 길어서 다 같이 두 개의 벽 중 한 곳만 완성하기로 했다.

첫째 날은 울퉁불퉁하고 어두운 벽돌에 바탕색을 칠해 주는 일을 했다. 이끼를 제거한 후 정해진 도안에 맞게 바탕을 칠했다. 우리가 정한 벽화 도안은 벽을 세 개의 영역인 우주와 바다, 들판으로 구성하는 것이었다. 바다를 그릴 영역을 제외한 나머지는 흰색으로 색을 칠하고 바다는 파란색으로 배경을 칠하기로 했다. 벽돌이 너무 거칠어 배경색을 칠하는 일이 잘되지 않아서 몇 번을 덧칠했다.

둘째 날부터 마지막 날까지는 벽화 그림 스케치와 색칠 작업을 했다. 또한, 마지막 벽면엔 아이들과 우리의 손바닥을 찍어 마무리 지었다. 날씨가 너무 덥고, 벌레도 많았지만 점차 완성되어가는 벽화를 보면 뿌듯했다.

벽화와 제초작업이 마무리되는 시간은 아이들의 하교시간이었다. 학교가 끝난 아이들은 고아원까지 트럭을 타고 도착했다. 첫날 아이들과 어떻게 친해져야 할까 하는 고민도 들었지만 큰 방에서 함께 페이스페인팅과 그림놀이를 하다 보니 자연스럽게 어울리게 되었다. 서툰 영어와 서툰 태국어로 서로 이름도 물어보고 그림도 그려주었다. 낯설어하던 어린 아이들도 비눗방울을 보면서 신기해하고, 좋아하는 것을 보면서 너무 행복했다. 아이들은 비눗방울 놀이를 하면서 나에게 도움을 청하기도 했고, 나를 향해 비눗방울을 불며 웃어 보이기도 했는데, 그 모습이 너무 예뻤다.

'노이나'는 첫날 페이스페인팅 활동 중에 나에게 와서 내가 입은 봉사활동복에 있는 태극기를 가리키며 처음으로 태극기를 그려달라고 한 아이이다. 서툴게 의사소통을 하면서 서로 그림을 그려주며 나와 노이나는 친해졌다. 저녁을 먹는 시간에도 노이나는 내 손을 잡고 가서 자신의 옆자리에 나를 앉게 하고, 11살 아이지만 나에게 낯선 태국 음식을 어떻게 먹는지 보여주며 챙겨주기도 하였다. 저녁식사를 마친 후에는 손을 잡고 노이나가 고아원 시설 이곳저곳을 구경시켜주기도 했다. 많은 것을 물어보고 싶고 얘기해 주고 싶었지만 의사소통이 어려웠던 게 너무 아쉬웠다. 하지만 첫날부터 마지막 날까지 노이나는 언제나 나를 반겨주었고 내 옆자리에서 함께해 주었다.

봉사활동 중 가장 기억에 남는 시간은 아이들과 고아원에서 마지막 석식을 먹은 날이었다. 요리된 음식이 아니고 불을 사용해서 직접 요리해 먹는 음식이라서 나는 '노이나'와 '멩' 옆에서 아이들이 저녁을 먹는 것을 도왔다. 3~4살로 나이가 어린 '멩'이 밥 먹는 것을 도와주느라 잘 챙겨 먹진 못했지만 잘 먹는 모습을 보니 기분이 좋았다. 저녁식사를 마친 후에는 고아원에서 팬케이크를 준비해 주셨다. 또한, 아이들이 우리를 위해 춤을 추는 작은 공연도 있었다. 우리도 아이들의 손을 잡고 같이 춤을 췄는데 봉사 기간 중 가장 기억에 남고 즐거운 시간이었다. 춤을 추고 난 뒤에 아이들이 직접 만든 부엉이 자수도 선물 받았다. 다들 정이 들어서 입고 있던 봉사활동 조끼와 모자, 명찰에 이름과 전화번호를 적어서 아이들에게 나누어 주기도 했다.

언어, 문화, 외적인 모습은 모두 다르지만 아이들과 봉사기간 동안 함께 생활하면서 표정과 행동만으로도 진심을 나눈 것 같다. 특히 마지막 날 뒷정리를 하고 있을 때 멀리서 나를 보고 달려와서 안기는 '멩'을 보면서 짧은 봉사 기간이지만 진심으로 아이들과 사랑을 주고받은 것 같아서 행복했다. 날이 덥고 아이들을 안고 지내면 지치고 팔이 아프지만 나한테 안겨서 안정을 찾는 아이들을 보고 있으면 힘든 것도 몰랐던 것 같다. 특히나 아동학과인 나에게는 처음으로 다른 나라의 아이들을 만나고 그 아이들과 함께 생활해 보았다는 경험이 절대 잊혀 지지 않을 것 같고, 앞으로의 생활에서도 많은 영향을 끼칠 것 같다. 내가 아이들에게 해 준 것은 웃으며 손잡아 주고 안아 주면서 이야기를 들어주는 일이었지만 이 행동들을 진심으로 받아들여주고 힘을 얻고 즐거워해 준 아이들에게 고마운 마음도 든다. 또한, 이번 봉사로 인해 좋은 언니, 오빠를 알게 되어서 너무 행복하다. 힘들어도 다들 웃으면서 열심히 봉사하는 모습에 나 또한 힘을 내서 열심히 봉사할 수 있었던 것 같다. 벽화를 보면서 좋아하고 나에게 폭 안기는 아이들 모습에 기회가 된다면 내년 여름에도 아이들을 보러 가고 싶다.

(3) 노인 자원봉사활동사례

노인들을 대상으로 자원봉사와 사망률의 관계를 알아본 결과, 2개 이상의 단체에서 봉사를 했던 노인들은 자원봉사를 하지 않았던 노인들보다 5년 이내에 사망할 확률이 40%나 더 적었다. 남을 도와주는 행동을 했던 노인들이 병이나 건강문제로 사망할 확률이 더 적었다. 또한, 다른 사람들을 잘 돕는 사람들은 그렇지 않은 사람들보다 혈압은 낮고 면역력은 높다. 즉 기부란 정신적인 행복감뿐만 아니라 신체적인 건강도 가져온다는 것이다.

○○시립요양원 자원봉사활동으로 찾은 행복감

대중가요를 멋있게 부르고 작곡도하는 친구인 최 교수. 그는 우리 인간들이 평생교육을 통하여 추구하는 것인 희생, 사랑, 섬김 중에 사랑의 봉사를 실천하는 사람이다. 최 교수는 수원시립노인 요양원에서 몸이 불편하고 외롭고 소외된 노인분들에게 한 달에 한 번씩 노래를 통하여 기쁘고, 즐거운 한때를 선사하고 있다. 그가 나에게 봉사를 권유하여 최 교수와 나와 아내가 노인분들게 노래 봉사를 하게 되었다.

노래를 하여도 따라하지도 않고 아무 감정 없이 앉아 계시는 노인분들이었다.

그러나 두 번째 다시 찾아 뵀을 때 반가운 얼굴로 맞아 주시는 조금은 변화된 모습과 우리집 사람이 "돌리고 돌리고"를 노래하며 몸을 움직이고 손을 잡고 일으키니 모두 나오셔서 허리를 힘겹게 돌리고 손뼉을 치시며 좋아하시는 모습을 보니 감격스럽기까지 했다. 정말 노인분들 앞에서 재롱을 부려 본적이 없었다.

노인분들이 "다리가 아퍼 난 못해", "허리가 아퍼"하시면 주물러 드리고, 안아도 드리면 좋아하셨고 "다음에 꼭 다시와" 하시며 손을 꼭 잡을 때, 감사하기 이루 말 할 수 없었다. 노인분들을 위한 시간이 아니라 오히려 내 자신이 남에게 베풀면서 얻는 행복한 시간이었다(장원동, 2012).

(4) 종교기관 실천 사례

해외 의료선교 봉사활동으로 얻은 베풂의 사랑 이야기

캄보디아의 의료 봉사는 쁘렉아엥, 회교족 마을, 평화교회, 밥퍼 빈민촌에서 실시하기로 하였다. 쁘렉아엥에서의 처음 봉사는 의사소통이 잘 안되니 세계 공통어가 영어가 아니라 몸짓인 듯합니다. 환자가 많아지고 아이들은 유난히 크고 초롱초롱한 눈망울로 자기들과 다른 것이 신기한 듯 우리를 본다. 웃어주니 환한 웃음으로 답한다.

가는 곳마다 환자들이 많이 기다리고 있었고 그들을 위해 더 많은 혜택을 주지 못하고 돌아오며 가슴이 아팠다.

회교족에는 의료봉사가 처음이라고 하며 종교적인 것으로 소매 없는 옷을 입지 못하고 종교에 대해서는 말하지 말 것 등 주의를 하며 봉사를 하였다.

평화교회에서의 봉사는 앙코르와트를 구경하고 그 곳의 진료를 하기로 하였다. 먼 이국의 문화를 체험할 기회를 가질 수 있음에 감사한다. 바쁜 일정 중에서도 현대 기술로는 풀기 힘든 난해한 건축양식, 수백 년간 밀림 속에 버려졌다가 발견된 불가사의하다는 앙코르와트에서 봉사를 하면서 그 곳의 문화를 접할 수 있어 더욱 좋았다.

선교사님의 안내로 준비를 하였다. 40도를 오르내리는 더운 날씨로 실내 진료소는 상상하기 힘들 정도다. 이곳 어른들은 일할 것이 있어 나갔거나 낮이라 더워서 잠을 자거나 하여 진료에 참여하지 못하였고, 경제적으로 다른 지역보다는 좋다고 하는데 아이들은 깨끗하지가 못하다. 어려운 사람들은 이곳에서 일하기 위해 2시간 자전거를 타고 와서 일하고 2시간 거리를 자전거로 출퇴근한다. 실제로 공항으로 가는 길 양쪽에는 자전거를 탄 사람들의 행렬이 대단하였다. 실내에서 진료를 하니 정말 숨이 막히는 것 같다. 산부인과는 공기가 통하지 않은 방에서 환자를 본다. 산부인과에 가볼 기회가 없는 환자들은 줄을 지어 늘어섰다. 치과에서는 마스크를 쓰고 환자를 보니 모두들 숨을 몰아쉰다. 진료를 무사히 마치고 프놈펜에 7시에 도착하여 기도와 말씀으로 일정을 마치고 마지막 진료인 내일을 위해 준비를 한다. 내일은 빈민촌에서 빵과 우유 등을 나누어 주며 진료를 한다고 한다.

"하나님 오늘 하루를 끝내며 반성합니다. 아이들이 더러워 만지는 것에 주저하였고 그들을 향해 싫은 감정을 품는 죄를 지었습니다. 한 집사님 말이 머리에 맴돕니다. 아무리 더러워도 아이들은 예쁘고 사랑스럽고, 만져주고 돌봐야한다는 그 말씀이 나를 더욱 부끄럽게 합니다. 하나님 좀 더 겸손하고 따뜻한 마음을 가졌으면 합니다. 그들을 위한 하루가 될 수 있도록 기도합니다."

[밥퍼-빈민촌에서의 마지막 진료날]

지금 이곳의 기온은 42도란다. 이 기온에서도 생활할 수 있구나!

구충약을 먹이기 위해 받아놓은 물에 아이들이 손을 씻고 있다. 어쩔 것인가. 웃으며 손을 씻지 말라고 하지만 안 통한다. 집이면 소리를 질렀을 텐데…….

더운 곳이라 이곳은 물을 많이 먹으리라 생각하고 회충약 먹을 때 한 컵씩 물을 주지만 한 모금씩만 마신다. 이곳의 물에는 석회질이 함유되어 있어 물을 많이 먹을 수가 없고 빗물을 받는 통이 따로 있어 그것이 1급수라고 한다. 약을 먹는 물은 한국에서 가져 간 물이라고 설명을 하여도 많이 먹지를 못한다. 더위에 비해 물 섭취량이 적으니 건강에 문제가 생길 수 있을 것 같다. 한국에서 외국인 근로자들이 속에서 열이 난다고 호소할 할 때가 있었다. 이 더운 열기 속에서의 생활이 만들어 낸 거 같다. 그들의 문화와 생활환경을 알고 그들을 위한 보건교육이 필요할 것 같다. 그곳 젊은이들이 우리 봉사에 많은 도움을 주고 있다. 그들을 위한 교육의 교류가 있었으면 하는 생각을 해본다.

빵과 우유, 바나나를 나누어 주기 시작한다. 어른들에게 먼저 주고 그 다음엔 아이들에게 나누어 준다. 우리나라도 저런 때가 있지 않았나. 초콜릿과 껌을 얻기 위해 그들을 따라 간적이 있지 않은가. 저들 같이 얻는 것만이 좋아서…….

"저들에게 주는 빵과 우유가 우월한 자가 가난한 자에게 베풀어주는 것이 아니라 사랑하는 이가 좀 어려운 친구에게 주는 선물" 임을 주는 자 나 받는 자가 명심했으면 좋겠다는 진 권사님의 절실한 마음이 그들에게 전달되었으면 좋겠다.

정말로 빈민촌이다. 네 기둥에 비닐을 덮어 놓은 집들이 쭉 줄지어 있다. 그곳이 그들의 생활 터전이라고 한다. 아우성 속에서 빵의 나눔이 끝나고 진료가 시작된다. 프놈펜에서 처음으로 그 곳 치과 대학생 두 명이 와서 치료를 돕는다. 저런 젊은이 들이 많이 나와 이곳을 돌 볼 수 있게 하였으면 참 좋겠다. 넓은 터에 천막을 치고 진료가 시작되고 회충약을 먹이니 못 먹는 아이가 있어 꽉 씹는 모양을 하니 약을 깨물어 먹는다. 아! 또 통하는구나! 이 몸짓이……. 쓸까봐 얼른 사탕 하나를 주니 아이가 너무 좋아한다. 저 천진스럽고 선한 어린이에게 굶주림과 질병에서 헤어날 수 있도록 하옵소서.

점심을 차 속과 진료장소에서 해결, 쉬지 않고 진료를 하였다. 그곳에서는 회충약을 3개월에 한 번 정도 복용해야 한다고 하여 남은 회충약을 주고 왔다.

모든 일정은 끝났지만 난 무엇을 하였을까? 정말 그들을 위한 일을 얼마나 했을까? 얼마나 도움이 되었을까? 소아과에서 진료한 어린이 중에서 3명이 건강에 심한 이상을 발견하였다. 소아과 의사선생님이 그 아이들에게 도움을 주고, 결과에 따라 교회에서도 도움을 줄 수 있도록 의논하기로 했다. 난 어찌 그런 생각을 한 번도 못하였을까…….

나 자신을 돌보는 데 신경을 쓰느라 주위를 돌아 볼 경황이 없었는가 보다.

공항에 도착 짐을 찾고 핸드폰을 켜니 시계는 다시 한국시간을 정확히 가리키고 있다. 아! 나는 다시 떠나기 전 나로 돌아왔구나.

앞으로의 나의 생활이 교만함을 버리고 조금은 겸손하게 생활하는 변화를 가져올 수 있을까…….

"모든 일정을 무사히 마치고 돌아가는 우리 모든 일행에게 건강과 사랑을 허락하옵시고 그 분들 한분 한분의 가정에 하나님의 은총이 가득하길 기원합니다(장원동, 2012)."

(5) 기업의 봉사활동 사례

① 교육지원 프로그램 지원하는 삼성 이재용 부회장

이재용 삼성전자 부회장이 22일 대전 충남대에서 '드림클래스' 겨울캠프 현장을 깜짝 방문했다. 드림클래스는 교육기회가 적은 읍·면·도서 지역의 중학생과 군인·소방관·국가유공자 자녀를 대상으로 대학생 강사가 영어와 수학 공부를 도와주는 삼성의 교육지원 프로그램으로 2012년 시작됐다. 이 부회장은 중학생 참가자들에게 "군인·소방관·국가유공자는 나라를 위해 헌신한 분들로 항상 감사해야 한다."며 "여러분의 부모님 덕분에 우리가 공부를 편하게 할 수 있다. 부모님을 자랑스럽게 생각해야 한다."고 말했다. 이 부회장이 지방까지 찾아가 학생들을 만난 데 대해 재계에서는 사회 공헌 등 여러 사회적 이슈에 적극 호응하는 모습을 보였다(출처: 조선일보 2016년 1월 23일자).

② 조선일보가 주관하는 '통일나눔' 기금 모금에 2000억 기부한 이준용 대림산업 명예회장

"당신과 생(生)을 함께한 동문이라는 게 이토록 자랑스러울 수 없습니다."

여상환(78) 국제경영연구원 원장은 이달 17일 개인 재산 모두인 2000여억 원을 '통일과 나눔 재단'에 기부한 이준용 대림산업 명예회장에게 사흘 전 감사 편지 한 통을 보냈다. 그는 1953년부터 3년간 이 명예회장과 경기고를 함께 다닌 동기동창이다. 그는 이 편지에서 "놀랍고 자랑스럽다. 정말 상상할 수 없는 일을 했다."고 썼다. 기업인들이 자신의 이름을 내건 재단을 만드는 일이야 흔하지만 평생 일군 전(全) 재산을 선뜻 내놓기는 결코 쉽지 않다는 것이다.

이 명예회장의 '통큰 기부'는 그의 오랜 친구와 선후배, 지인들 사이에도 가슴 뭉클한 여운과 감동을 남기고 있다. 여든을 눈앞에 둔 그의 학창 시절 동창생들은 이 명예회장의 결정에 대해 하나같이 "친구로서 자랑스럽다."고 입을 모았다.

요즘 대기업 가운데 자식들끼리 재산이나 상속 문제로 다투는 곳이 매우 많은 상황에서 이 명예회장의 기부 결정이 더 훌륭하고 가치 있다는 평가도 나온다. 김동건 아나운서는 "자식(이해욱 대림산업 부회장)이 아버지 결정을 인정하고 받아들이는 자체가 훌륭한 일"이라며 "이 명예회장의 부인도 잘 아는데 훌륭한 일"이라고 말했다.

그는 "빌 게이츠나 워렌 버핏이 있는 미국의 기업가 정신을 부러워했는데 이제는 더 이상 부럽지 않다."면서 "우리나라 재벌을 보는 국민의 이미지도 이 명예회장 덕분에 많이 좋아졌을 것"이라고 했다(출처: 조선일보 2015년 8월 24일자).

(6) 미국의 대학생 자원봉사활동

미국에서 자원봉사활동을 수행하고 있는 대표적인 대학으로는 하버드 대학과 스탠퍼드 대학을 들 수 있다. 그 중에서도 미국 내 최대의 자원봉사센터는 하버드 대학의 PBHA(Phillips Brooks House Association)로 1894년에 설립되어 현재 11명의 전문직원과 1,700여 명의 봉사요원을 두고 연간 170억 원의 예산을 두고 80여 개의 자원봉사 프로그램을 통해 13,000명 정도가 봉사하고 있다. 이 단체의 재원은 주로 모금행사를 통해 동창생에게서 거두는 기금, 바자회 등 특별 모금활동, 개개인의 기부금, 회비 등으로 이루어지고 있다.

다음으로 스탠퍼드 대학의 자원봉사센터인 HASS는 1984년 설립되어 현재 64개봉사학습 과목을 개설하고, 매년 4,000명 이상의 학생들이 전국적, 지역적 또는 국제적 자원봉사활동에 참여하고 있으며, 약 70%의 학생들이 대학 졸업 시까지 어떤 형태로든지 자원봉사활동을 경험한다.

미국 대학의 자원봉사가 조직적으로 학생들에 의해 시작된 것은 뉴헤븐(New Heaven) 시의 YMCA가 1986년 예일 대학 안에 처음으로 대학 Y를 설립하고 지역사회 봉사활동을 시작한 데서 연유한다. 대학생들은 1970년대 말부터 도시의 빈곤문제에 관심을 가지기 시작하여 1984년이 되면서 뉴잉글랜드 지역에서부터 도시의 빈곤문제를 비롯한 사회문제 해결을 위한 조직적인 대응으로 전국 대학생 자원봉사연합회(Camous Outreach Opportunity League, COOL)를 결성하였다. 현재 1,200여 대학이 가입하여 전국적 조직을 갖춘 이 단체는 매년 2,000여 명 이상의 학생이 참가하고 주관하는 대회를 개최하여 대학생 자원봉사자들의 사기를 높이고, 연대활동을 통한 프로그램의 질적 향상을 도모하고 있다. 대학생 자원봉사활동의 두 주체는 학생과 대학당국이다. 미국의 대학당국에서 자원연대활동에 관심을 다지기 시작한 것은 1985년 대학사회봉사 전국총장협의회(Campus Compact)라는 23개 대학총장들의 모임이 결성된 이후다. 이 단체의 주요 활동으로는 회원대학을 위한 정보제공, 연구영역, 기술제공, 포럼과 세미나 개최, 봉사와 학문의 통합을 위한 교과과정 개발 등이다(김동배, 2005).

(7) 미국 가정의 기부와 성인 자원봉사

어린이 권익 옹호를 위한 기부와 자원봉사활동을 해 온 피터 오들리프슨(Odleifson · 71 · 뉴욕 주 로체스터) 씨에게 최근 가장 보람 있었던 일은 이 지역의 한 고등학교에 재학 중인 문제학생들의 졸업률이 두 배로 늘어났다는 소식이었다. 변호사로 일하다가 은퇴한 후 그가 이사로 자원봉사 중인 '힐사이드 어린이 센터'는 낙제위기 학생, 비행청소년, 빈곤가정 학생들에게 의논 상대가 되어 준다. 이들이 매일 돌본 결과 문제학생들의 낙제율이 급격하게 떨어진 것이다. 오들리프슨 씨와 부인 케이 월레스(Wallace · 64) 씨 부부는 각자 관심사에 따라 서너 개의 단체에서 자원봉사를 하고, 은퇴 후의 주요 수입원인 투자와 이자 수익의 15%를 사회

· 자선단체에 기부한다.

미국의 자선·복지·교육 관련 기관 연합단체인 '인디펜던트 섹터(Independent Sector)'가 최근 실시한 조사에 따르면 비국 성인인구의 44%에 해당하는 8,390만 명이 1주일 평균 3.6시간의 자원봉사활동을 하는 것으로 나타났다. 또한, 미국 가정의 89%는 각종 사회·자선단체에 일정액의 기부금을 내는 것으로 조사됐다. 이들 가정에서 내는 연평균 기부금은 1,620달러로 수입의 3.1%에 해당하는 금액이다.

마이크로소프트사 회장인 빌 게이츠와 부인 멜린다처럼 수백억 달러를 기부해 재단을 설립한 후 보건·교육환경 개선에 막대한 지원을 하는 초대형 자선사업가에서부터 1년에 수십 달러 단위의 기부금을 내는 사람들에 이르기까지 크고 작은 자원봉사활동이 미국들의 생활에 깊이 스며들어 있다.

다른 사람들 돕기 위해 시간을 쓸 것이냐, 돈을 낼 것인지, 아니면 새로운 아이디어를 낼 것인지에 따라 자선활동은 다양하게 이뤄진다. 뉴욕 맨해튼 맨다린 오리엔탈 호텔은 하룻밤 숙박료가 최대 600달러인 최고급 호텔이다. 이 호텔의 식당이나 행사에서 남은 음식은 노숙자 숙소나 무료급식센터에 전달해 주는 사회단체인 '시티 하비스트'에 보내진다. 이 호텔은 시티 하비스트에 기부금을 전달하기도 하고, 자선경매행사가 열릴 때는 이 호텔의 패키지 상품을 기부하기도 한다.

자원봉사자가 필요한 사회단체와 자원봉사자를 연결해 주는 '볼런 티어매치'의 웹사이트(www.volunteermatch.org)는 자신이 살고 있는 지역의 우편번호만 입력하면 자원봉사 기회 목록을 제공해 준다. 노숙자들에게 보낼 선물 포장 일, 책을 잘 읽지 못하는 어린이 지도, 입양 직전 어린이 돌보기, 가족이 없는 환자 간호 등 집 근처에서 할 수 있는 일들을 이 웹사이트에서 얼마든지 찾을 수 있다.

미국의 각종 사회단체들은 우편물을 보내 자신들의 활동 취지를 알리고 기부금을 요청한다. 그러나 아무리 뜻이 좋아도 기부금을 제대로 활용하지 못하는 기관에 선뜻 돈을 낼 수는 없다. 미국의 사회·자선단체 관련 데이터를 관리하는 '가이드스타'는 기부금을 낼 때는 가이드스타의 목록을 확인해 합법적인 단체인지 확인하고 자신이 낸 돈이 원하는 목적에 따라 제대로 쓰일 수 있는가를 잘 따져 본 후에 기부를 결정하라고 권한다.

7 생각해 볼 문제

- 본인은 평소에 자원봉사를 한 경험에 대하여 기술하시오.
- 본인이 해 보고 싶은 봉사활동은 무엇인지 기술하시오.

참고문헌

- 곽노의 · 김경철 · 김유미 · 박대른(2007). **영유아발달**. 경기: 양서원.
- 김동배(2005). **시민사회와 자원봉사**. 서울: 학지사.
- 김병완(2016). **48분 기적의 독서법**. 서울: 미다스북스.
- 김봉환(2000). **학교진로상담**. 서울: 학지사.
- 김수동 · 안재진 · 이정연(2014). 배려척도 문항개발 연구. **충남대학교 사회과학연구, 25**(1), 81-104.
- 김용규(2007). **설득의 논리학**. 서울: 웅진지식하우스.
- 김재엽 · 남성인 · 최선아(2010). 아동기 부모훈육방식이 청소년의 적대감에 미치는 영향분석: 부모자녀 관계효과 검증, **한국가족복지학, 15**(3).
- 닉부이치치의 허그(2010). **닉부이치치**. 서울: 사단법인 두란 노서원.
- 류성창 외(2011). **스마트 세대를 위한 KEDI 교육 미래비전 연구**. 한국교육개발원.
- 백원근(2010). **한국 현대 출판산업 발달사 연구**. 한국출판학회.
- 서경덕 · 김슬옹(2014). **당신이 알아야 할 한국인 10**. 서울: 메가북스(주).
- 서정명(2013). **반기문의 꿈, 김용의 도전**. 서울: 무한출판.
- 성규택(1995). **새 시대의 효**. 서울: 연세대학교 출판부.
- 손충기 · 박정환 · 문창배(2012). **훌륭한 교사를 위한 교육봉사**. 서울: 학지사.
- 스티브 코비(1994). **성공하는 사람들의 7가지 습관**(김경섭, 유광택 역). 서울: 김영사.
- 신웅진(2007). **바보처럼 공부하고, 천재처럼 꿈꿔라**. 서울: 명진출판.
- 옌스 죈트겐(2005). **생각 발전소**(도복선 역). 서울: 북로드.
- 양애경(2010). **학업성취도를 높이는 감·동·학·습 플랜**. 서울: 동문사.

- 양애경(2013). **부모의 자녀교육 지원을 위한 정책연구**. 교육과학기술부.
- 우영호(2015). **쉽게 풀어 쓴 인성교육과 직업윤리**. 서울: 동문사.
- 유한구(2007). 초등학교 인성교육의 방향. **한국초등교육학회 학술발표집 5호**.
- 윤태익(2012). **남과 다른 나를 찾는 자기발견기술 나답게**. 서울: 더난.
- 이대희(2016). **유대인의 밥상머리 자녀교육법**. 서울: 베이직북스.
- 이명희 · 양애경 · 강신천 · 이수진(2013). **부모의 자녀교육지원을 위한 정책연구**. 교육과학기술부.
- 이순형 · 민하영 · 권혜진(2012). **부모교육**. 서울: 학지사.
- 이정옥(2011). **토론의 전략**. 서울: 문학과 지성사.
- 이하원 · 안용균(2006). **조용한 열정 반기문**. 서울: 기파랑. http://blog.naver.com/mommom0617/220481778826
- 임혜숙 · 김윤재 · 이유섭 · 박남오 · 송노원(2013). **자원봉사론**. 서울: (주)박영사.
- 장원동(2008). **교육사 및 교육철학의 이해**. 서울: 태영.
- 장원동(2012). **애비야 똥쌌다**. 서울: 유북스.
- 장원동 · 류현수(2012). **부모교육**. 서울: 태영출판사.
- 장원동 · 양애경(2013). **현장중심에서 본 교육학개론**. 서울: 동문사.
- 장원동 · 윤영란(2015). **평생교육론**. 서울: 동문사.
- 전혜성(2006). **섬기는 부모가 자녀를 큰 사람으로 키운다**. 서울: (주)랜덤하우스코리아.
- 정길영(2013). **자원봉사론**. 서울: 동문사.
- 정옥분 · 정순화(2012). **부모교육**. 서울: 학지사.
- 정옥분(2007). **발달심리학(전 생애 인간발달)**. 서울: 학지사.
- 정철희(2011). **초등부터 하지 않으면 안 될 포트폴리오 전략**. 서울: 예담Friend.
- 조 벽(2016). **인성이 실력이다**. 서울: 해냄출판사.
- 조용태 · 유경미 · 이기용(2015). **인성의 이해와 실제**. 경기: 공동체.
- 주용국 · 신민주(2016). **행복하이소**. 서울: 동문사.
- 중앙보육정보센터(2014). **행복한 아이를 위한 인성교육**.
- 최병선(2004). **말하기로 배우는 글쓰기**. 서울: 차림.

- 최순옥 · 김혜숙 · 박준기 · 신미경 · 김기창(2014). **노인복지의 이해**. 서울: 태영.
- 최준식(2014). **너무 늦기 전에 들어야 할 죽음학 강의**. 서울: 김영사.
- 최효찬(2005). **5백년 명문가의 자녀교육**. 서울: 위즈덤하우스.
- 최효찬(2006). **세계명문가의 자녀교육**. 서울: 위즈덤하우스.
- 추병환(1999). **도덕교육의 이해**. 서울: 백의.
- 하정연 · 오정희(2015). **NCS기반의 인성과 진로.**. 서울: 동문사.
- 한국교육학회(2001). **인성교육**. 서울: 문음사.
- 한두현(1999). **자식을 부모의 팬으로 만들어라**. 서울: 나남출판.
- 한유경 외(2012). **인성교육 강화를 위한 학교문화 선진화 방안연구**. 한국교육개발원.
- 홍순정 · 강경희 · 박정자 · 오윤례 · 이숙희(2013). **전생애인성교육**. 경기: 양서원.
- 홍현방(2005). 생산활동 수준이 성공적인 노화에 미치는 영향. **노인복지연구, 29**, pp. 203-235.
- 황혜성(1996). **태교음식**. 서울: 둥지.
- 孝思想과 未來社會(1995). **효자상 국제학술회의.** 서울: 한국정신문화연구원.

- Dennis. W. (1960). Causes of retardation among institutional children: Iran. Journal of Genetic. *Psychology, 96*, pp. 47-59.
- Dinkmeye & Mckay (1983). STEP/TEEN systematic training for effective parenting of teens. *Circle Pines*. M.N.: American Guidance Service.
- Eckeman, C. O., Whatley, J. L., & Kutz, S. L. (1975). Growth of social play with peers during the second year of life. *Development Psychology, 11*, pp. 42-49.
- Gesell, A. (1929). Maturation and infant behavior patterns. *Psychological Review, 36*, pp. 307-319.
- Griffin, P., McGraw, B., & Care, E. (2012). Assessment and teaching of 21 century skills, Springer.
- Hurlock, E. (1975). *Developmental Psychology* (4th ed.). N.Y.: McGraw-Hill.
- Hurlock. E. B. (1978). *Child development* (6th ed.). N.Y.: McGraw-Hill.
- Isaacs, S. (1948). Children and parents. *Their problems and Difficulties*. London:

Routledge & Kegan Paul.

- Jersild, A., Telford, C., & Sawrey, J. (1975). *Child Psychology* (7th ed.). Englewood Cliffs, N.J.: Prentice-Hall.
- Lamb. M. E. (1978). Social interaction in infancy and the development of personality, In M. E. Lamb (Ed.). *Social and Personality Development.* N.Y.: Holt.
- OECD (2005). *Formative assessment: Improving learning in secondary classrooms*. Paris: OECD publishing
- Olweus, D. (1980). Stability of aggressive. Reaction in males: A review. *Psychological bulletin, 86*, pp. 852-275.
- Piaget, J. (1952a). *The Child's conception of number*. London: Routledge & Kegen Paul.
- Pothman. S. M. (1978). *Woman's proper place*. N.Y.: Basic Books.
- Pulaski, M. A. S. (1971). *Understanding Piaget: An introduction to children's cognitive development*. N.Y.: Harper & Row.

- 명심보감
- 소학
- 한국민족문화대백과(네이버 한국민속문화 대백과, 한국학 중앙연구원)
- 행복한 280일 임신 가이드, 차병원(www.chamc.co.kr/네이버 건강백과)
- 효경

- 경북일보, 2013.8.30.
- 경향신문, 2015.10.6.
- 베이비뉴스, 2015.7.9.
- 조선닷컴, 2016.1.12.
- 조선일보, 2002.7.24.
- 주간한국(1997). 5월 15일자 "효도교수"
- 한국경제, 2016.1.13.

저자소개

■ 양 애 경

- 홍익대학교 사범대학교 대학원 석사·박사 졸업(교육학박사)
- 한국교육개발원(KEDI) 연구위원 역임
- 홍익대학교 사범대학교 및 국민대학교대학원 외래교수 역임
- 한세대학교, 숭의여대 겸임교수 역임
- 오렌지 Montessori 유치원장 / 오렌지 미술, 어린이집원장 역임
- 2008, 2013년 교육부장관상 표창 수상
- 학습컨설턴트 전문가(제LC-E-46호) 자격증 취득

현) 한서대학교 교양학과 부교수
교육부 정책 심의 평가위원
한국교육개발원 자문위원
KEDI 공동연구원
EBS미디어 교육정책 자문위원
전국시도교육청 교원연수 특강다수 전문위원

• 저서 및 연구논문

《학업성취도를 높이는 감·동·학·습 플랜》(동문사, 2010), 《현장중심에서 본 교육학개론》(동문사, 2013), 《창의인성 교육방법 및 교육공학》(신정, 2014), 《창의성과 감성교육을 위한 ART 교육프로그램 어린이아뜨리에(공저)》

• 논문

〈감성지능과 학습동기, 학습자스트레스 및 자기주도학습이 학업성취에 미치는 영향〉, 〈청소년이 지각한 생활 스트레스가 우울에 미치는 영향〉, 〈방과후학교 활성화를 위한 처방적 학습컨설팅 모형개발〉, 〈내적귀인성향, 본질동기, 학습노력이 자기주도학습에 미치는 영향〉

■ 장 원 동

- 연세대학교 교육대학원에서 석사학위 취득
- 미국 샌디에이고의 U.S.I.U.에서 교육학 박사학위 취득
- 상지대학교 조교수와 원주 외솔회 부회장 역임
- 국회정책연구위원을 지냈으며, 1997년 대통령표창 효행상 수상
- 한국국민윤리학회 이사 및 외솔회 이사
- 서경대학교 아동학과 교수

현) 중원대학교 초빙교수

• 저서 및 논문

《교육원리》(문음사, 1979), 《교육실습의 이론과 실제》(상조사, 1994), 《교육학개론》(상조사, 1996), 《현대인의 건강과 교육》(상조사, 1997), 《평생교육과 평생학습》(상조사, 1998), 《대학교수를 위한 교수법》(국학자료원, 1999), 《부모교육》(상조사, 2000), 《현대사회와 교육》(상조사, 2001), 교육행정 및 교육경영》(상조사, 2004), 《교육인사행정론》(상조사, 2005), 《부모교육을 위한 아동발달의 이해》(상조사, 2006), 《외솔 최현배의 교육사상》(상조사, 2007), 《교육사 및 교육철학의 이해》(상조사, 2007), 《교육의 이해》(동문사, 2008), 《평생교육의 이해》(동문사, 2008), 《현대인의 부모교육》(교문사, 2008), 《교육행정 및 교육경영》(청목출판사, 2009), 《유아교육론》(청목출판사, 2009), 《최현배의 교육철학》(형지사, 2010), 《애비야 나 똥 쌌다》(유북스, 2012), 《평생교육의 이해》(동문사, 2015) 외 다수 논문

■ 최 희 양

- 숭의여자대학교 유아교육 전공
- 건국대학교 유아교육학전공 석사
- 건국대학교 교육행정경영 박사수료

현) 숭의여자대학교 겸임교수
시립센트럴타운 어린이집원장
성남시 인성부모교육 지원단
성남시 평가인증 컨설턴트

창의 인성론

초판 1쇄 인쇄 / 2016년 3월 1일
초판 1쇄 발행 / 2016년 3월 5일

공저자 / 양애경 · 장원동 · 최희양
발행인 / 이 중 수
발행처 / **동 문 사**

서울특별시 서대문구 홍제원 1길 12
(홍제동 137-8)
Tel : 02)736-3718(대), 736-3710, 3720
Fax : 02)736-3719
등록번호 : 제9-17호
등록일자 : 1974년 4월 27일
가격 : 17,000원

ISBN : 978-89-8251-811-9(93190)
E-mail : dong736@naver.com
Homepage : www.dongmunsa.com